アルシノエ二世

ヘレニズム世界の王族女性と結婚

エリザベス・ドネリー・カーニー

森谷公俊［訳］

Elizabeth Donnelly Carney

ARSINOË OF EGYPT AND MACEDON

A Royal Life

白水社

アルシノエ二世——ヘレニズム世界の王族女性と結婚

装丁　奥定泰之

ジョン・フランシス・オーツを悼んで

凡例

一、（　）の番号は原註を、＊の番号および〔　〕は訳注を表わす。
一、本文中の［　］は訳者の補足を表わす。
一、クレジットのない写真は訳者撮影。

アルシノエ二世——ヘレニズム世界の王族女性と結婚　目次

リュシマコス①══ニカイア（アンティパトロスの娘）
- アガトクレス═リュサンドラ（プトレマイオス１世の娘）
- エウリュディケ═アンティパトロス（カッサンドロスの次男）
- アルシノエ１世═プトレマイオス２世
- 娘═ドロミカイテス（トラキアのゲタイ人の王）

②══アマストリス（ヘラクレア・ポンティカの支配者）

③══アルシノエ２世（プトレマイオス１世の娘）
- プトレマイオス（テルメッソスの支配者）
- リュシマコス（ケラウノスに殺害される）
- フィリッポス（ケラウノスに殺害される）

④══名前不詳（トラキアのオドリュサイ人出身）
- アレクサンドロス

リュシマコス家の婚姻関係

＊　══は婚姻関係を、①②③…は結婚の順序を示す

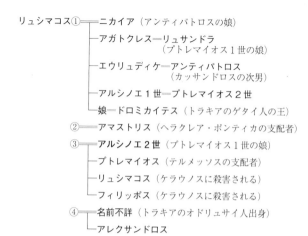

- ラゴス＝アルシノエ
  - メネラオス
  - プトレマイオス１世救済王
    - ①＝タイス（アテネの遊女）
      - ラゴス
      - レオンティスコス
      - エイレーネ＝エウノストス（キプロスのソロイの王）
    - ②＝アルタカマ（ペルシア貴族アルタバゾスの娘）
    - ③＝エウリュディケ（アンティパトロスの娘）
      - プトレマイオス・ケラウノス（マケドニア王）＝アルシノエ２世
      - 息子
      - メレアグロス（マケドニア王）
      - アルガイオス？
      - リュサンドラ＝アガトクレス（リュシマコスの息子）
      - プトレマイス＝攻城者デメトリオス
    - ④＝ベレニケ１世
      - アルシノエ２世①＝リュシマコス（トラキア王）
        - ②＝プトレマイオス・ケラウノス（マケドニア王）
        - ③＝プトレマイオス２世愛姉王
      - プトレマイオス２世①＝アルシノエ１世（リュシマコスの娘）
        - プトレマイオス・ニオス？
        - プトレマイオス３世善行王＝ベレニケ２世（キュレネの王マガスの娘）
        - リュシマコス
        - ベレニケ＝アンティオコス２世（セレウコス朝の王）
        - ②＝アルシノエ２世
      - フィロテラ

プトレマイオス家初期の婚姻関係

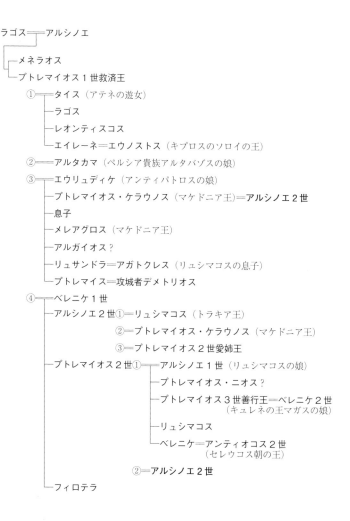

黒　海
トラキア
ヘラクレア・
ポンティカ
ペラ
リュシマキア
アイガイ
（ヴェルギナ）
カッサンドリア
サモトラケ島
エーゲ海
コルペディオンの会戦
小　ア　ジ　ア
サルディス
アテネ
エフェソス
（アルシノエイア）
スパルタ
テルメッソス
キプロス島
地　中　海
アレクサンドリア
メンフィス
エ　ジ　プ　ト
紅海
ナイル川
テーベ

史料略号と本文中で引用された古代作家一覧

IG＝*Inscriptiones Graecae*（ギリシア碑文集）
FGH＝*Die Fragmente der griechischen Historiker*, Berlin and Leiden, 1923～（ギリシア歴史家断片集）
OGIS＝W. Dittenberger, *Orientis Graeci Inscriptiones Selectae*, Leipzig, 1903–5（東方ギリシア碑文選集）
SIG＝W. Dittenberger, *Sylloge Inscriptionum Graecarum*, Leipzig, 1915–24（ギリシア碑文集成）

＊　以下、生没年はおもに『岩波世界人名大辞典』による。カッコ内は本書に関連する邦訳

アイスキネス　前三九〇頃～一五年頃。アテネの弁論家、親マケドニア派の政治家。
アイリアノス　一六五頃～二三〇年頃。ローマの修辞学者、作家（『動物奇譚』京都大学学術出版会）。
アッピアノス　九〇年代前半～一六〇年頃。アレクサンドリア生まれの歴史家。主著は『ローマ史』、このうち内乱期を扱った巻はとくに『内乱史』と呼ばれる。
アッリアノス　八五頃～一六〇年頃。ギリシア人の歴史家、ローマ帝政期の政治家（『アレクサンドロス大王東征記』岩波文庫）。
アテナイオス　二〇〇年頃のエジプトのナウクラティスの人。唯一の現存作品『食卓の賢人たち』は、食事や宴会に関する会話からなり、失われた作品の引用が豊富（『食卓の賢人たち』京都大学学術出版会）。
アポロニオス・ロディオス　前二九五頃～一五年頃。ギリシアの叙事詩人。一時アレクサンドリア図書館長をつ

とめる。ロドス島に隠遁したことからロディオスのあだ名がついた（『アルゴナウティカ』講談社文芸文庫）。
イソクラテス　前四三六〜三三八年。アテネの弁論家、教育家（『イソクラテス弁論集』京都大学学術出版会）。
エウセビオス　二六〇頃〜三三九年。ギリシア人の教父、教会史家。主著『教会史』のほか、三二五年までの世界史である『年代記』を執筆。
エウリピデス　前四八五頃〜〇六年頃。ギリシア三大悲劇詩人の最後の人。晩年にアテネを去ってマケドニアへ赴き、客死（『ギリシア悲劇全集』岩波書店）。
カリマコス　前三〇五頃〜二四〇年頃。ギリシアの文献学者、文学批評家、詩人。アレクサンドリア図書館の図書目録一二〇巻を完成。
クルティウス・ルフス　一世紀頃と思われるローマの歴史作家。物語的なアレクサンドロス大王伝を執筆（『アレクサンドロス大王伝』京都大学学術出版会）。
クレイタルコス　前四世紀後半〜前三世紀前半。ギリシア人歴史作家。アレクサンドリアに住み、大衆受けするアレクサンドロス大王伝を執筆。
スーダ辞典　十世紀末にビザンツ帝国で編纂されたギリシア語の百科事典。
ストラボン　前六四頃〜後二〇年頃。ギリシアの歴史家、地理学者（『ギリシア・ローマ世界地誌』龍渓書舎）。
ソフォクレス　前四九六頃〜〇六年。ギリシアの三大悲劇詩人のひとり。アテネで政治家・将軍としても活躍（『ギリシア悲劇全集』岩波書店）。
タキトゥス　五五頃〜一一七年以後。ローマ元首政期最大の歴史家、政治家（『年代記』岩波文庫、『同時代史』ちくま学芸文庫）。
ディオゲネス・ラエルティオス　三世紀前半頃のギリシアの哲学史家。多数のギリシア人哲学者の伝記と学説を紹介（『ギリシア哲学者列伝』岩波文庫）。
ディオドロス　前一世紀ギリシアの歴史家。シチリア出身で、ディオドロス・シクロスと呼ばれる。世界史に相当する『歴史叢書』を執筆した。

テオクリトス　前三世紀前半のギリシアの詩人。アレクサンドリアに居住。

テオポンポス　前三七八頃〜三二〇年頃。ギリシアの歴史家。マケドニアのフィリッポス二世の宮廷にも滞在。主著は世界史に相当する『フィリッポス史』。

ドゥーリス　前三四〇頃〜二七〇年頃。ギリシアの歴史家、サモスの僭主。主著は『マケドニア史』。

トログス（ポンペイウス・トログス）　アウグストゥス時代ローマの歴史家。世界史に相当する『フィリッポス史』を著す。各巻の序言がユスティヌスの抄録に含まれて現存する。

パウサニアス　一五〇年頃に活動したギリシア人の旅行家、地誌学者。ギリシア各地の歴史的建造物や神殿、それにまつわる伝承を詳細に記録（『ギリシア案内記』岩波文庫）。

ビザンツのステファノス　六世紀中頃のビザンツ帝国の文法家。ギリシアの地名の由来や逸話を記した『民族誌』五〇巻の摘要が現存する。

ヒュペレイデス　前三八九〜三二二年。アテネの弁論家、反マケドニア派の政治家。

プリニウス（大）　二三〜七九年。ローマの政治家、博物学者。古典古代最大の百科事典である『博物誌』を執筆（『プリニウスの博物誌』雄山閣）。

プルタルコス　四五頃〜一二〇年以後。ギリシアの哲学者、伝記作家。非常な多作家で、その作品は伝記と倫理論集に大別される（『英雄伝』『モラリア』京都大学学術出版会）。

ヘロダス　前三世紀ギリシアの詩人。

ポセイディッポス　前三世紀ギリシアの喜劇作家。

ホメロス　前八〇〇年頃のギリシア最大の叙事詩人（『イリアス』『オデュッセイア』岩波文庫）。

ポリュアイノス　二世紀のマケドニア人弁論家。王や将軍の戦術例を広く蒐集し、マルクス・アウレリウス帝に献呈した（『戦術書』国文社）。

ポルフュリオス　二三二頃〜三〇三年頃。フェニキアのテュロス出身の哲学者。ローマで新プラトン派のプロティノスに師事し、その思想を広めた。

マネト（マネトン）　前二八〇年頃に活動したエジプト人の高位神官、歴史家。ギリシア語でエジプト史を著し、プトレマイオス二世に献呈。

メムノン　二世紀のヘラクレア・ポンティカ出身の歴史家。九世紀ビザンツの総主教フォティオスによる抜粋の一部が現存する。

ユスティヌス　生没年は二世紀から四世紀まで諸説あり。ローマの歴史家。ポンペイウス・トログス『フィリッポス史』の抄録を作成（『地中海世界史』京都大学学術出版会）。

ルキアノス　一二〇頃～八〇年頃。ギリシアの作家。対話篇による風刺文学を著す。

序章

アルシノエ二世（前三一六頃〜二七〇年頃または二六八年）の人生は、極端なまでの浮き沈みに満ちた、劇的かつ冒険的なものだった。その生涯で四つの宮廷とかかわりを持ち、三度結婚し（そのうち二度は兄弟または異母兄弟と）、息子二人を目の前で殺され、自身の生命も危険にさらされて二つの王国から逃亡した。しかし大きな富と安全の中で晩年を迎え、ついには神格化された。エジプトで生まれた彼女は、十代で花嫁となり故国を去った。結婚相手は、当時トラキアと小アジアの一部およびマケドニアの支配者だったリュシマコス。夫が戦死すると、王国の奪取をねらう者たちから、息子三人のマケドニア支配権を守ろうと努めた。この努力を支えるべく、彼女は王位挑戦者のひとりで異母兄弟のプトレマイオス・ケラウノスと結婚したが、この婚姻同盟は息子二人を惨殺されるという結果となり、彼女はエジプトに帰ることを余儀なくされた。母国では、実の弟プトレマイオス二世が父プトレマイオス一世を継いで王となっていた。帰国するとアルシノエはこの弟と結婚した（王朝初の実の兄弟姉妹婚で、こうした結婚は後にひとつの制度となる）。晩年はプトレマイオス王国で傑出した役割を果たし、エジプトで世を去った。生涯の大半にわたってアルシノエは莫大な富を支配し、政治的影響力をふるったが、国内の安定を享受できたのは最後の数年だけである。

彼女の経歴の大半は、王位をめぐる激烈で時に暴力的な闘争に彩られている。晩年を除く全期間、アルシノエはほとんど絶え間なく、王位挑戦者に殺されるか追放されるという恐怖の中で生きていた。王位継承をめぐる政治抗争によって二分された宮廷でなんとか子供時代を生き延びた経験が、彼女の生涯のほぼすべての主要な決断に影響を与えた。アルシノエは被害者と加害者の両方の役割を演じた。おそらくひとりの殺害に関与したが、若い息子たちの惨殺にも耐えた。彼女はそれなりの政治的才覚と相当な意欲を持っていたが、最大の人格的特徴は、大胆さと危険を冒そうとする意志であり、これが彼女をこの上なく劇的な成功と失敗へと導いた。男女を問わず大半のマケドニア人エリートと同じく、アルシノエは自身と息子たち、それに自らの王朝のため、ひたむきに、時には力に訴えても名誉・名声を追求した。アルシノエと同時代およびそれ以前の王族女性たちは、同様の目標を積極的に追求し、なかにはもっと頻繁に野蛮な手段を行使する者もいた。もちろん政治的目的のために人を殺すことは、マケドニア人男性のほうがはるかに多かったけれども。

政治的暴力、すなわち暗殺の企て、陰謀、秘密裡のあるいは公然たる殺害は、マケドニアの歴史の中で繰り返されてきた。それどころかアレクサンドロス大王の死後には、彼の帝国は分裂して王朝が徐々に消滅し、王位を求める潜在的候補者の数が増えたため、政治的暴力は度を増した。

アルシノエは、ヘレニズム時代（アレクサンドロスの死から、後継者たちの最後の子孫であるクレオパトラ七世が死んだ前三〇年までの時期）の錯綜し激動する政治世界を切り抜けていった。(1) 前三二三年バビロンでのアレクサンドロス大王の死は、征服したばかりの広大な領域に混乱と分裂と動揺を引き起こした。かつてのアレクサンドロス帝国の全領域にいちおうの安定が戻ったのは、彼の死から二世代もたった後のことだった。建前の上では、大王の遺児（アレクサンドロス四世）と知的障害をもつ異母弟（フィリッポス三世アリダイオス）が王位についた。しかし実際には、後継者たち（ディアドコイ）として知られるアレクサンドロスの将軍たち（大王と共に空前の征服戦争に従事した者たちで、アルシノエの父プトレマイオスも含まれる）が、名目上の統治者を無視し、自分たちで帝国を分割した。後継者たちは変転きわまりない同盟を形成しながら、ほとんど絶え間なく戦った。アレクサンドロス四世もアリダイオスも前三〇九年頃までに殺害されたが、前三〇六年までは後継者たちの誰も王の称号を用いなかった。ひとたび王の称号を使い出すと、これら高齢のマケドニア人戦士たちは、自身の支配だけでなく子孫の支配をも正統化しようと行動を起こした[2]。

アルシノエの父プトレマイオス一世は、アレクサンドロスをとりまく少数の側近のひとりであった。大王の死後、彼はエジプトの総督領を手に入れた。この国は中央集権的な君主政を戴く統一王国として長い歴史を持っていた[3]。大半の後継者たちと同様、プトレマイオスもマケドニア王の一夫多妻を模倣した。二人の妻（エウリュディケと、アルシノエの母ベレニケ）による二つの家族が王位継承で優位に立とうとして争い、彼の宮廷を二分した。アルシノエはこの王族内の抗争を背景として成長した。

アルシノエは三種類の君主政を経験した。マケドニア的君主政、初期段階にあったヘレニズム的君主政（アレクサンドロスの死以来、後継者たちが支配を確立し、エピゴノイつまり彼らの息子たちがそれを制度化していた時期に形成された）、そしてファラオを戴くエジプト的君主政（その起源は前三千年紀以前にさかのぼる）である。彼女の生涯とその決断の背景を理解するには、王族女性の役割に光をあてながら各々の君主政について考察する必要がある。つまるところアルシノエは、これらの多様かつ絡まり合い時には矛盾する君主政の伝統に、うまく対処しなければならなかったのである。

王国の創建から大王の息子アレクサンドロス四世が死ぬまで、マケドニアを支配したのはアルゲアス朝である[4]。マケドニアの王たちは他のマケドニア人エリートから少しばかり目立つだけの存在で、戦争や各種の宗教儀式や裁判において人々を指導した。マケドニア王権は内部の闘争と外部からの脅威に対抗しながら発展した。アルゲアス朝はヘラクレスの血統を通じてその父ゼウスの末裔であると主張し、フィリッポス二世とアレクサンドロス三世（大王）の治世に自己の神格化に手をつけた。それでもアレクサンドロスがペルシア宮廷と出会うまで、王をとりまく儀式は無きに等しかった。半ば神聖な立場にありながら、王たちはしばしば暗殺されたり王位から追放されたが、おもな理由は明確な王位継承の原則が発達していなかったのと、王家の一夫多妻にあった。[5] そのため王の妻たちはそれぞれ、わが子の相続の支援者として働き、夫が死んで息子が若年の場合にはその役割はいっそう大きかった。母と息子は王位継承の一単位をなし、その息子と両親を同じくする兄弟たちも、通常はその単位の一部として機能した。王位継承争いのため、母の異なる子供同士はたいてい対立した。[6]

王族の女性は、息子が幼少でその王位継承を支援して活動する間は主役を務めることもできたが、マケドニア王権における制度上の役割は最小限にすぎず、王族の妻や娘の多くは無名である。王国の公的宗教においては、彼女らはおそらく女神官の役割を担ったろうし、政治的な同盟関係においては確かにその象徴として機能した。アルゲアス朝の末期までには、何人かの王族女性が聖域や祭祀の保護者として活動し、男性親族と同じように自身の名誉を明示し、高めた。[7] もっともアルゲアス朝の王たちはいわゆる正妻を持たず、実のところ王族女性にはいかなる種類の称号も存在しなかった。[8]

ヘレニズム時代の君主政はアルゲアス朝マケドニア王権の伝統の中で発達したが、アレクサンドロス大王の経歴と、継承した君主政のありかたを大王が征服した諸国とりわけペルシア君主政の伝統を導入して変えようとしたことによって、著しい影響を受けた。[9] 前四世紀末までに後継者たちは君主崇拝を受け入れるようになり、しばらくすると王たちは自身とその王朝のための祭祀を創設した。[10] 世襲を根拠として支配の正統性を主張することができなかったため、大王の将軍たちは、当初は軍事的な成功に基づいて支配権の正統性を主張した。[11] ただし新しい王たちはすぐに、個々人の優越性を主張することで王朝自体の優越性を示すようになった。自身をアルゲアス朝とその祖先のヘラクレスに、あるいは他の英雄たる祖先たちに関連づける系図を作りあげたのである。後継者たちとその次の世代は、姿は王国ごとに多様だが、しだいに新しい類型の君主政を形成していった。王朝のイメージを提示することは、ヘレニズム諸王国すべてにおいて不可欠だった。王朝の連続性というイメージは現在の支配者を正統化する働きをし、王家の視覚的なイメージ、たとえば祖先や現在の支配者とその妻、家族の他の成員を含む群像は、一般民衆から遠く離れた王と宮廷を、すぐそこにあるもの、接近可能なものに見せることができた。[12]王とその家族は、種々雑多な住民を擁する王国の多様な諸民族をひとつにまとめる、いわば「象徴的な接着剤」として機能した。[13]

各王朝は独自の歴史を持つ地域において樹立されたが、時がたつにつれてそれぞれ異なるイメージと伝統を発達させた。そこでは王族女性が果たす役割も異なった。[14]それでもマケドニアという共通の過去をもつことで、後継者たちが創設した王朝のすべてにある種の共通性が影響力をもった。すなわち王朝間での女性の交換、共通の汎ギリシア的聖域の保護、政治的競争である。

一夫多妻はアレクサンドロス以後の第一世代で支配的だったが、前三世紀が始まる頃には、王族の結婚と継承の新しいパターンがしだいに形をとってきた。族内婚がますます一般的になり、一夫多妻はすたれていった。同じ時期に何人かの後継者は、王位継承者を選ぶだけでなく、共同統治の王とすることでその地位を制度化する途を選んだ。[15]その結果、異なる妻から生まれた息子たちの争いは続いたが、これらの抗争は今や父王の死後ではなく生前に起きるようになった。王位継承の資格を持つ者たちは、ライバルである兄弟と争うだけでなく、今では父親との争いにも巻き込まれるおそれがあった。こうした王朝内の闘争はたいてい血腥《ちなまぐさ》いものとなった。敗者（王位の候補者自身、その母、実の兄弟たち）は単に逃亡することもあったが、たいてい勝者に殺された。

一連の王位継承争いがアルシノエ二世の人生を暗澹《あんたん》たるものにしたゆえに、その力学を理解することは重要である。この分野の古代史料は、ごくわずかな手がかりしか与えてくれない。王朝内の殺人は通常は内密になされたので、現存史料が何らかの事実認識に依拠することは稀で、たいてい憶測によっている。それらが保存しているのは、せいぜい宮廷の噂話あるいは敵対者の宣伝である。その上古代でも現代でも歴史家は、最も利益を得た（と思われる）人物が最初に陰謀を企てた、と単純に推測する傾向がある。

王朝内の争いで悪人と英雄を分けるのは慎むべきだ。彼らのうち何人かは実際に残虐だったのかもしれない。しかし単に、自分と最近親者たちが個人的・政治的に生きのびるのに精一杯だっただけなのかもしれない。王朝内の対立の多くは、一方の人物が他方の誰かを亡き者にしたかったからというよりも、争いの当事者が、先手を取らなければ自分が殺されるか、最低でも追放されるだろうと恐れたことから始まった。この信念自体はたいてい正しかったろう。実際、双方が同時に陰謀を企てていた例がいくつもある。王朝内の争いの敗者が（その敗北が実際の殺人か単なる追放や威信の喪失のどちらに終わろうと）無辜《むこ》の犠牲者であったと見なすべきではない。敗者もまた罪に手を染めたが、陰謀者としてあまり有能でも幸運でもなかっただけ、かもしれないのだ。もうひとつ、王朝内の復讐について道徳的な判断をしないほうがいい。多くの場合当事者にはほとんど選択の余地がなく、より非道でないものを選ぶしかなかったからだ。とりわけ王族女性の場合には。王族女性にほとんど選択の余地がなかった理由のひとつは、後継者たちが自身の家族の女性たちを王位正統化の手段として用いたことにある。

アルゲアス朝と同じく、後継者たちも婚姻同盟を結んだ。これはとりわけ王族女性の中に対立する忠誠心を生み出した。王族の娘は実家から、婚家に対して外交使節の役目を果たすことを期待されただろう。夫が死んだり夫に拒絶されたりすると、女性はたいてい実家に帰り、結果として、彼女は実質的に貸し出されていたにすぎないという実家の見解を補強することになった。父親と夫は、王族女性の忠誠心がどちらにあるべきかをめぐって意見が対立することもあった。花嫁はたいてい従者や召使といった人々の一団を引き連れて行き、出身宮廷の小型版を嫁ぎ先に作りだした。追放された家族の一員が既婚女性の宮廷にやってきて、もとの宮廷での王族内の争いを新しい宮廷に持ち込むこともあったろう。

婚姻同盟に加えて後継者たちは、王族女性に関するそれまでのアルゲアス朝の慣行を拡大するだけでなく、新たな慣行を創りだした。フィリッポス二世とアレクサンドロスは都市をいくつも建設し、自分の名をつけた。後継者たちも自分の名を冠した都市を建設したが、母や妻や娘の名前もつけた。王族女性はそれまで長らく祭祀の保護者や後援者として活動してきたが、今や王朝の公共事業において、王国によっては王朝祭祀において、より公然たる形でそうした活動を行なうようになったのである。祭祀は、個人や都市、王朝を問わず、男性支配者だけでなく多くの王室女性のためにも発展し、女性の場合はたいてい、伝統的な女性性の典型であり結婚の保護者の役割を強めていた女神アプロディテに結びつける形をとった。後継者のひとりが前三〇六年に初めて王の称号を採用すると、その称号の女性形バシリッサ（女王／王妃）も王族女性によって使われ始めた(16)。王の妻はもちろん、未婚の娘さえこの称号を採用した(17)。王族女性たちは、ヘレニズム時代の支配者の象徴である〔リボン状の〕頭飾り《ディアデーマ》もしばしば着用した。頭飾りも称号も、これらの女性が実際に支配したことを意味してはいないが、彼女たちが何らかの形で支配権と君主政の一部であることを示唆していた(18)。

ひとつの王国で複数の王族女性がバシリッサと呼ばれることもあったが、すでに指摘したように一夫多妻が衰退しつつある状況では、王と女性（通常は王の配偶者）の二人を対にした表象が発達した。王家のメンバーが集合した群像では支配者に母親、後継者、他の兄弟姉妹が加わることもあったが、多くの王朝で中心となったのは国王夫妻のイメージであり、王位の相続人ではなかった(19)。王夫妻はプトレマイオス朝エジプトで初めて登場し、時に男女の徳や男神女神の人格化という役割をもったが、プトレマイオス二世とアルシノエ二世が結婚するまでは明確でなかった。

ヘレニズム時代には一般的に、王族女性の役割がそれまで以上に制度化されたように思われる。それまでも伝統的な女性の役割を家庭内で常に担ってきたが、この分野における新しい王朝の価値観や欲求の多くを、宗教的な儀式や身体表現を通じて、より大々的に演じるようになった。すなわち夫や息子の安全祈願、勝利の帰還や後継候補者の誕生に対する感謝、婚礼や葬儀への出席などである。王族女性はこれらの多くを夫と協力して、少なくとも同時に行なった。こうして王族女性は王国の儀式で公的な役割を演じたが、その反面、彼女たちが宮廷でどれほど接近可能で目に見える存在であったかは、それほど明確ではない[20]。

王国の公的生活で役割を果たしたといっても、ある特定の女性が、単に目立つにとどまらずどこまで現実的な影響力を持っていたかを語るのは、これからアルシノエを見ていけばわかるように必ずしも容易でない。同じ王朝の中でさえ、影響力の多くは個々人の性格や、環境がもたらす機会、時代の趨勢《すうせい》に左右されたことだろう[21]。それでもヘレニズム時代の王族女性は、夫や息子、兄弟たちに第三者を取り次ぐことができたと思われ、そうすることで女性の影響力という考えを多かれ少なかれ制度化する結果となった[22]。とりわけ彼女たちは、王国の一般女性や女性の人生と経験の重要な節目にかかわる宗教的な活動および役割と結びついていた[23]。さらにアルシノエ自身の経歴が示すように、公的な表象に描かれ理想化された配偶者と、現実の宮廷生活および王位継承をとりまく生々しい政治との間には、大きなへだたりがあった。この二つを混同してはならない[24]。

他のヘレニズム諸王朝と比べると、プトレマイオス王国が持っていたひとつの顕著な特徴が、間違いなく王族女性に影響を及ぼした。プトレマイオス王権が、ギリシア・マケドニア的にしてエジプト的という二重の性格をもっていたことである。エジプト人臣民、とりわけ強力な神官階級の支持を得てそれを維持するため、プトレマイオス朝の王たちは自らをバシレウス（王）としてだけでなく、ファラオとしても表象した。それゆえ我々は、ファラオ的君主政とその伝統における女性の役割についても考察しなければならない[25]。

エジプトのファラオはある意味で神に等しかった。存命中はさまざまな神々の多様な属性を体現し、死後は来世の神であるオシリスとなった[26]。マアト（宇宙の秩序）を維持し、神々と人間を調和させ、人々のために聖なる諸力を執り成した。王はまた上下エジプトの冠を結合した二重の王冠を戴くことで、王国の統一を体現した。ファラオは法の源泉であり、理論上、彼の権力は無制限であった。入念な祭儀に囲まれ、その多くは王がマアトを維持するための必要と結びついていた[27]。

ファラオ的王権における女性の役割について論じるのは難物である。ファラオ的君主政は異例の長期（少なくとも二千五百年）にわたるので、必然的に時と共にかなりの変化が起きる。変化を否定するエジプトの慣習に隠されてはいても。証拠の大半は図像から成っており、その解釈は多くの問題をはらんでいる[28]。一般にエジプトの伝統では、否定的なもの、伝統的でないもの、無秩序なものは何も表示しない。親族を示す言葉も、我々からみて曖昧なだけでなく、時には地位や序列を示す言葉と見分けがつかない[29]。人間の他のあらゆる組織と同じく、事件や環境によっては王族女性が権力を得るような状況もあったが、権力が続くのはたいていその状況が変わるまでだった。女性が権力を有したのは自分の権利としてではなく、むしろ息子たちを通じてにすぎない[30]。

王族女性の役割は、ファラオ的君主政の性格とじかに結びついていた。その権力は、君主政の権力と存続期間によって増した[31]。王と一体となることで[32]、王の妻は聖なる至上権において役割をもち、君主政における女性的要素を表現した。エジプト君主政の中心にあるのは二元性である[33]。「王の母」という称号は「王の妻」よりずっと手前に現われる[34]。ひとりの妻だけを際立たせる「王の偉大なる妻」という称号は、中王国（前二〇五五～一六五〇年）までは現われず、第十八王朝（前一五五〇～一二九五年）になって確立した。[35] 時たま、通常は王族に男性がいなくなると、女性の王が統治した。とはいえ、最も有名な女王ハトシェプストでさえ、自分の継息子の年長の共治王となったのだった。[36] 何人かのファラオは姉妹や異母姉妹と結婚したが、兄弟姉妹婚は必須ではなかったし、ファラオ的君主政の標準的な要素でさえなかった。[37]

王族女性は神々と王の双方から借用したさまざまな象徴で表わされた。王は神々に犠牲を捧げることでマアトを維持し、王妃は秩序を維持するこの務めの一部として王の背後に表わされることがあった。[38]「女王」（王の母や王の主要な妻）も王と同様に神聖なものとして理解されたであろうか。答えはイエスだ。早くも古王国時代（前二六八六～二一八四年）に王族女性は、元来は女神ネクベトが着用するハゲワシの頭飾りを身につけ始めた。[39] ウラエウス（頭をもたげるコブラの表象で、額に着用した）はおそらく最もよく知られた王権の象徴だが、第五王朝（前二四九四～二三四五年）までには、王妃たちが頭飾りの一部としてウラエウスを身につけるようになった。さまざまな神々もそれを着用した。ピラミッドが独特の王墓となっていた古王国時代には、多くの王族女性がピラミッドに埋葬された。[40] 新王国時代（前一五五〇～一〇六九年）の王族女性は、個人としても制度の上でも、それ以前の時代よりはるかに大きな権力を持っていた。とりわけ第十八王朝では、かつては王に固有のものだった多くの象徴が王の妻や母のものにもなった。[41] そして王がマアトを維持するのを助けるなど、王族女性はある意味で王の代役として機能し、結果として図像学における王夫妻の卓越性を増すことになった。この傾向は、宗教革命を成し遂げた王アメンヘテプ四世（またはアクエンアテン、在位、前一三五二～三三六年）の治世で頂点に達した。[42] 第十八王朝までには、王族女性はしばしば二重のウラエウス（これは女神たちも着用した）を身につけたが、おそらくこれは、上下エジプトの支配および／または保護と結びついている。ハトホル神

（性的関心および母性を司る女神）の雌牛の角と太陽の円盤も、彼女たちの頭飾りに現われ始めた。要するに、かつては王および／または神々に結びついていたさまざまな象徴を王族女性も着用したのであり、これは権力を男性と女性の二重の属性をもつものとして理解する傾向を示している[43]。これに加えて王族の妻と母の何人かは個人的な祭祀を持ち、なかにはかなりの期間にわたって存続したものもある[44]。

いかなる伝記においても中心となる問題は動機である。長期にわたってアルシノエが一存で行動することは稀であり、このため彼女自身がいつ事を決したのか、彼女の男性親族がいつ決断したのかを見極めるのは難しい。この限界はとりわけ彼女がエジプトに帰国して以降の時期にあてはまる。プトレマイオス二世との結婚時代には、個人としてのアルシノエはプトレマイオス王国という制度の中に埋没したように見えることがある。だが帰国前でさえ、彼女の人生における諸事件の背景をはっきりさせることはできても、何が、あるいは誰が事件を引き起こしたのかが常にわかるわけではない。この問題のために本書では、アルシノエの経歴の中で、明らかに彼女が独立して活動した事例に特に注意を向けることになるだろう。他方で、人は生涯を通じて必ずしも一貫したやり方で行動するわけではないことを理解する必要がある。王位継承の可能性がある複数の息子をもつ若い母親と、王位のおぼつかないひとりの息子とかつてなく安全な個人的基盤をもった中年女性とでは、彼女を突き動かす衝動は同じではなかったろう。

アルシノエが人生のさまざまな段階でもった政治的重要性を評価するのは、個々の女性の生涯を見る際にしばしば生じる二つの問題のせいで困難である。彼女の経歴に関する史料は非常にムラがある。すなわちはるか後世の、価値の疑わしい史料の雑多な寄せ集め、同時代の作家や詩人たちによる時に敵対的な言及、そして若干の碑文とパピルス文書である。プトレマイオス二世との結婚時代については叙述史料を欠いている。確かに王族女性は支配者に近づくことができた。では彼女らはその機会を利用して事件や決定に影響を及ぼすことができたのか。アルシノエは傑出した公的人物だったが、はたして影響力をもっていたのか。影響力を明示することは困難であり、その度合いを計るのはさらに難しい。おそらくこうした難しさから、前世紀には彼女の経歴についての分析は両極端に振れた。一方ではアルシノエが広範囲にわたる権力と影響力をもっていたとする希望的な（あるいは恐々とした）考え方、他方ではこの見解に対するやはり極端な反発で、彼女がマケドニアないしエジプトの公的生活において、否定的な役割を除いて何か意味ある役割を果たしたとは認めない考え方である（アルシノエの史料と評価については補論参照）。

本研究では、アルシノエが何人もの夫たちと共に手にした影響力の程度と種類を考察するにあたって、中道的な解釈をとる。彼女の経歴を単にプトレマイオス朝エジプトだけでなく、アルゲアス朝および初期ヘレニズム時代の先駆者たちの文脈の中に置く。彼女の人生の諸側面がいつも特異なものと見られてきたのは、プトレマイオス朝の史料だけが研究されてきたためと、他方で他の王族女性たちの同じような行動が十分に考察されてこなかったせいで、彼女の人生と活動についていくつかの可能性が無視されてきたためである。沈黙に基づく議論は常に疑わしく、女性に関する場合は特にそうである。他の王族女性たちの行動と経歴を背景としてアルシノエを正当に位置づけることが、この問題の解決につながるであろう。

アルシノエの生涯を眺めるのは、大規模なパーティーで誰かに会おうとするのに少し似ている。その人の香水がほのかに匂ってきたり、噂をたくさん耳にしたりするのだが、肝心の本人はといえば、なぜかいつも見失ってしまうのだ。ある意味で、アルシノエは常に別の部屋にいるのである。

第1章
アルシノエの背景と少女時代——前三一八／一四〜三〇〇年

アルシノエが最初に結婚した前三〇〇年頃までの人生について、直接語る史料は何も残っていない。実をいえば、生まれが前三一八年から三一四年の間であったと推測する根拠も、この結婚のおよその年代なのである。(1)それでもアルシノエの両親について、また育った場所や文化的教育的な環境については、いくらか知られており、彼女の子供時代ばかりか後半生にも影響を与えた幼年時の出来事についても多少はわかっている。

多くの人々の人生で両親は決定的な役割を果たす。アルシノエの場合には、両親の性格、地位、出自がとりわけ重要な意味を持ち、しかも生涯の前半より後半生で重要性を増した。結婚するため父の宮廷を離れて以後のエジプト情勢は、成人してからの彼女の人生に劇的な影響力を及ぼした。彼女がプトレマイオス一世ソテル（救済王）とベレニケ一世の娘であるという事実は、中年になるまでに、若かった頃よりもはるかに重大な意味を持つようになっていたのである。

プトレマイオス一世救済王

プトレマイオスはマケドニアのエオルダイア地方の出身であった（アッリアノス六・二八・四、同『インド誌』一八・五）。父親ラゴスはおそらくマケドニア貴族だが、特に傑出していたわけでもなければ不評でもなかった。[3] ただしプトレマイオスの母親、すなわちアルシノエと同名の祖母は、マケドニア王家と何らかの縁があった。[4] ローマ時代の歴史家ユスティヌス（一三・四・一〇）は、プトレマイオスがマケドニア上層部の出身ではないことを示唆し、伝記作家のプルタルコス（『モラリア』四五八a―b）は、プトレマイオスについて dusgeneia（卑しい生まれ）という語句を用いている。だが、彼が早くからアレクサンドロスと親密なつながりを持っていたことは、少なくとも両親の一方が宮廷と重要な関係を有していたことを意味する。プトレマイオスがフィリッポス二世（大王の父）の息子であり、母親は王に捨てられた愛人だという話（パウサニアス一・六・二、八、クルティウス九・八・二二、アイリアノス断片二八五、スーダ辞典「ラゴス」の項）は、おそらく後のプトレマイオス朝が創作し、プトレマイオスを近年のマケドニアで最も栄光ある人物たちと結びつけようとする政治宣伝だろう。[5]

プトレマイオスはアレクサンドロスのヘタイロイ[*1]（朋友）の小さなグループに属していたが、フィリッポス二世は治世の晩年にこのグループを追放した。その理由は、カリアの総督《サトラップ》ピクソダロスと婚姻同盟を結ぶにあたり、[*2] アレクサンドロスが花婿候補である弟アリダイオスにとって代わろうとしたため、フィリッポスが責任の一端を朋友たちに帰して非難したことにある。アレクサンドロスを取り巻くこの親密なグループは、アレクサンドロスに助言を与えるべく、少しばかり年長の者たちをフィリッポスが選んだものだった。[6] プトレマイオスの年齢について唯一直接の証拠（偽ルキアノス『マクロビウス』一二）によれば、彼はアレクサンドロスより七、八歳年上なので、前三六七／六年頃の生まれだとわかる。プトレマイオスはわりと若いうちにマケドニアで威信と影響力を有する地位を手に入れ、未来の大王に対して個人的な忠誠を示していた。

フィリッポスの死後、当然のごとくアレクサンドロスは、追放されていたプトレマイオスや他の朋友たちを呼び戻した。大王のペルシア帝国侵攻の初期にプトレマイオスが果たした役割については何も伝わらないが、他の側近たちともども、初めは高い地位にはなかったにしても、当初から遠征に参加したであろう。アレクサンドロスが優れた軍事的才能を発揮すると、父の代から仕えてきた将軍パルメニオンは前三三〇年に粛清され、それからは大王の側近たちがより重要な指揮権を手にするようになった(7)。プトレマイオスの昇進は一部の朋友たちよりなぜか遅れたが(8)、パルメニオンの没落後、アレクサンドロスは彼を七人（後に八人）の側近護衛官[*3]のひとりに任命した（アッリアノス三・二七・五）。彼がこの任務を忠実に果たそうとした事件が前三二八年秋に起きた。かつてグラニコスの会戦でアレクサンドロスの命を救った士官である「黒」のクレイトスを、酩酊した大王が殺害するという当惑せずにいられない恐ろしい事件の際、プトレマイオスは王を止めようとしたのである（結局止められなかったが）（アッリアノス四・八・九、クルティウス八・一・四五）。前三二七年春、大王の暗殺を企てた「近習[*4]たちの陰謀」[*5]が露見した時は、プトレマイオスが決定的な役割を果たした（クルティウス八・六・二二、アッリアノス四・一三・七）。前三二四年、アレクサンドロスはついにペルシア最後の王ダレイオス三世の娘と結婚し、最高位の多くの将校たちにもペルシア人貴族の女性たちと結婚するよう取り計らった。この時プトレマイオスはアルタバゾスの娘アルタカマと結婚した（アッリアノス七・四・六、プルタルコス「エウメネス伝」一・七）。アルタバゾスは最も有力なペルシア人貴族で、もうひとりの娘バルシネは大王の愛人となっていた。同年末、アレクサンドロスの最も親密な朋友であるヘファイスティオンが急死したため、王の側近集団内部の序列は必然的に変動したが、これはプトレマイオスにとって有利なものだったと思われる(9)。

前三二三年六月、アレクサンドロスがバビロンで病に倒れ急死した時、プトレマイオスは側近護衛官のひとりとしてその場にいた。大王の異母弟アリダイオスは知的障害があり、アレクサンドロス四世

（大王の最初の妻ロクサネの子）はまだ生まれておらず、明白な後継者はいなかった。アレクサンドロスは死の床で、ペルディッカスに印章付きの指輪を与えていたらしい。ペルディッカスは側近護衛官たるプトレマイオスと同じく、大王の側近集団の一員だが、より上級の軍指揮権を持っていた。ところが王位継承とアレクサンドロス帝国の統治をめぐって激論となった[10]。ペルディッカスはロクサネの子が男子かどうかわかるまで待とうとしたが、歩兵部隊はアリダイオスを支持した。プトレマイオスは、側近集団がアレクサンドロスの玉座の前に集まって、一種の執行機関として機能することを望んだ（クルティウス一〇・六・一三～一六）。この論争から、プトレマイオスとペルディッカスがすでに対立関係にあったことがわかる。若干の騒擾の後、最終的にこれらすべての提案がひとつにまとめられた。すなわち、統治能力のない二人が王となること、ペルディッカスが摂政となること、アレクサンドロス帝国の統治は総督たちに割り当てられること、以上である。プトレマイオスは、彼自身あるいはペルディッカスの計略のゆえか、あるいは単なる幸運のおかげか、エジプトを手に入れてバビロンを去った。それはいずれ彼と子孫たちの王国の心臓部となる[11]。

後継者戦争の間、プトレマイオスは巧みな手腕でエジプトを維持し、外敵の侵入から国土を防衛しただけでなく、東西に領土を広げ、それまでエジプトが常に享受してきた天然の防衛線に加えて新領土を緩衝地帯に仕立てた[12]。エジプトの豊富な穀物は富の源泉であるばかりか、地中海沿岸地方における権勢の源でもあった。エジプトはまた他の多くの貴重な品々を産出または統制したが、そのなかには本の材料となるパピルスの独占があった。後にプトレマイオスと子孫の名声を高めた文化的保護活動は、こうした富のおかげで可能となったのである[13]。

前三〇四年まで、プトレマイオスは公式には総督にすぎなかったが、自らファラオたちの後継者となった（序章参照）。彼は君主政のエジプト的伝統につらなる権利を主張すると同時に、マケドニア君主政とのつながりも作り出していた。自分の父親はフィリッポス二世だという話を創作したのは、おそらくまだ総督だった頃だろう[14]。同時期の早い時点、前三二一年か三二〇年にプトレマイオスは、自分をよりいっそうアルゲアス朝の君主政に結びつける抜群の政治宣伝を成し遂げた。埋葬のためマケドニア本国に向かう途中のアレクサンドロスの遺体を、摂政ペルディッカスの軍から奪い取ることに成功し、エジプトに持ち帰るとまずメンフィスに、次いでアレクサンドリアに埋葬したのである（パウサニアス一・六・三、ディオドロス一八・二八・二～四）。プトレマイオスは大王の亡骸を国家祭祀の基礎として利用し、それは最終的に彼の後継者たちのもとで王朝祭祀となっていく。当初彼は、ファラオ時代の大半を通じて首都であったメンフィスに居を定めたが、ある時点（前三二〇年から三一一年の間）[15]でアレクサンドリアに本拠地を移した。アレクサンドロスが前三三一年に着工した沿岸部の新都市である。

後継者たちは誰ひとり、血統上の権利によって王権を主張することができなかったので、代わりに軍事的勝利に基づいて王位の正統性を主張した。プトレマイオスが王位を主張したのも、ロドス島を包囲していた攻城者デメトリオスに大勝利を収め、島を解放した後（前三〇四年頃）のことだった。おそらくこの事件がソテル（救済王）という綽名の起源であろう。これは後に彼を同定する形容辞となる[16]。実を言うとロドスの勝利は例外で、彼の最大の軍事的功績は防衛面にあった。つまりエジプトへの外敵侵攻を阻止したのだ。この時代の特徴は、才能に恵まれ容姿も華々しい軍事指揮官たちが一世代に揃っていたことだが、このプトレマイオス朝の創始者は、戦場でカリスマ的指揮官としての力量を発揮したことは一度もなく、実際には何度も敗北を喫した。彼の才能は指揮命令にかかわる政治の方面にあった。注目すべきは、王権とその獲得方法に関する有名な一節が、支配というものを軍事的成功だけでなく、明敏な政治にも結びつけていることだ。曰く、「王国とは、軍隊を率い、かつ国事を聡明に扱うことのできる者に与えられる。ちょうどフィリッポスや、またアレクサンドロスの後継者たちがそうであったように」[17]。プトレマイオスにとって軍事的能力は、他の後継将軍たちほど死活問題ではなかった。アレクサンドロス祭祀の創設、文化的活動の後援、エジプト風かつマケドニア風の支配者という二重の役割。おそらくこういったもののほうが、彼の王国創設にとっては軍事的功績よりもいっそう重要だったのだ[18]。事実この王朝はその当初から、ヘレニズム時代の他の大半の支配者一族ほどには、軍事的な成功と華々しさを基盤としていなかった。この傾向はプトレマイオス一世の息子、プトレマイオス二世の治世にいっそう強まることになる。

後継者たちは自分の息子に権力を移譲しようと努めたが、実際に世襲的な諸制度の大半を創設したのは息子たち、すなわち第二世代であった。それはおもに、父親の代が自身の活動に基づいて支配権を主張したのに対し、息子たちは血統によって支配権を主張したからだ。もちろんこれはプトレマイオス一世の跡継ぎ、プトレマイオス二世にも当てはまる。ただし、早くも一世の時代にいくつかの重要な決定がなされ、その多くがアルシノエの人生を形成することになる。

彼女の王朝の特徴として、同じ名前が繰り返されて延々と続くことがあげられる（第四章参照）。どの王もプトレマイオスといった。最初は綽名によってそれぞれのプトレマイオスを区別したが、しばらくすると綽名までが重複するようになった。この独特の襲名方式を始めたのはプトレマイオス一世である。彼は二人の妻から生まれた年長の息子たちを、伝統に従ったラゴスではなく、プトレマイオスと名づけた（前三一九／一八年頃にプトレマイオス・ケラウノス、前三〇九年にプトレマイオス二世）[19]（ギリシアの慣行では、長男には父方祖父の名前、次男には母方祖父の名前をつける）[20]。さらにこの名前の女性形であるプトレマイスを創り、エウリュディケが生んだ娘につけた（プルタルコス「デメトリオス伝」四六・五）。彼が総督になり、おそらくそれ以上を望みだしてから始まったこの命名法は、示唆的である。慣例にとらわれない命名法によって、プトレマイオスは父親ラゴスを後景に押しのけ、自分の息子たちには祖先でなく自分を複製する名前を与えた。言い換えれば、この命名法は、継承したのではなく自ら創始した彼の君主政に似ている。自分が一族の創始者になると同時に、彼の息子たちや子孫にはまぎれもなく彼自身の子孫であることを示させたのである。

他にもプトレマイオス一世は、アルシノエと王朝全体に長期的な影響を及ぼすいくつかの決定を下している。彼はギリシア諸都市の自由を支持するというプトレマイオス朝の対外政策の一貫した方向性を確立した。アレクサンドロス祭祀を国家祭祀とし、彼が確立しつつあった君主政にそれを直接結びつけることで、後の王朝祭祀の基盤を創りあげた(21)。またエジプト風にしてギリシア・マケドニア風という、二面的ないし二重の君主政を創り、それはただちに王族の男性ばかりか女性をも巻き込んでいった。これはプトレマイオス朝の支配を最後まで特徴づけることになる。アレクサンドリアと名のる都市のうち最も有名な都市を建設したのはアレクサンドロスで、おそらく城壁と主要な神殿の線引きもしたが、ローマ帝政期の歴史家タキトゥスは、実際にはプトレマイオス一世が最初の城壁と聖域を建設し、最初の宗教儀礼を創始したと述べている(『同時代史』四・八三)(22)。プトレマイオス一世はまた有名なファロス島の灯台と(23)、それを本土に接続する突堤を計画して建設を始めたらしい(スーダ辞典「ファロス」の項)。宮殿地区に最初の建造物を建て、図書館(24)とムセイオン(25)(王立研究所)の構想を実行に移したのも彼だったかもしれない。ただしこれらの建築・制度が物理的に実現したのは息子プトレマイオス二世の治世だったし、少なくとも父の建設計画を完成させたのは二世である(26)(詳しくは第五章参照)。プトレマイオス一世は芸術家と知識人の保護というアルゲアス朝の古くからの慣行を採用し、それを体系的制度としての文化保護政策に変容させて息子に引き継いだ(27)。彼は自身の王朝を最大の文化的庇護者とし、アレクサンドリアをヘレニズム文化の中心地に仕立て、そこから一種の文化的帝国主義を行使した(28)。

アルシノエの養育と教育

アルシノエの幼年時代と少女時代について知られていることは特に何もないが、[29] いくつかのことは確実だと思われる。プトレマイオスはまだ総督であった時、本拠地をメンフィスからアレクサンドリアという新しいギリシア都市に移した。王族がメンフィスを去る前にアルシノエが生まれていたとしても、彼女の最初の記憶はアレクサンドリアにまつわるものだったろう。[30] 彼女が成長したのは、ファラオ時代エジプトの元来の首都であったメンフィスではなく、おもにギリシア風だが多少はエジプト色もある新都市においてであった。

この王朝は、自分たちを単なるギリシア人一般としてではなく、マケドニア人として認識していた。たとえば宮廷詩はプトレマイオス朝の出自がマケドニアにあることを強調し（第五章参照）、王朝の人々もマケドニア語を話した。こうした自己認識はもしかするとマケドニア本国の記憶とはあまり関係なく、むしろマケドニアの宮廷生活によりいっそう関係していたのかもしれない。アルシノエの母ベレニケがマケドニアを去ったのはようやく前三二〇年頃だったが、プトレマイオスは「東方遠征に出発した」前三三四年以降マケドニアに戻ることはなかった。プトレマイオスも妻たちも、前半生にエジプトへやって来た時には、自分がここに腰を据えることになるとは思いもよらなかったろう。彼は長年移動生活を送ったし、そもそも後継者たちとその家族は、その何倍もの回数で国から国へと移動した。王の宮廷での生活とは、壮麗な建物が数を増し、プトレマイオス朝エジプトならではの諸制度が計画されていた時でさえ、地理的に固定されておらず、むしろアレクサンドロスが保持していたような移動する宮廷生活に似ていたのかもしれない。

もちろんこの都市の形成期については情報が乏しいので、アルシノエが成長期を過ごした頃の物質文化を再構成することは困難だが、それでも彼女が大きくなるにつれ、宮廷も華やかになっていったと思われる。とはいえ長い不在の後にアレクサンドリアに戻ったアルシノエには、かつてここを去った頃の都市の面影はほとんど見いだせなかったろう。彼女が実際に育ったのはプトレマイオス朝エジプトというより、そうなりつつあった場所である。後にプトレマイオス朝の宮廷を特徴づける富と贅沢は大きくなりつつあったが、まだまだ後の時代のように一目瞭然というものではなかった。

　すでに見たように、プトレマイオス一世は文化保護政策を王朝の際立った特徴にした。自分でもアレクサンドロスの遠征と治世に関する歴史を執筆したが[*6]、その中で自身を称えると同時に敵たちを貶めている。もしもこの歴史を書いたのがアレクサンドロスの死後まもなく、ペルディッカスとの抗争時代であれば[31]、アルシノエの父親は王の称号を名のるずっと前に、個人的な知的業績を打ち立てたことになる。

　プトレマイオスはどのような教育をアルシノエに施したのか。女性の教育はヘレニズム時代を通じて広まった[32]。それまでもマケドニアの王族女性は読み書きができたようだし、プトレマイオス朝の王族女性は、アルシノエも含めて詩の中で大いに称えられた。彼女たち自身がパトロンの役目を果たしたかもしれない（第五章参照）。プトレマイオス一世は、息子たちの家庭教師として著名な知識人を招聘するという王朝の伝統を創始したが[33]、これはフィリッポス二世が息子の家庭教師にアリストテレスを選んだことに倣ったものだ。アルシノエの弟プトレマイオス二世の家庭教師となったのは、コス島出身のフィレタス（スーダ辞典「教師フィレタス」の項）、およびエフェソス出身のゼノドトス（スーダ辞典「ゼノドトス」の項）である（ゼノドトスはホメロス学者で、最後は図書館長となった）。プトレマイオス一世はファレロン出身のアテネ人デメトリオス[*7]の保護者となることで、逍遥《しょうよう》学派（アリストテレスが創始した哲学の一派）との密接な結びつきをすでに確立していた。プトレマイオス二世の家庭教師となったもうひとりの重要なギリシア知識人は、その逍遥学派の哲学者でランプサコス出身のストラトンである。後に彼は、アリストテレスが創立したリュケイオンの学園を指導した。(34) ヘレニズム時代、王の息子たちは優れた教育を受けた。プトレマイオス家の娘たちもこの教育に与《あずか》って、兄弟と一緒に家庭教師について、兄弟を教えた人々から習うことがあったかもしれない。事実ストラトンは明らかにアルシノエと手紙のやり取りをしていたが（ディオゲネス・ラエルティオス『ギリシア哲学者列伝』五・六〇）、その理由は彼がもともと彼女の家庭教師だったからに違いない。(35) 以上すべてが示唆するのは、アルシノエが並外れてよい教育を受けることができたということである。

アルゲアス朝と初期プトレマイオス朝における一夫多妻・王族女性・王位継承

アルシノエの母ベレニケの経歴と、娘に対する影響について調べる前に、ベレニケとプトレマイオス一世が結婚した背景を見ておく必要がある。プトレマイオス一世の結婚の慣行と王位継承政策は、アルシノエの生涯はもちろん、彼女の母、実の兄弟、それに異母兄弟の生涯にも大きな影響を及ぼした。他の後継者たちと同じく、プトレマイオスもアルゲアス朝の一夫多妻を模倣し（プルタルコス「ピュロス伝」四・四、「デメトリオスとアントニウスの比較」四・一）、多くの妻から子供たちをもうけた。最も重要で成功した後継者たちは、結婚の慣行よりも王位継承の面でいっそう革新的であった。すでに指摘したように、彼らは息子のひとりを共治王に選ぶことで王位継承者を決定した。伝統的なマケドニア王権には王位継承の原則が存在しなかったが、今や新しい王朝の創出が生み出した革新性と不確実性が、王位継承をさらに錯綜させてしまった。本質的にアルシノエとその異母兄弟の人生初期を支配したのは、まさにこうした事情であった。

妻たち

アルシノエが育った宮廷は、女性たちとその子供らであふれていた。女性たちには妻もいれば、そうでない女性もいた。母親たちの法的地位は、王朝内での息子や娘たちの序列にそれほど大きな影響を与えなかったかもしれない。より重要なのは、プトレマイオスとの個人的な関係に加えて、母親の出身階層と縁故関係である。血縁であれ婚姻であれ、プトレマイオスと何らかの関係があれば、権力ある地位や、権力獲得に利用できる地位へと道が開ける可能性があった。

遊女タイスといえば、ペルセポリスの宮殿を焼き払うようアレクサンドロスを唆したとされる女性だが、大王とプトレマイオスの両方と性的関係をもっていた。[36] クレイタルコスは、大王の死後にプトレマイオスがタイスと結婚したと明言している（アテナイオス『食卓の賢人たち』五七六d）。タイスの子供たちの明らかな年齢から判断すると、二人の関係が始まったのも結婚したのも大王の存命中である。[37] 二人の間には二人の息子、レオンティスコスとラゴス、それにエイレーネという娘がいた。タイスの長男に父方祖父の名前がつけられたことは、この時のプトレマイオスには他に息子がいなかったことを強く示唆する。[38] 後年、プトレマイオスに疑いなく他の息子たちがいた時でさえ、タイスがもうけた息子たちは明らかに父の遠征に従軍したし、平時にも父につき従った（レオンティスコスは前三〇六年、キプロス島サラミス沖でのプトレマイオスの大敗北の際に、攻城者デメトリオスの捕虜となった。ユスティヌス一五・二・七）。ラゴスは前三〇八年のリュキア競技会において、戦車競走で優勝している（*SIG*^{3} 314＋*IG* V.2.250）。おそらく彼は、同年の父のギリシア旅行にも同行したであろう。エイレーネはキプロス島のソロイの王エウノストスと結婚した。彼女の結婚は、プトレマイオスがエウリュディケやベレニケからもうけた娘たちの、より大きな威信に充ちた結婚と同等ではなかったが、それでも婚姻同盟の一環をなしていた。

プトレマイオスが前三〇五年頃に王の称号を名のってからしばらくは、これら二人の息子たちはまだ若く、後を継ぐことも、自らの力で支配することも、遠征に出ることもできなかった。嫡出子であろうとなかろうと[39]、これらアルシノエの異母兄弟たちも、当初は父の跡継ぎとしての役割を果たしていただろう。しかし彼らはプトレマイオス治世のもっと後にくり広げられた継承争いには登場しない。より有名な（そしてそれほど悪名高くない）妻たちから生まれた年下の息子たちが成人してしまうと、タイスの息子たちがまともな競争相手でなかったことは明らかだ。しかしながらその彼らも、未来のプトレマイオス・ケラウノスが幼少で、未来のプトレマイオス二世がまだ生まれていないうちは、最も重要な有資格者であったに違いない。

もうひとり、さらに悪名高い遊女ラミアもプトレマイオスと関係を結んでいた。しかし前三〇六年、攻城者デメトリオスがキプロス島サラミス沖でプトレマイオスに大勝した時、彼女はデメトリオスの戦利品となり、二人の関係は終わった[40]（プルタルコス「デメトリオス伝」一六）。

アルシノエが成長しつつあった宮廷には、あと二人、より尊敬すべき身分の異国の女性がいた可能性がある。前述したように、前三二四年にスーサでプトレマイオスはアルタバゾスの娘と結婚した。名前はアルタカマ（アッリアノス七・四・六）またはアパマ（プルタルコス「エウメネス伝」一・三）で、大王の愛人バルシネの異母姉妹である[41]。おそらく彼は、大王の死後まもなくこのペルシア人の妻を捨てたことだろう[42]。あるいは彼女はアレクサンドリアでひっそりと余生を過ごしたとも考えられる[43]。宮廷には、エジプト土着の最後の王朝に属するエジプト人の妻がいた可能性もある[44]。アルシノエがタイスやラミア、アルタカマと個人的に接触したかどうかはともかく――後に見るように、プトレマイオスの宮廷にかかわる女性たちが実際どの場所にいたかはあまり知られていない――、アルシノエは始めの二人、とりわけ個性が強く下品な性格だったラミアの話をきっと聞いたことだろうし、おそらく異国のペルシア人妻の話も耳にしたであろう。

　アルシノエの幼年期に、おそらくはありがたくない形でひときわ高くそびえていたと思われる女性が、アンティパトロスの娘エウリュディケである[45]。アンティパトロスは将軍や外交官としてフィリッポス二世に仕え、アレクサンドロスがアジア遠征で長期不在の間、マケドニア本国を統治した[46]。プトレマイオス一世は、自分より先にペルディッカスがしたように[*8]、マケドニア政界におけるこの偉大な長老と同盟を結びたいと望んだ。彼がエウリュディケと結婚したのは（パウサニアス一・六・八、アッピアノス『シリア史』六二・三〇）、ペルディッカスが排除された後、生き残った後継者たちがシリアのトリパラデイソスで、旧アレクサンドロス帝国における権力の配分をやり直した頃（前三二一～二〇年頃）のことだった。エウリュディケはプトレマイオス一世から少なくとも四人の子供をもうけた。うち二人は息子で、ひとりはプトレマイオス（アッピアノス『シリア史』六二）、もうひとりの名前は不明である。このプトレマイオスはケラウノス（稲妻）という綽名をもち、後にマケドニア王となって異母姉妹のアルシノエと結婚することになる。エウリュディケのもうひとりの息子は、キプロス人の間で反乱を組織したとの理由で、プトレマイオス二世に殺害された（パウサニアス一・七・一）。あとの二人は娘で、リュサンドラ[47]はまずカッサンドロスの息子のひとりと、次いでリュシマコスの息子アガトクレスと結婚する。もうひとりのプトレマイス[48]は、攻城者デメトリオスの数多くの花嫁の最後のひとりとなった（プルタルコス「デメトリオス伝」四六・五）。エウリュディケはプトレマイオスから息子をあと二人生んだらしい。まずメレアグロスは、どの史料でもエウリュディケの息子とはされていないが、ケラウノスを継いで短期間マケドニアの王となった。これは彼がケラウノスと同時期にエジプトから逃亡し、旅に同伴したことを示唆しており、その理由がメレアグロスとケラウノスが実の兄弟だったことにあるのはほぼ確実である。[49] アルガイオスもプトレマイオス二世によって排除されたので（パウサニアス一・七・一）、やはりこの結婚から生まれた子供だったろう。[50] 後に見るように、アルシノエの母ベレニケとエウリュディケは、同じ時期にプトレマイオスから子供たちを生んでいたのだった。[51]

プトレマイオスが宮廷にどれだけ多くの妻や愛人をもっていたにせよ、長期にわたって最も大きな威信を有したのはエウリュディケだったろう。この威信の由来は、当初は父親の名声であり、後には（前三一六年以降に）マケドニアの支配者となった彼女の兄弟カッサンドロスの役割、それに姉妹たちの誉れ高い結婚であった。だが決定的と思われるのは、彼女が生んだ最初の息子にプトレマイオスが自分の名前をつけたことである。命名法が示唆するように、この段階までに彼は王朝らしきものを構想し始めていた。自分が年老いたら自分と同名の息子が後継者となり、タイスがもうけた息子たちにとって代わることを望んだのだろう。

エジプトに着いた時エウリュディケは、ベレニケという名の、若い寡婦で結婚の順番待ちというべき女性を同伴していた[52]（パウサニアス一・六・八）。ベレニケの母親はアンティパトロスの兄弟の娘アンティゴネなので（テオクリトス一七・六一の古註）、アンティパトロスはベレニケの大叔父にあたる。[53] ベレニケの父親は明らかにマガスという男だが、[54] 彼については何も知られていない。興味深いことに、ポセイディッポス（『ギリシア詩華集』八八）によると、ベレニケの出身地は彼女の二番目の夫となるプトレマイオス一世と同じエオルダイアだったらしい。[55] 最初の結婚相手はフィリッポスといい、二人の間には息子マガス[56]（パウサニアス一・七・一～三）と、娘アンティゴネ、それにおそらくもうひとりの娘テオクセネが生まれた。[57] 最初の夫フィリッポスが死亡したのは明らかで、パウサニアス（一・六・八）が言うには、アンティパトロスは寡婦となったこの気の毒な親戚（彼女はエウリュディケのいとこの子だっ

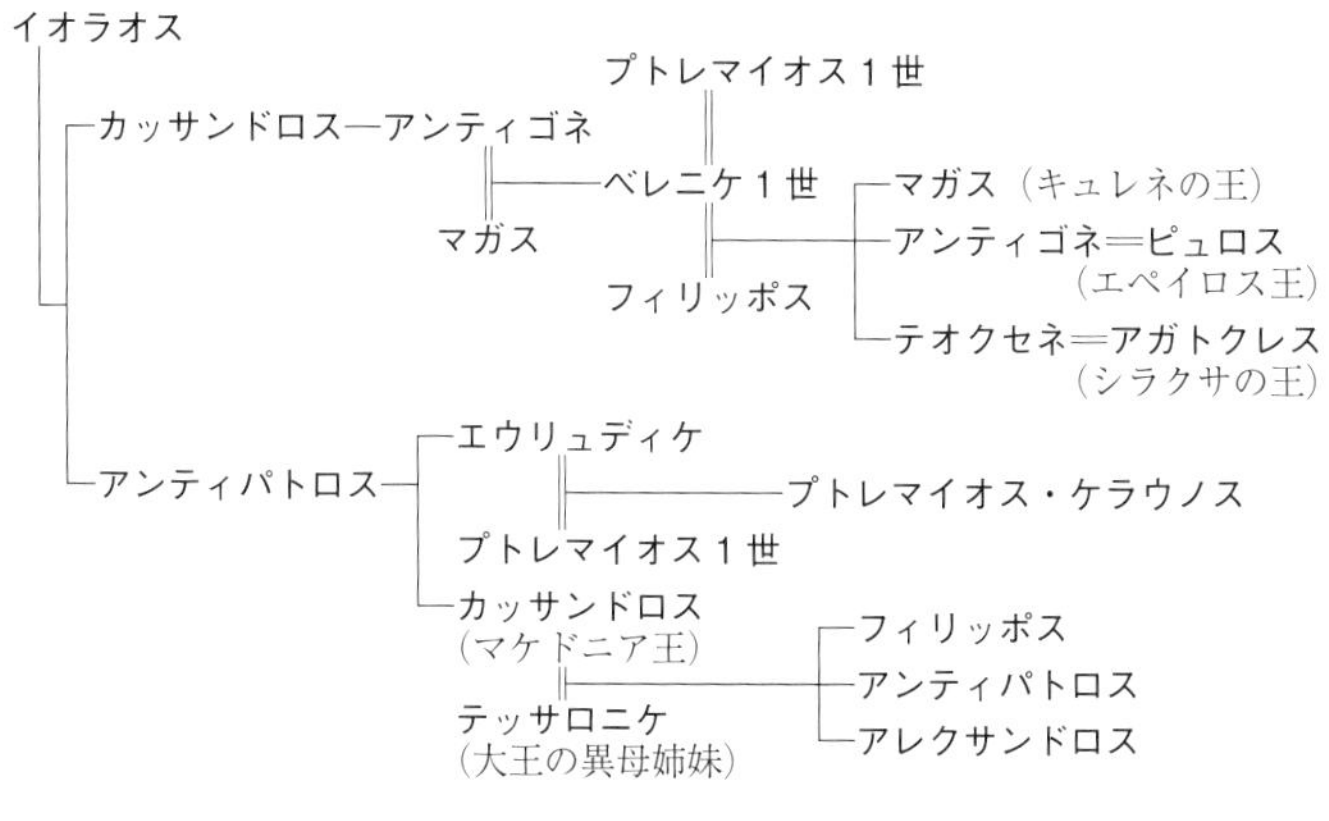

アンティパトロス家の婚姻関係

た）を、自分の娘エウリュディケと共にエジプトへ送り出したのである。ベレニケの最初の結婚から生まれた子供たちは、母親がエジプトの支配者と二度目の結婚をしたことから明らかに利益を得た。マガスは北アフリカのキュレネの統治者となったが、後に独立の支配権を得ようとし、異母兄弟たるプトレマイオス二世の治世に反乱を起こした。アンティゴネはエペイロスの王ピュロスと結婚した（プルタルコス「ピュロス伝」四）。

パウサニアス（一・七・一）によると、ベレニケの最初の夫は家柄の低い無名の人物だった。ベレニケがこの最初の結婚から得た子供のうち、二人の名前は母方の両親に関係しており、これがパウサニアスの記述を証明すると思われる。プトレマイオス朝に庇護された詩人テオクリトスは、ベレニケに言及する際、通常の父称ではなく、母親名を使ってアンティゴネの娘と呼んでいる。母親名による言及は、彼女とアンティパトロスとのつながりを強調するだけでなく、母方の祖先のほうが父方より卓越していたことを証明する。ちょうど二番目の夫プトレマイオスと同じである。[58] このような素性、すなわち母方の祖先の卓越と、その結果としての子孫による母方の血統の強調が、王朝の初期というきわめて早い時点であれ、プトレマイオス君主政における女性の役割を説明できるかどうかは疑わしい。結局のところこれら二つの家系にあっては、子供たちの地位との関係で母親の出自が重要、というより決定的であった。[59]

おそらくベレニケはプトレマイオス一世の目に留まり、すぐに彼の妻となった。[60] 初めは愛人だったろうか。[61] 妻と愛人の境界は、タイスについて見たように、それほど明確ではない。[62] それでもプトレマイオスの子供を生み始める頃には、ベレニケもタイスと同じく彼の妻となった。[63] 初めから正式の結婚だったかどうかはともかく、二人の関係はベレニケのエジプト到着後、わりと早く始まったに違いない。その継続期間についての証拠は、最年長の子供アルシノエが前三〇〇年頃に結婚したことで、すでに指摘した通り、これはアルシノエの誕生が前三一八年から三一四年の間であることを示唆する。このように彼女の両親の関係は、遅くとも前三一五年に同定することができるが、その数年前には始まっていたと考えていいだろう。ベレニケは救済王からもうひとりの娘フィロテラを生んだが（ストラボン一六・四・五、カリマコス断片二二八）、こちらの生年は不明である上、明らかに未婚のままアルシノエより先に死んだので、生年を推測することさえ難しい。[64] 前三〇九／八年、コス島において、ベレニケは未来のプトレマイオス二世フィラデルフォス（愛姉王）を生んだ。[65] プトレマイオス一世が次男に自身の名前をつけたのは、きわめて意味深い。この命名自体が、これら二人のプトレマイオス（ケラウノスおよび後の二世）が、生まれた時から文字通りのライバルとなったことを暗示しているのだ。

ベレニケは十六世紀英国のアン・ブーリン[*9]とほぼ同じ立場にあり、同じように卓越した地位に上ろうとした。ただしアン・ブーリンと違ってベレニケは、処刑されないのはもちろん、地位を失うどころか向上させることができた。プトレマイオス一世には、ベレニケと結婚するのに世間的な理由は何もなかった。実のところ王たちは、常に実質的な同盟の一環として政略結婚をしたにもかかわらず、古代作家たちはたいてい王たちが恋愛結婚をしたと主張する。プトレマイオス一世が本当に恋愛結婚をしたのは、当時としては例外である。パウサニアス（一・六・八）は、プトレマイオスがベレニケを好んだことについて論じる際、彼が epimanēs（女狂い）だったと述べている。つまるところプトレマイオスは、貴族出身で立派な縁戚を有する妻をすでにもっており、その妻は複数の息子を含む子供たちをもうけつつあったのに対し、ベレニケには、エウリュディケの近親者以外に権勢のある親戚はひとりもいなかった。ベレニケは、自分より金持ちの親戚に生計を頼る貧しい女性が、なんとかして裕福で優れた夫を見つけようと努める、ヴィクトリア時代の小説の定番に似ている。テオクリトス（古註一七・三八〜三九）はベレニケに対するプトレマイオスの愛を称賛しているが、実際に二人の結婚が限りなくエロスに基づいており、王族にしては特異な結婚であったという意味において、これはまったく正しい(66)。テオクリトス一七・三四に対する古註（写本の余白に記された註釈）は、ベレニケがプトレマイオス一世の妻の中で最も貞節だったと述べているが、これはあり得ない。本当にそれほど貞節だったなら、彼の妻にはならなかったろう(67)。なるほどプトレマイオスはタイスとも結婚したが、タイスの息子たちは王位継承の候補者にはならなかった。ベレニケについて本当に驚くべきことは、プトレマイオスが単に彼女と結婚しただけでなく、最終的に彼女の息子が王になったことなのである。

アルシノエの結婚以前の王位継承争い

エウリュディケとその息子プトレマイオス・ケラウノスは、明らかに長年にわたって、彼が父の王位を継承できるものと期待していた。タイスの息子ラゴスが注意を惹いたことは決してなかったし、この人物が継承争いに関与したと述べる史料はひとつもない。プトレマイオス一世の他の二人の息子は、王位を求めたり反乱を起こしたりしたが（パウサニアス一・七・一）、それはプトレマイオス二世の治世のことであって、父王の治世ではない。プトレマイオス救済王の生前に起きた本当の継承争いは、共にプトレマイオスと名づけられた二人の息子の間でなされた。

のちのケラウノスには、同名の異母弟より優位な点が二つあった。母親エウリュディケが競争相手の母親ベレニケより格が上で、縁故関係もはるかに良好だったこと。[68]それ以上に、異母弟より十歳ほど年長だったことだ。プトレマイオス一世は古代の標準からすればたいへんな高齢まで生きるのだが、前四世紀には誰もそんなことは予測できなかった。ベレニケの息子は、父が死んだ時にはまだ子供ということになりかねない。ユスティヌスは、ケラウノスの王位継承を約束する何らかの規則ないしは慣行が存在したと信じているようだ（一六・二・七、一七・二・九〜一〇）。すでに見たように、事実がそうでなかったことは確かだが、実のところ、宮廷はもちろんエウリュディケもその子供たちも、ケラウノスが父の後継者になるものと期待していたはずだ。アルゲアス朝時代には、[69]玉座を手に入れ維持するには、内外にわたるフィリア（交友ないし同盟関係）の絆が決定的に重要だった。フィロイ（友人ないし同盟者）はヘレニズム時代の宮廷でも必須で、諸国の王たちも王族の他の成員たちも、有力な友人たちも、明らかにケラウノスを支持していた。[70]これを証明するのが、哲学者にしてアテネの僭主、前二九七年頃プトレマイオス救世王の宮廷に亡命したファレロンのデメトリオスの経歴である。デメトリオスは、プルタルコスが救済王の友人の「第一の人物」と呼んでおり（『モラリア』六〇一f）、アレクサンドリア図書館の創設に中心的な役割を果たしたほか、ケラウノスに継承権を与えるよう救済王に忠告したのである（ディオゲネス・ラエルティオス五・七九）。豊富な政治経験をもつデメトリオスは、この争いに勝つのはどの息子かという観点から忠告をしたのだった。

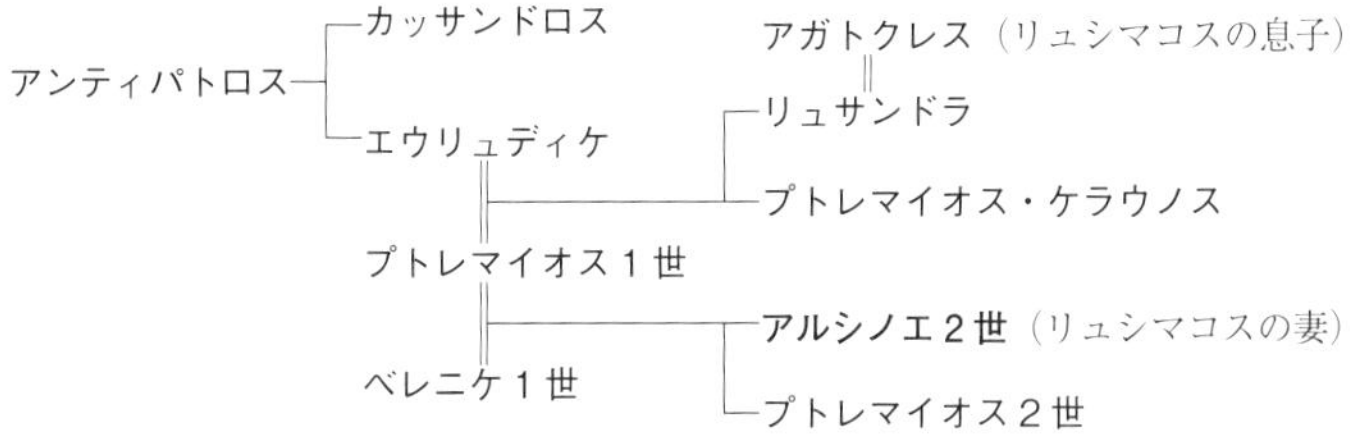

プトレマイオス１世の２つの家族

二人のプトレマイオスの争いは、おそらくすぐには進展しなかった。エウリュディケとベレニケはプトレマイオスの寵愛を求めてつばぜり合いを繰り広げたが、彼女たちや息子たち、両者の実の兄弟たちの間で展開した継承争いが始まったのは、前三〇九年にベレニケの息子が生まれてからのはずだし、それが真剣な問題となったのは前四世紀末になってからだろう。その頃までには幼い少年も幼児期という最も危険な時期を過ぎ、その性格や才能の片鱗を見せ始めたであろうから。前二九〇年代も半ば、ベレニケの息子が成人年齢に近づくにつれて、二人の対抗関係は激しさを増したに違いない。

このように、アルシノエが幼年期と思春期の大半を過ごしたのは、父親の他の妻とその子供たちのほうが、自分の母親と実の兄弟よりも優位にある環境のもとであった。王位継承に関して自分の兄弟の立場が向上したことは、つまるところ、リュシマコスの妻としての地位や自分自身の息子たちの将来性を大きく変えることになる。しかしその兄弟の成功は、彼女の幼年時代ではなく大人になってからのことだった。アルシノエはプトレマイオスの他の家族の陰で成長していった。とりわけ幼いうちは、母親の地位はひどく危ういものと見えたに違いない。兄弟が生まれてからでさえ、実の弟が異母兄弟に打ち勝つとか、母親がエウリュディケを負かすというのは、とうてい見込みのない企てに思えたはずだ。アルシノエの幼年時代の記憶にあるのは、母ベレニケが父プトレマイオスの寵愛のほかには頼るものもさしてないまま、父の気を惹こうと長年懸命だった姿であろう。

王位継承の決着——前三〇〇頃～二八五年

前二八五年、プトレマイオス一世は最終的にベレニケの息子を自分の共治王とし、ここにベレニケ側の血統が王家において勝利を収めた。(71) その理由は後に考察するとして、エウリュディケとベレニケの間、および二組の子供たちの間の長きにわたる対抗関係は、アルシノエの背景を理解するための手がかりとなる。それはまたアルシノエの実の兄弟や異母兄弟たちにとっては、君主政と宮廷がいかに機能するか、どのような策が成功し、どのような策が失敗するかを理解する上で、疑いなく手本となった。(72)

一夫多妻の状況では、たとえ正妻という制度化された位階が存在せず、王位継承者という一見明白な制度上の地位が存在しなくとも、通常は多くの妻たちの間に何らかの序列が発達する。彼女らが宮廷内序列のどこに位置しているのかは、制度ではなく、妻や息子に対する王の待遇、承認や否認を示す振舞いによって示された。たとえばフィリッポス二世は、わずか十六歳のアレクサンドロスにマケドニアの国事を委ね、十八歳の時にはカイロネイアの会戦で騎兵部隊の指揮権を与えた（この勝利がギリシア南部に対するフィリッポスの支配を可能にした）。これにより、アレクサンドロスも母オリュンピアスも、宮廷の他の者たちも、フィリッポスがアレクサンドロスを跡継ぎにするつもりだと信じた。ところがわずか数か月後の出来事で、アレクサンドロスとオリュンピアスの地位はひっくり返ったと思われた。オリュンピアスは長年にわたりフィリッポスの宮廷で最も勢力ある女性であったのに、彼女の地位は突然、息子が跡を継ぐ見込みが脅かされたことで危機におちいったのだ。(73)*10

プトレマイオス一世のどちらの妻が実質的に優勢だったのか。前四世紀末までは、この疑問に答えてくれる兆候はほとんどない。ただしすでに見たように、エウリュディケの息子が王位を継ぐだろうとの観測が広まっていたと思われる。このことはエウリュディケが、たとえ王の個人的な寵愛を受けていなかったとしても、権勢ある妻と見なされていたことを示唆する。前三〇〇年以前に知られている出来事で、ベレニケのほうが優勢だったことを示すものは何もない。確かに前三〇九／八年、ベレニケはプトレマイオス一世のギリシアに対する海上遠征に同行した（これは、プトレマイオス二世となる息子がこの遠征中、ギリシアのコス島で生まれたことからわかる）。他方でタイスの息子ラゴスも父親に随行した。ラミアもプトレマイオスの随行団に含まれていたはずである。というのも、前三〇六年にプトレマイオスがサラミスで敗北した後、攻城者デメトリオスの捕虜になっているからだ。それゆえベレニケのギリシア滞在を過大評価するわけにはいかない。それが示唆するのはせいぜい、プトレマイオスがおそらく彼女の妊娠に配慮して、そばに置きたいと思ったという程度である。

ベレニケとその子供たちの地位に変化が生じたことを示す最初の兆候は、前三〇一年にイプソスの会戦でアンティゴノスが、他の四人の後継者たち（カッサンドロス、セレウコス、プトレマイオス、リュシマコス）の同盟に敗北した後に現われた。同盟側が勝利を収めた結果、会戦から一、二年のうちに一連の結婚が取り決められ、すべてがただちに実行されたわけではないものの、明らかにプトレマイオスはその多くに関与した。それ以前の重要な節目（アレクサンドロスのアジア遠征への出発、大王の死、トリパラデイソスの会談）でも、マケドニア人上層部の間で多くの婚姻関係が結ばれた。概して後継将軍たちは、イプソスの会戦以前には互いに婚姻を結ぶことはなかったが、今や躍起になっていた。これは、前三〇六年と三〇五年に後継者たちが王の称号を手にしたこと以上に、彼らが互いの新しい君主政を実質的に承認し合ったことを示している[74]。それゆえイプソス以後にプトレマイオスがした婚姻の取り決めは、彼が自身の王朝の将来をどう判断していたかを知る上で重要である（すでに見たようにプトレマイオスは、何年も前には、タイスが生んだ娘エイレーネをキプロスの小君主に嫁がせている)。

この時点でプトレマイオスが取り決めた結婚は次の通りである。ベレニケの娘と思われるテオクセネをシチリア〔シラクサ〕の王アガトクレスに。ベレニケの娘アルシノエをリュシマコスに。エウリュディケの娘リュサンドラを、まずカッサンドロスの三男アレクサンドロスに、彼の死後にはリュシマコスの子アガトクレスに。エウリュディケの娘プトレマイスを攻城者デメトリオスに(ただし実行されたのは数年後)。ベレニケが最初の夫フィリッポスから生んだ娘アンティゴネをピュロスに。花婿たちの相対的な威信と、花嫁たちが王位継承者の母親となりうる可能性から判断して、エウリュディケとベレニケの娘たち全員がタイスの娘よりも上等な縁組をした(むろんプトレマイオスの威信と権力は、タイスの娘が嫁いだ時よりずっと大きくなっていた)。むしろプトレマイオスは、二つの家族の一方がより重みがあると見えるのを意識的に避けながら、注意深く双方の利害のバランスをとったと見ていいだろう[75]。アルシノエとリュシマコスとの結婚は、リュシマコスの息子アガトクレスがすでに成人していたので、野心に満ちた王族女性にとっては行き止まりに見えたかもしれない。他方でリュサンドラの結婚相手はいずれも成人か成人間近で、どちらも王位継承者になると思われた。だがプトレマイオス一世は、状況をそうは見ていなかったかもしれない。結局のところ、アルシノエはすでに王になった人物と結婚したのに対し、リュサンドラは王になることを望んでいる男二人と相次いで結婚した(彼女が最初にカッサンドロスの三男と結婚した時、カッサンドロスも長男も存命だったと仮定すれば[76])。いずれにせよリュサンドラの結婚は(ましてその妹プトレマイスのそれは)、アルシノエに比べてはるかに成功度の低いものだった(第二章参照)。

アンティゴネはプトレマイオスのただひとりの継娘だったが、結婚市場において非常に良い成果を手に入れた。確かに彼女の結婚は、ベレニケが今やいっそう大きな勢力を有していたことを示すと言えよ

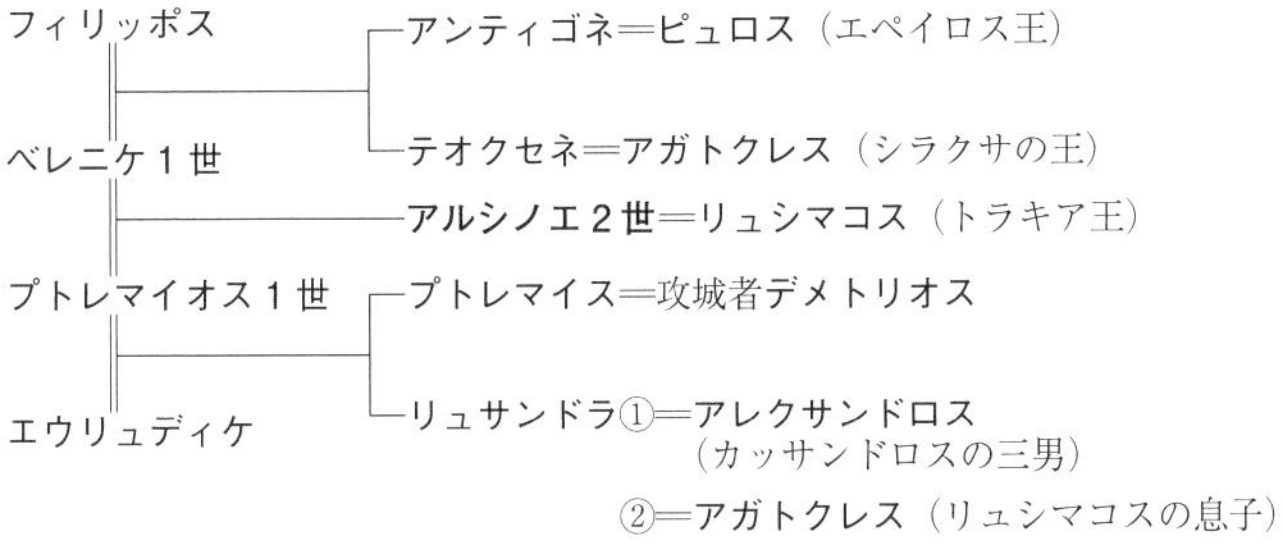

プトレマイオス１世の娘たちの婚姻関係

う。ただしアンティゴネが結婚した前二九九年ないし二九八年には、ピュロスは二度目の亡命中の王にすぎず、プトレマイオスの宮廷で人質となっていた。プルタルコス（「ピュロス伝」四・四〜五・一）はこう述べている。ピュロスはプトレマイオスの宮廷に滞在中、プトレマイオス一世の数多くの女性たちの中で、ベレニケこそ最大の権力を利用でき、美徳と思慮深さにおいて一番だと考えた、ゆえに彼はベレニケに特別な注意を払った、と。プルタルコスによると、ピュロスは概してプトレマイオスに取り入ろうと努めた[77]。多くの著名な人士たちがアンティゴネを花嫁に迎えようと競い合う様子を描き、花婿に選ばれたことでピュロスはより大きな威信を得、王国奪回のための資金と軍隊をプトレマイオスから与えられる結果になったと述べている。プルタルコスの記述はピュロスに好意的な史料に由来するので、ここからベレニケの地位を評価するのは難しい。ともあれこの結婚によってピュロスはより尊敬される身になったらしく、プトレマイオスの援助によってまもなく王国を取り戻す（プルタルコス「ピュロス伝」四・四〜五・一）。こんなわけで、ピュロスというしっかり者だが日和見主義者の王族が判断するところでは、ベレニケはエウリュディケに対していくぶん優位な地位を手に入れ始めていた（この判断の正しさは、彼が軍隊と財政支援を獲得するのに成功したことで証明された）。プルタルコスはピュロスを事情通として描いているので、自分にとってベレニケが最も役立つ人物だというピュロスの結論は、核心を突いているように見える。しかしながら、アンティゴネに対する花婿競争の描写はいささか誇張されているらしいので、この時ピュロスが得られた最良の結婚相手がベレニケの娘であったかどうかは疑わしい(78)。すべての事情を考慮すると、アルシノエがエジプトを去った時点では、母親の威信はエウリュディケのそれを上回り始めていたか、少なくとも同等だったことは確実であろう。

当初はわずかな優位性にすぎなかったものも、前二九〇年代のうちには大きなものとなった。以前にはベレニケの息子は若すぎて、ケラウノスのまともな競争相手にならなかったが、前二九〇年代の終わりまでには成人に達した。エウリュディケの最も強力な兄弟であるマケドニア王カッサンドロスはすでに世を去ったのに対し、ベレニケには今や強力なギリシア人の義理の息子が二人いた。前二八〇年代になる頃には、宮廷人たちは、プトレマイオス一世が跡継ぎとしてのちのプトレマイオス二世を選びそうな兆候を見たかもしれない(79)。しかし彼はこの決定を可能な限り先に延ばし、前二八五年にプトレマイオス二世を共治王とするまで何も公にしなかった(共治制は行政上の利点もあったが、おもに王位継承を間違いなく円滑にするための手段として機能した。プトレマイオス一世は、高齢ゆえに権力の移譲が差し迫りつつあると感じるまで、先送りしていたと思われる(80))。ケラウノスや母親エウリュディケ、あるいは兄弟メレアグロスが、プトレマイオス救済王による決定の告知が間近に迫る前にエジプトを離れた可能性は低い(81)。希望がまだ残っているのに故国を去るのは愚かなことだったろう。プトレマイオス一世がエウリュディケを離婚したとか、エジプトからの退去を強制したという証拠はない(82)。アレクサンドリア出身で二世紀に活動した歴史家アッピアノスは、ケラウノスが父親の決定ゆえに恐怖心からエジプトを離れたと述べている(『シリア史』六二)。恐怖心は王位継承争いを煽りたてる傾向があった。恐怖心は、恐れを抱いた者たちを暴力的な人物に変えてしまうので、誰が最初に手を下したかを見分けるのは難しい（序章参照）。すでに見たように、メレアグロスは明らかにケラウノスと共に立ち去った。パウサニアス（一・七・一）は、プトレマイオス二世がエウリュディケの他の二人の息子たち（アルガイオスと名前不詳の息子）を、自分に陰謀を企てたとの理由で排除したと主張する。ファレロンのデメトリオスは、救済王の友人《フィロイ》の中で最も著名であり、ケラウノスを後継候補に推していたが、いささか不審な状況で死んだ(83)。

プトレマイオス一世が最終的にベレニケの息子を共治王とし、よって事実上の跡継ぎとしたことに、ベレニケによる我が子の援護はどの程度かかわったであろうか。息子にとって母親と実の兄弟たちは後継争いの支援者として機能したが、彼らの支持だけでは父親の決定理由にはまずならない。もちろんベレニケおよび宮廷内で高まりつつある彼女の威信をプトレマイオスが選んだことが、ひとつの要因だったのは確かだが。プトレマイオス救済王はケラウノスに不満を覚えるようになったか、あるいはベレニケの息子のほうにより強い印象を持つようになったのかもしれない。老人の中には、年長の子供より若い子供に愛着を持つ者がよくいる(84)。プトレマイオス・ケラウノスに関する伝承は異常なほど敵意にみちているが、ケラウノスを信頼して当然だった者たちへ後に彼が加えた暴力や危害は、マケドニア人の標準からしても相当露骨で際立っていたようだ。ケラウノス＝稲妻という綽名は、その由来が何であれ、突発的で危険を顧みない行動を示唆している。プトレマイオス一世は慎重な男であった。跡継ぎに選んだ息子は、年長の息子よりもこの点で彼に似ていたのだろう。

戦車競走におけるベレニケの勝利

馬を飼育し競走させることは、権力への道と権力の所有を誇示する手段の両方となった(85)（イソクラテス一六・二三二）。古代ギリシアにおいて競馬は、おもに費用がかかるという理由から、文字通り王侯のスポーツであった。競馬での優勝はあらゆる競技の中で最も権威があったので、勝利者は彫像や特注の詩や貨幣によって称えられた[86]。ポセイディッポスの詩は、競馬におけるプトレマイオス家の成功を、ギリシア人の貴族的な価値観が有する長い歴史の文脈で強調している[87]。

　オリンピック競技会での優勝はとりわけ、汎ギリシア的な政治野心を持つ者たちの関心を惹きつけた[88]。アルゲアス朝マケドニアの王たちはオリンピックで優勝したし[89]、一世から十二世に至るプトレマイオス朝の王たちも汎ギリシア的な競技会に参加し、友人《フィロイ》の一部もそれに倣った[90]。これまで知られていなかったポセイディッポスの数編の詩を含む写本が新たに発見され[91]、そこからプトレマイオス朝の女性たちもこれら汎ギリシア的な勝利に関わったことがわかった。ベレニケの戦車チームがオリンピアで優勝したのは[92]、おそらくプトレマイオス一世が彼女の息子を共治王とした後のことである[93]。ベレニケは、いわば王朝の賭けに逆転勝ちし、ひとつの勝利をもうひとつの勝利で祝ったのだ。アルシノエを含むプトレマイオス朝の他の女性たちも、やがてこの成功を再現することになる。一般に女性、少なくとも既婚の女性は競技会に個人的に出席することはできず[94]、マケドニア人女性も出場したことはなかったのだが[95]、ベレニケの勝利にはまったく前例がないわけでもない。キュニスカというスパルタの王族女性が[96]、前三九六年と三九二年に[97]、女性として初めて戦車競走で優勝した[98]。しかしポセイディッポス（AB八七）は、ベレニケの勝利は王族女性が別の王族女性を負かしたという点で、スパルタ女性の勝利を実質的に上回ったと、誇らしげに述べている[99]。このプトレマイオス朝初の女性の優勝は注目に値する。というのもひとつには、ヘレニズム時代にはプトレマイオス朝や彼女の娘や他の上流女性たちにとって、これが明らかにひとつの模範となったからである[100]。

　オリンピックでの優勝は個人的な功績を証明するだけでなく、勝利者のゲノス（氏族、家族）の名声を高め、個人がそのゲノスにふさわしいことを示した。数々の記念物はひとつの家系における勝利の連続を強調し、時には勝利者個人をほとんど押しのけてしまうほどだった[101]。女性の勝利者を謳った現存するエピグラムは、王族女性とその男性親族との関係を強調している。スパルタ人キュニスカのエピグラムは、「私の祖先たちと兄弟たちはスパルタの王であった」という一節で始まる[102]。こうした女性の勝利は文化的に重要な影響力をもった[103]。実際ポセイディッポス（AB八八）は作品中で、プトレマイオス二世に戦車競走での自身と父王の勝利を自慢させているが、とりわけ母親の勝利を称えている。それが女性としてきわめて異例だったからだ。「我ら、すなわち両親と余とは……勝利を収めた最初にして唯一の王である。余はプトレマイオスにちなんで名づけられ、ベレニケの息子として生まれた……余が誇りとするのは余の父の栄光ではなく、余の母／戦車競技で勝利した女性である。それは偉大である」[104]。優勝した馬たちをベレニケが飼育していたかどうかは不明だが、キュニスカと同じく（パウサニアス三・八・一）、彼女も後のプトレマイオス朝の女性たちも馬を飼っていただろう。結局のところ女性たち、とりわけ貴族身分の女性たちと馬の飼育とは、自然な組み合わせと思われたに違いない。実際古代ギリシアでも今日でも、馬好きであるのと由緒ある家系とが結びつくのは、子孫繁栄という点で両者が相似形をなし、互いの関連が暗示されるからである[105]。

弟の共治王指名がアルシノエに与えた影響

弟が共治王に指名された時、すでにアルシノエ二世は三人の息子の母となっており、エジプトを離れて十五年がたっていたが、おかげで母子の威信は高まった。意味深長なことにアルシノエの長男もプトレマイオスと名づけられていた。さらに彼女の母ベレニケがオリンピックで優勝したことは、ベレニケとその子供たちの名声をさらに高め、広く知らしめることになった。

ベレニケとその子供たちがこうした成功に浴するのと同じ時期、アレクサンドロス帝国のアジア領の大半を支配者したセレウコス一世が前二九二年に、次いでプトレマイオス一世が前二八五年に、それぞれの息子をひとり選んで共治王とし、王位継承の決断を下した。これがリュシマコスの宮廷で王位継承の危機を引き起こし（前二八三／二年）、アルシノエとその子供たちを、リュシマコスの息子アガトクレス、その妻でエウリュディケの娘リュサンドラ、さらにこの二人の子供たちと対抗させることになった。

この危機については次章で論じるが、ここで指摘しておくべきは、エジプトでの王位継承が決着したことで、プトレマイオス・ケラウノスがリュシマコスの宮廷へ逃れ、後にセレウコスの宮廷へ、ついにはマケドニアへと亡命したことである。彼の放浪のすべてがアルシノエのその後の経歴に影響し、最終的にはエジプトの弟の宮廷へ帰らざるをえなくさせる。プトレマイオスが後継者についての決断を高齢になるまで先延ばししたことが、子供たちすべての人生を大きく左右し、後に見るようにアルシノエを含む全員に、情容赦ない態度をとらせることになった。

プトレマイオス二世の治世には、とりわけ彼が実の姉アルシノエと結婚して以降、ヘレニズム世界の他の地域に比べ、君主政と王朝を王族女性も含むものとして理解するようになり始めた。この過程がプトレマイオス二世とアルシノエ二世の結婚より前に始まったことを示す兆候がいくつかある。ポセイディッポスのエピグラムAB八八は、プトレマイオス一世と二世、それにベレニケ一世の勝利を称える詩であるが、三人をまとめて「王たち」（バシレウスの複数形でバシレイス）と述べている。同様にプトレマイオス朝の一般的な慣行では、王とその妻をまとめてバシレイスと呼んだ。[106] 結婚するためエジプトを離れた時、若いアルシノエは、自分が支配権の主要な部分ではないとしてもその一部であり、これからもそうあり続けるだろうとすでに思っていたかもしれない。実の弟が共治王に指名されたことや、オリンピックでの母親の勝利といった出来事は、彼女が人生の早いうちから形成してきた考え方を強めたことだろう。

第2章
リュシマコスの妻アルシノエ――前三〇〇頃～二八一年

前四世紀末から三世紀初頭の頃に、アルシノエはトラキアの支配者リュシマコスと結婚した。リュシマキア（リュシマコスの首都で宮廷の主要所在地。現在のトルコのヨーロッパ側、ガリポリ半島にある）に着いた時、花嫁はおそらく十代半ば、対する花婿は六十歳ほどで、祖父であってもおかしくないほど高齢だった。(1) ヘレニズム世界では女性は夫より半世代ほど若いことが多いのだが、アルシノエとリュシマコスの年齢差はさすがに大きすぎた。古代の作家も近代の作家も、二人のあまりに不釣り合いな年齢から、年の差婚にお決まりのふるまいをするものとして描く傾向にあった。お金目当てのセクシーな牝猫と、よぼよぼで女に甘い愚かな老人という対比が、この時期の多くの記述の背後に隠れている。ギリシア神話とギリシア悲劇には、同じく紋切型だがもう少し高尚な物語が見られる。自分よりはるかに若い義理の息子と恋に落ちた後妻ファイドラだ。*11 後に見るように、ファイドラの筋書きは単に歴史記述の背後に潜んでいるのでなく、実際にいくつかの歴史記述にそのまま入りこんでいる。しかし現実はまったく違っていた可能性がある。

この結婚は恋愛感情ではなく、高度な政治判断によるものだ。すなわちプトレマイオス一世とリュシマコスの同盟であり、イプソスの会戦を生きのびた大王の後継者たち同士の関係再編の一部である（第一章参照）。リュシマコスとアルシノエの結婚は、プトレマイオスの王朝とリュシマコスの王朝を結びつける三つの結婚のうちの、最初のものであった。実際、アルシノエがリュシマコスと結婚していた期間を通じて、これらアレクサンドロスの旧友たちのどれかひとつの宮廷で起きたことは、別の誰かの宮廷にただちに波及した。アレクサンドリアでの王位継承をめぐる政治動向は、リュシマキアに飛び火して、また跳ね返ってきた。この結婚に対しては、白髪のCEO〔最高経営責任者〕のうら若い美人妻といった現代の固定観念を捨てるべきであり、むしろ、ヴェリゾン社〔米国の大手電機通信事業社〕とAT&T〔米国電信電話会社〕の合併のようなものと考えるべきである。

この結婚の当事者について生み出された伝統的なイメージは、二人の実際の性格とは似ても似つかぬものであろう。アルシノエは、多くの者が描きそうな性的魅力で誘惑する少女ロリータどころか、非常に自制心があり、緊張に満ちた環境で育ったせいで自分を押し殺すほどであった。彼女の外見は、特にこの早い段階ではよくわからない(第六章参照)。他方でリュシマコスは、歳はとっても颯爽とした人物だったと考えてよい。アレクサンドロス以後の世界において、征服者の朋友の生き残りがもっていた魅力を過小評価するのは賢明ではない。ユスティヌスには、アレクサンドロスの旧友たちの人間的魅力を教えてくれる記述が二か所ある。最初は大王が死んだ時の後継者たちの描写である(一三・一・一〇〜一五)。

アレクサンドロスの朋友たちが王位に目をつけたのも、けだし当然のことである。なぜなら彼らの優れた資質と受けた尊敬は、おのおのを王と見まごうほどだったからだ。誰もが容姿端麗で、背が高く、偉大な力と知恵を備えていたので、初めて見た人は、彼らがひとつの民族ではなく全世界から選ばれたと思ったことだろう。というのも、マケドニアにせよ他のいかなる国にせよ、これほど多くの卓越した人材を輩出したことはそれまで一度もなかったからである。彼らはまずフィリッポスによって、次いでアレクサンドロスによって注意深く選抜されたので、征服戦争の幕僚ではなく王位継承のために選ばれたと思えるほどだった。マケドニア軍はこれほど多くの、将軍よりも王と言うべき者たちに率いられていたのだから、気概に満ちたこれらの将校たちによって全世界が征服されたことは、何ら驚くに当たらない。彼らは互いに争わなかったなら、自分たちに匹敵する者に出会うことは決してなかったろう。そして運命の女神が、彼らを功績において等しくし、武器を取って互いに滅ぼしあうように仕向けなかったなら、マケドニア地方は多くのアレクサンドロスを生み出したことだろう(2)。

二十年後、リュシマコスは、かつての大王の朋友のひとりセレウコスと戦って死ぬことになる。この時すでに両者とも高齢だったが、しかし人間的魅力は残っていた。ユスティヌス(一七・一・一一〜一二)は次のように明快に述べている。「これほどの歳でありながら、二人の精神は今なお若々しく、権力に対する飽くなき欲望をもっていた。この二人だけで世界を手にしていたのに、彼らは自分たちが狭い境界に閉じ込められているように感じた。人生の長さを、過ぎ去った年月ではなく、支配領域の広がりによって測っていたからだ(3)」。その上リュシマコスは、家族の誰かが何らかの理由で自分の感情を損ねると容赦しなかった(4)。彼は「善い」男ではなかったかもしれない。善良さとは、マケドニアの上流階級の間では、男女を問わず一般的にみられる性格ではなかった。しかし「よぼよぼ」という言葉は、彼にはなおさら当てはまらない。

リュシマコス

リュシマコスの生涯についてはほとんどわかっていない。その理由はおもに、彼の王朝が途絶えてしまい、政治宣伝やその宣伝に影響された歴史書を書いたのが、敵側の支持者や彼の没落から利益を得た者たちだったことにある。[5] アレクサンドロス世代の多くのマケドニア人エリートと同じく、リュシマコスも明らかに無謀なまでに勇敢で、向こう見ずなまでに逞しかった。彼の父アガトクレスはテッサリア人で、他の非マケドニア人と同じく、王の朋友としてフィリッポス二世の宮廷に加わったと思われる。[6] リュシマコスとその兄弟たちは首都ペラで育ち、軍事・外交にかかわる重要な役職についた。[7] 彼はアレクサンドロスの側近護衛官のひとりとなり（アッリアノス六・二八・四）、アルシノエの父親と同じく、酩酊したアレクサンドロスが逆上してクレイトスを殺すのを他の側近たちと共に阻止しようとしたが、果たせなかった（クルティウス八・一・四六）。インドで負傷し（アッリアノス五・二四・五）、インダス下りの旅で船を指揮し（アッリアノス『インド誌』一八・三）、スーサでは他の側近護衛官らと共に冠を授けられた（アッリアノス七・五・六）。彼は明らかに哲学を好んでいたが、最もよく知られているのは、王のライオン狩りで果たした役割である。[8] とある狩りでリュシマコスが王をライオンから守ろうとした時、アレクサンドロスは彼に下がっていろと命令した（王は自分が守られる必要があるとは思わなかったのだ）。別の狩りではリュシマコスはライオンを射止めたが、その際に重傷を負った。後の政治宣伝でリュシマコスは、ライオン狩りを重視するようになる。大王と同じく、彼も自分にライオンのイメージを重ねたのである。リュシマコスは自分とアレクサンドロスとの親密な個人的関係を強調した。[9] 大王の死の床には、プトレマイオス、ペルディッカスと共に彼も呼び出された。

　大王の死後しばらくの間、リュシマコスの経歴は比較的穏やかだった。バビロンでアレクサンドロスの帝国全体が分配され、彼はトラキアを得た[10]（クルティウス一〇・一〇・四、ディオドロス一八・三・二、デクシッポス *FGrH* 100 断片八）。後継者戦争の最初の局面が前三二一年に終結し、高齢のアンティパトロスが摂政になると、リュシマコスを含む何人もの将軍がアンティパトロスの娘たちと結婚した。それからのリュシマコスは、トラキア土着の支配者たちに対処したり権力を確立するのに忙しく、マケドニアの支配者カッサンドロスとしばしば同盟したものの、この時期の主要な対抗関係にはほとんど姿を現わさない。他の将軍たちと同じく、彼も自分の名を冠した都市リュシマキアを前三〇九年に建設し[11]、前三〇六／五年には、これまた同様に王の称号を帯びた（プルタルコス「デメトリオス伝」一八・三、アッピアノス『シリア史』一・五四、五五）。前三〇二年に彼が小アジアに侵攻したことは、翌年のイプソスの会戦でアンティゴノスの敗北と戦死につながった。この勝利に貢献したのはおもにリュシマコスとセレウコスの二人だったので、イプソス以後のリュシマコスは、後継者同士の争いでより顕著な役割を果たすようになった[12]。勝利の結果、彼はアナトリアの大半を獲得した。この領域は彼に莫大な富をもたらし、その一部はヨーロッパ側に領土を拡大するのに使われた。これがプトレマイオスとの婚姻同盟の背景である。婚姻同盟が成立した時、リュシマコスはまだマケドニアを支配していなかったが（実現するのは前二八五年頃）、アンティゴノスの敗北に彼が大きな役割を果たしたことで、最終的にマケドニアの獲得を可能にするだけの権勢を手に入れることになる。

プトレマイオスの場合に見たように、後継者たちはフィリッポス二世とアレクサンドロスの一夫多妻を模倣した。リュシマコスの場合は単婚をくり返した可能性もあるが[13]、プルタルコスが主張するように、同時に複数の妻を娶った可能性のほうがはるかに高い（「デメトリオスとアントニウスの比較」四・一）。前三二一年頃、彼はアンティパトロスの娘ニカイア（ペルディッカスの未亡人ないしは離縁された妻だった）と結婚した。これは彼とアンティパトロスの親密さを示す、威信の高い結婚だった[14]。この結婚から息子アガトクレスと二人の娘、エウリュディケとアルシノエ一世が生まれた[15]。

前三〇二年頃、イプソスの会戦の直前に、リュシマコスはアマストリスと結婚した。彼女は黒海南岸の都市ヘラクレア・ポンティカの摂政にして支配者で、すでに二度結婚していた（最初にクラテロス、次にヘラクレアのディオニュソス）。アマストリスは旧ペルシア帝国の王族のひとりで、彼女との結婚はリュシマコスが統治した旧ペルシア領における基盤を強化した。またこの結婚によって黒海沿岸の港も手に入れた[16]。後にリュシマコスはアマストリスをヘラクレアからサルディスに移す。これが彼女にかなり大きな名声を与えたことは明らかだが、彼がアルシノエと結婚したためにアマストリスとの関係は断たれた。ただし完全に終わってしまったかははっきりしない。確かにリュシマコスはアマストリスおよび彼女の宮廷とのつながりを維持したが、アマストリスは彼と離婚したというより、明らかにアルシノエが輿入れした結果として彼から離れたのである[17]。おそらく、自分がもはや彼の最も威信ある妻ではなくなるだろうとの理由から。ニカイアに関してはそうしたいきさつが知られていないので、すでに死亡していたと思われる。アマストリスが離れていった件が示すのは、アルシノエ自身の経歴もそうであるように、王の一夫多妻を王族女性の側が望まなくなりつつあったこと、その結果として、一夫多妻を続けることについて王が口をつぐんだり言葉を濁したりするようになったということである[18]。

　他方でリュシマコスはさらにもうひとりの妻を得た。トラキアのオドリュサイ族出身で名前はわからないが、この母から生まれた息子アレクサンドロス（パウサニアス一・一〇・四、アッピアノス『シリア史』六四）は前二八一年には成人していた[19]。リュシマコスが彼女と結婚したのが、アルシノエとの結婚とほぼ同時期だったことは確実である[20]。この妻は「夷狄」の出身ゆえ明らかに地位が劣っていたが、アルシノエの到着後も宮廷に留まっていたか、あるいはアルシノエの到着後にやって来たと思われる。アルシノエ二世は宮廷に到着して以降、リュシマコスの妻たちの中で最も大きな威信をもつことになる。このことから、リュシマコスの明らかな後継者アガトクレスの母親であるニカイアは、すでに存命していなかったと想定できる。アマストリスはペルシア人で、リュシマコスの子供をひとりも生まなかったため、アジア領との関連で彼女がどれほど重要だったにせよ、マケドニア人の宮廷で高い地位を得ることはできなかった。

アルシノエ二世の生涯で、前二八〇年代後半以前の出来事で年代がわかるものはほとんどない。例外はリュシマコスからもうけた三人の息子、すなわちプトレマイオス（前二九八年頃）、リュシマコス（二九六年頃）、フィリッポス（二九三年頃）である。[21] リュシマコスは他の妻からすでに少なくとも二人の息子（アガトクレスとアレクサンドロス）を得ていたので、アルシノエの息子たちは、初めは誰からも王位継承の可能性があるとは見なされなかったろう。なにしろ異母兄たちは年長で成人ないしは成人間近、しかも父親はすでに高齢だったからだ。前二九〇年代には、アルシノエの長男が成人間近になるまでリュシマコスが長生きすることは、あり得ないと思われたはずだ。リュシマコスの娘アルシノエ一世は、プトレマイオス二世と結婚したのが少なくとも前二七五年かそれ以降なので（第四章参照）、まだ父の宮廷に留まっていたに違いない。異例なほど年かさの花嫁でなかったとすれば、もうひとりのアルシノエつまり二世が到着した時に、アルシノエ一世はかなり若かったことになる。ひょっとして彼女を育てたのが継母となったアルシノエ二世だとすれば、後のさまざまな事件はひときわ皮肉なもの、おそらく個人的に辛いものとなったろう（第四章参照）。思うに前二九〇年代のアルシノエ二世は、幼い子供たちの若い母親として、当初は息子の王位の可能性など本気で期待することもなく平穏に暮らしたことだろう。しかし宮廷ではどれほど「周囲に警戒」せねばならないかを、彼女も当然教えられて育った。後の諸事件がそれを証明することになる。

ヘレニズム時代の宮廷は各地を移動した。もちろんリュシマコスも、トラキアに加えてアジアの領土を統治しなければならないので旅をした。アナトリアには古くからの有名な諸都市があったが、おそらく立地の良さからリュシマコスが拠点としたリュシマキアは新しく、アレクサンドリアより新しいほどだった。どのような都市だったかはほとんど不明だが、アレクサンドリアよりはるかに小規模で、リュシマコスの富がイプソスの会戦まではささやかだったことを考えれば、外観もかなり慎ましいものだったろう。この遠方の都市で、自分の家族の運命が好転したとの知らせがアレクサンドリアから届くのを待ちながら、いささか退屈していたアルシノエの姿を想像できるかもしれない。しかし彼女が小アジアで、たとえばエフェソスのような国際都市でどのくらいの時間を過ごしたのかは算定できない以上、これが多少なりとも正確な肖像であるかどうかはわからない。ニカイアがずっと前に死亡したと仮定すれば、アルシノエは、息子たちへの期待がごく限られたものだったにせよ、アレクサンドリアでの母親の生活に比べれば楽しく、それほどストレスのない生活を送っていたかもしれない。

リュシマコスの跡継ぎの母親ではなかったが、アルシノエは相当な威信と富を享受した。これを示唆するのは、結婚生活の始まりからアガトクレスを巻き込んでの継承争いまでの、およそ十五年間にかかわると見られるいくつかの情報である。ストラボン（一四・一・二一）とビザンツのステファノス（エフェソスの項）が伝えるところでは、前二九〇年代後半にリュシマコスはエフェソスを再建すると、妻アルシノエにちなんで都市名をアルシノエイアに改めた[22]。もちろんリュシマコスには妻と同名の娘がいたし、別の娘を記念してスミュルナをスミュルナ－エウリュディケイアに改めている[23]（ストラボン一四・一・三七）ので、古代の史料が二人のアルシノエを混同したとも考えられるが、その可能性は低い[24]。後年、夫がセレウコスと対決するために出陣した時、アルシノエはアルシノエイア－エフェソスに居を定めた[25]。実際アルシノエイア－エフェソスは王の居住地だったのかもしれない[26]。この都市が発行した貨幣には、表にアルシノエまたはアルテミス女神としてのアルシノエが彫られており、その肖像は後のプトレマイオス朝の貨幣の肖像にいくらか似ている。もっとも肖像がどれも非常に定型的なせいにすぎないのかもしれないが[27]。ギリシア本土のアイトリアでは、おそらくアイトリアとリュシマコスの友好関係の結果として、ある村が都市として再建され、アルシノエにちなんで命名された[28]。デマラトスに対するデロス島の決議（*SIG*^{3} 381）を記した碑文は、王（バシレウス）リュシマコスおよび王妃（バシリッサ）アルシノエに対するデロス市民団の好意（エウノイア）について述べている。この決議の年代はもともと前二九五〜四年とされてきたが、二八五年頃かもしれない[29]。年代がどうであれこの碑文は、アルシノエがリュシマコスの君主政において正式かつ公的な役割を果たしたことを語っている[30]。このようにリュシマコスは、一族の他の女性たちと共に、妻アルシノエを自分の王朝の公的表象と正統化戦略の中に取り込んだのである[31]。

アルシノエは自分の名前を冠した都市に対して、ついでに他の諸都市に対しても、何らかの支配権をもっていただろうか。つまり、リュシマコスの領域内において、制度化された権力らしきものを有していたか。答えはイエスだ。メムノン（*FGrH* 434 断片五・四〜五）が言うには、おそらく前二八四年頃にアマストリスが殺害された後、彼女がヘラクレアを統治していたがゆえに、リュシマコスはこの都市をアルシノエに与えた。そして彼女がある人物を選んで都市の統治にあたらせたとも述べている[32]。メムノンは、ヘラクレア、ティオス、アマストリスをリュシマコスが称賛したことで、アルシノエがこれらの都市に関心をもつようになったと主張するが、これは信じがたい。アルシノエに敵対的なメムノン（補論参照）によれば、彼女はヘラクレアの市民がそれまで享受していた種々の特権を無視して統治者を任命し、その者はリュシマコスがコルペディオンで敗北するまで圧政をしいたという。フィレタイロスの物語[*12]は、アルシノエがペルガモンも支配しようとしたことを示す（パウサニアス一・八・一、ストラボン一三・四・一C六二三）。他の諸都市に対する彼女の支配については明確な証拠はない。ただし後のカッサンドリアにおける地位――ユスティヌス（二四・三・三）はここを「彼女の都市」と呼んでいる――や、この時代の他の王族女性たちの同様な状況からすれば、彼女が他の諸都市をも支配していたと推測できる[33]。いくつもの異なる史料が、彼女のふるまいを諸都市の独立に対する干渉と見なしているので、アルシノエ自身がいくつかの都市に対して何らかの政治的支配権を行使したことで、憎しみを買ったと結論しなければならない。とはいえ、そこまでの支配権を彼女が獲得したのは、息子がリュシマコスの後継候補者になった後のことだと思われる。

アルシノエは莫大な富を支配した。彼女はサモトラケ島の大地母神への奉献物として、ギリシア世界最大の円型建造物、ロトンダの建築費を支出した（*OGIS*15＝*IG*XII 227）。それ以前のマケドニア人支配者たちもサモトラケの聖域を後援しており、リュシマコスもプトレマイオス二世（彼女の実の弟で後の夫）も奉納をした（図2―1、2―2）残念ながらアルシノエの奉納を記録したフリーズの碑文は破損しており、夫の名前は判読できない。碑文の用語法（「王妃アルシノエ、王プトレマイオスの娘、王何某の妻、偉大なる神々に[34]」）は、アルシノエ自身、彼女の父、それに王族としての夫の地位を強調している[35]。彼女がこの建物を奉納したのが、リュシマコスとの結婚期間であったことはほぼ確実である。プトレマイオス・ケラウノスとの結婚が破局に終わった後（第三章参照）、アルシノエがサモトラケに逃げたのは、おそらくそれまでの保護関係ゆえに、うってつけの避難所だったからだろう[36]。家族内および公共の場での敬神は、長らくギリシア人女性の特別な活動分野であり、上流の女性たちはたいてい後援者や女神官の役を果たした[37]。女性による建築物の奉納はサモトラケにもう一例あるが、ギリシア世界では稀である[38]。しかしヘレニズム世界では、女性による後援と女性の公的役割は、おそらく王族女性をモデルとしてより一般化した[39]。こうした後援関係が女性をどこまで売り出したか、当人の男性親族（その事業に資金を提供したり、資金の提供を援助したであろう）をどこまで宣伝する意図があったかを語るのは難しい。こういう疑問を出すこと自体が、古代世界には存在しなかった区別に依存しているのかもしれない。

上：図 2-1　南側から見たアルシノエ二世のロトンダ（アルシノエイオン）の土台。Photo: Bonna D. Wescoat
下：図 2-2　アルシノエ二世のロトンダの復元されたヘレニズム風立面図。Drawing John Kurtich, Samathrace excavations.

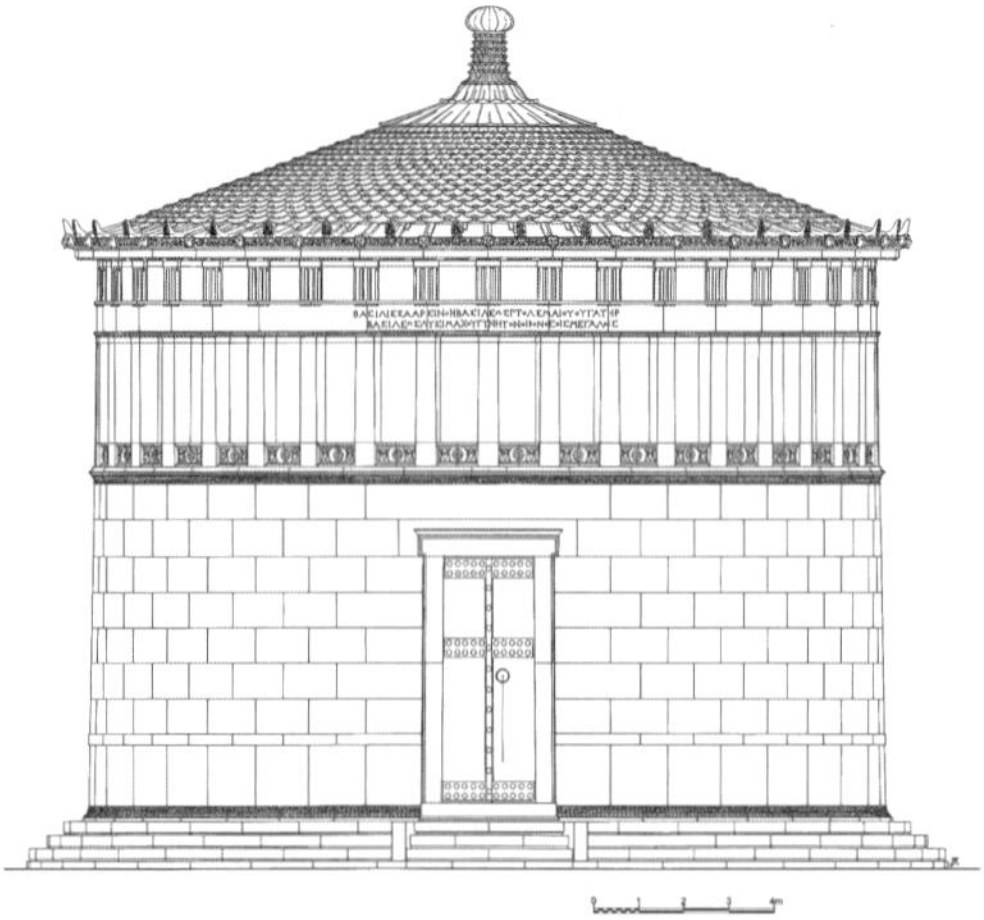

散在する史料はリュシマコスを独裁者とする伝承を保存しており、それがアルシノエについての伝承にも影響を与えた。確かにリュシマコスは冷酷非情だったろうが、必ずしも同時代の他の支配者たちよりひどかったわけではない[40]。アルシノエに関するいくつかの不愉快な物語（王位継承争いに関連するものを除いて）は、彼女自身の行為よりリュシマコスに対する敵意をおもな動機としていたと思われる[41]。これらの逸話はだいたいにおいてアルシノエを否定的に描いているが、同時に彼女がリュシマコスの最も有力な妻であったことを示唆する。おそらく文字通りに真実ではないにしろ、これらの物語は、彼女が夫の領土でかなり強力な公的存在感を有していたこと、夫の君主政の公的側面の一部であったことを暗示している[42]。プルタルコス（「デメトリオス伝」二五・六）が伝えるところでは、攻城者デメトリオスとリュシマコスが対立し、デメトリオスと遊女ラミアとの悪名高い情事をリュシマコスが嘲笑ったところ、デメトリオスは、自分の娼婦のほうがリュシマコスのペネロペイア〔オデュッセウスの妻で、貞淑の鑑とされる〕よりもっとソーフロシュネ（思慮節制、ここでは明らかに性的な慎み）があると言い返し、リュシマコスの妻の貞淑を疑問視した。アテナイオス（一四・六一六c）は、饗宴における駄洒落について論じる際に、ミュルティロスの次のような話を引用している。駄洒落の名人がリュシマコスをよく笑い者にしていたが、士官のひとりでテレスフォロスなる者が宴会で、アルシノエが吐きそうになるのを嘲った。リュシマコスは罰として彼を檻に閉じ込め、死に至らしめた[43]。信憑性は疑わしいが、これらの逸話から引き出せる事柄は何も驚くにあたらない。ヘレニズム世界では、とりわけ宴会という自由度の高い場所では、人妻の性的習慣が常に攻撃にさらされた。悪趣味な冗談は明らかに時と場所を問わず奇妙なほど受けをとった。しかしその前提にあるのは、王族女性が常にあらゆる種類の当てこすりにさらされるほど公的な存在だったということである。王族女性は、遊女だったラミアやその同類にあまりにも似ていた。なぜならどちらの種類の女性も、普通の女性よりはるかに公的な存在だったからだ[44]。

アルシノエは明らかな威信と富以上のものをもっていただろうか。権力や影響力をもっていただろうか。影響力なるものは、誰にとっても明示するのが難しい。なぜならそれは性質上、舞台裏で働くものだし、女性の場合にはたいてい、「陰の実力者」というイメージを含んでいるからだ。[45] 影響力を証明したり暗示するような公式の声明（前述したデロスの決議のように）は扱いにくい。というのも、そうした声明を出した人々は文字通りの真実を語っているとは限らず、むしろ当たり障りのない理念や外交辞令を扱っているからだ。[46] 彼女はすでに夫の政策に何らかの影響力を及ぼしていたかもしれないが、治世の晩年までそれが続いたとは証明できない。その頃にはリュシマコスが自分の王国内のいくつかの都市において、彼女に自由なふるまいを許したことが知られている。

リュシマコスの領域の外では、王位継承争いがアレクサンドリアの宮廷を二分し、プトレマイオス一世は娘や継娘を使って婚姻同盟を結び続けていた。これが最後ではないが、アレクサンドリアで作られた計画がリュシマコスの宮廷に影響を与えた（第一章参照）。すでに見たように、アルシノエがリュシマコスとの結婚のため父の宮廷を去ってまもなく（前三〇〇頃～二九八年）、エペイロスのピュロスはプトレマイオスの妻たちの中でベレニケが最大の勢力をもっていると結論し、ベレニケの娘アンティゴネ（アルシノエの異父姉妹）と結婚した。プトレマイオス王朝の力でアルシノエの格は上がり、それにつれて夫の宮廷における威信も高まった。

すでに指摘したように、後継者たちはイプソスの会戦以後に多くの婚姻同盟を取り結び、そこにはプトレマイオスの四人の娘たち（うちひとりは継娘）の結婚計画も含まれていた。アルシノエ自身はリュシマコスに、アンティゴネはピュロスに、リュサンドラはリュシマコスの息子アガトクレスに[47]（プルタルコス「デメトリオス伝」三一・三）、そしてプトレマイスが攻城者デメトリオスに（同、三二・三）。始めの二つはすぐ実行されたが、後の二つは遅れた。四番目のプトレマイスの結婚はこれ以上気にかける

上：図2-3　サモトラケ島アルシノエイオンの遺構、直径約20メートル。
下：図2-4　サモトラケ島プトレマイオン（プロピュロン）の遺構。

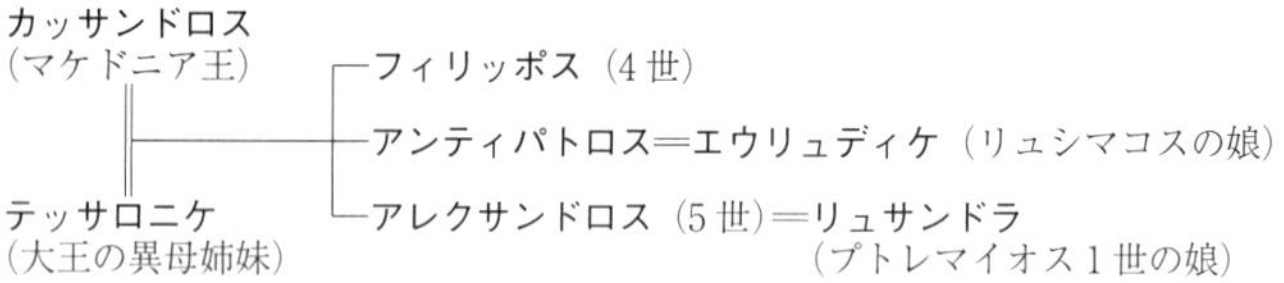

カッサンドロス家の婚姻関係

必要がないが、リュサンドラの立場とその結婚は重要であり、謎めいている。プトレマイオスにリュサンドラという名の娘が二人いないかぎり、彼女はリュシマコスの息子アガトクレスと結婚する前に、まずカッサンドロスの末息子アレクサンドロス五世と結婚していた（エウセビオス『年代記』一・二三二）。おそらくカッサンドロスがこの結婚を取り決め、前二九八年には次男のアンティパトロスをリュシマコスの娘エウリュディケと結婚させた[48]。翌年カッサンドロスは世を去り、まもなく長男フィリッポスも死んだ。カッサンドロスの残る二人の息子、まだ十代の新郎たちは、それから互いに権力の座を争いながら、明らかに共同で支配した。次男のアンティパトロスは、母親のテッサロニケが弟で三男のアレクサンドロスを支持していると思い込み、彼女を殺害した。この母殺しの後、兄弟はどちらも後継者たちの援助を求めた。ピュロスは領土と引き換えにアレクサンドロスを援助した。そこでアンティパトロスは岳父リュシマコスのもとに避難し、当初はリュシマコスも兄弟同士を和解させようと努めた。結局は攻城者デメトリオスがアレクサンドロスを殺し、短期間だが自身でマケドニアを支配した。リュシマコスは何よりデメトリオスを宥めるため、義理の息子アンティパトロスを殺した（ユスティヌス一六・一・四、エウセビオス『年代記』一・二三二）。

　あまり道徳的でないこの一連の事件のひとつの結果は、マケドニアの混乱状態がしばらく続いたことの他に、カッサンドロスの凶暴な息子たちの若き未亡人が二人もリュシマコスの宮廷に現われたことである。リュシマコスが突然アンティパトロスを裏切ったのは驚くに当たらない。自分の利害と、おそらく母殺しに対する嫌悪感だけで、殺害の理由には十分だった。しかしもっと興味深いのは、エウリュディケが夫に味方して父親に反抗したという理由で、リュシマコスが自分の娘を監禁したという事実である（ユスティヌス一六・二・四、エウセビオス『年代記』一・二三二）。この逸話が示すのは、王族女性たちは、少なくともその父親ないし男性親族から見れば、一時的に婚家の一員となっているにすぎないことである。しかしアルシノエの物語により関係があるのは、リュシマコスが自分の子供たちのひとり、それも威信の高いニカイアから得た子供たちのひとりを、ためらうことなく監禁したということだ。

カッサンドロスのもうひとりの義理の娘で、若くして寡婦となったリュサンドラは、リュシマコスの息子アガトクレスと再婚した。パウサニアス（一・九・六）によれば、リュシマコスがゲタイ人との戦争[*13]から帰還した後、すなわち前二九三年頃のことである[49]。この結婚はどうやら前三〇〇年に計画されながら、何らかの理由で破棄されたが、リュサンドラの最初の夫アレクサンドロスが殺害された後に復活したのだった[50]。寡婦となったリュサンドラは、おそらくその間アレクサンドリアに帰っていたか、あるいはまっすぐリュシマコスの宮廷に逃れてきたのだろう。ただし父プトレマイオス一世は、彼女がアガトクレスと結婚した時まだ存命だったから、この縁組を取り決めたのは間違いなくプトレマイオスとリュシマコスである[51]。

つまりこれが意味するのは、前二九三年かもしかしてそれ以前には、ベレニケの家系とエウリュディケの家系の争いの第二幕が、今度は双方の娘たちを巻き込んで、アレクサンドリアではなくリュシマコスの宮廷で展開しつつあったということだ。どちらの女性も母親と同じく、わが子が王位を継ぐことを希望し、どちらも相手を恐れながら、わが子の身の安全を気遣った。もしもアルシノエとリュサンドラが幼少の頃知りあっていたなら（おそらくそうだと思われるが）、二人は自分の母親と兄弟たちの対抗関係に早くから関心を注ぎつつ、互いを敵と認識したことだろう。プトレマイオス一世の子供たちは、男女を問わず全員が、その成長期に起きた王朝の内紛によって心に傷を負っていたと思われる。これ以降の諸事件を考察する際には、このことを念頭に置かねばならない。

前二八〇年代までには、リュシマコスの息子アガトクレスは三十代になっていた[52]。リュサンドラとの間に複数の子供があったが、男子がいたかどうかは不明である。アガトクレスは、ケルト人に対するリュシマコスの不名誉な遠征に少しばかり関与した。しかし前二八六〜五年に彼は栄光に包まれる[53]。小アジアのリュディア地方とカリア地方をリュシマコスの支配から奪い取ろうとした攻城者デメトリオスを、完膚なきまでに打ち負かしたのだ（プルタルコス「デメトリオス伝」四六〜四八、ユスティヌス一七・一・四）。高名な将軍に対するこの瞠目すべき勝利によって、彼はアナトリアのギリシア諸都市と大勢の友人《フィロイ》たちの間で一躍人気を博し、人々は彼の王位継承を公然と語るようになった。

リュシマコスの後継問題をめぐる陰惨な争いを引き起こしたのは、前二八五年のいくつかの事件だと思われる。この年リュシマコスはマケドニアを獲得したが、王位継承争いに関しては、エジプトにおける事態の展開のほうが重要だった。プトレマイオス一世は共治王として、アルシノエの実の弟プトレマイオス二世を選んだ。エウリュディケの子供たちは、エジプトでの後継争いに敗れたのだ[54]。エウリュディケは決して離婚されたわけではないものの、この時点でエジプトを去った可能性があるが、後継者たることを拒否されたプトレマイオス・ケラウノスは確実にエジプトを離れた。彼はまもなくリュシマコスの宮廷に到着したらしい[55]。そこでは実の姉妹リュサンドラが、後継者となるのが確実なアガトクレスと結婚していたが、異母姉妹にして後継争いで自分に勝利した相手の実の姉が、支配者リュシマコス自身の妻なのだった。ケラウノスの到着そのものが事態を誘発したことだろうが、彼がやって来た原因そのものが事を荒立てた原因だった。

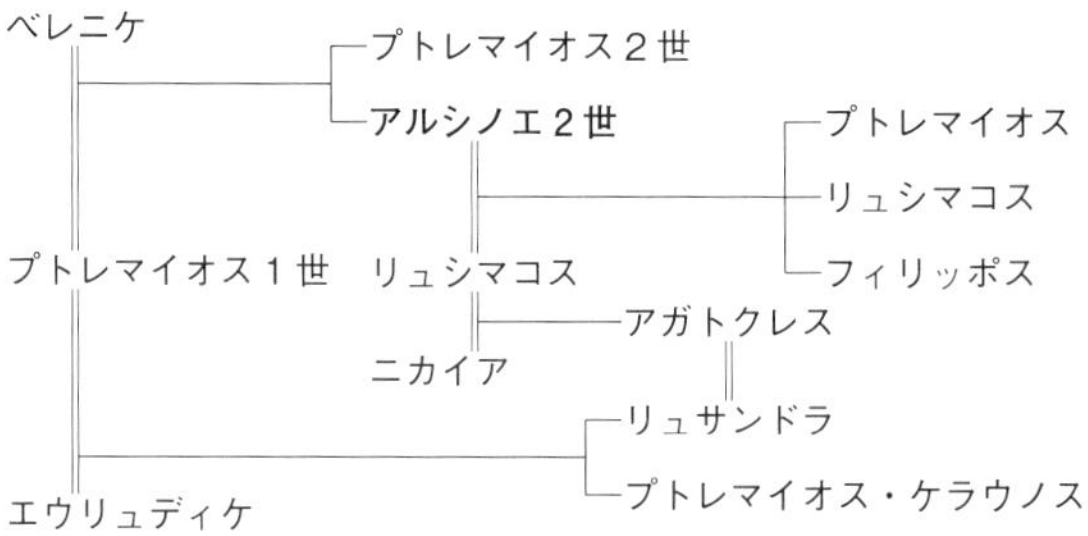

リュシマコスの宮廷における２つの家族の対立

この頃までに大王の後継者たちの間では、王位継承者に選んだ者を共治王とすることで、出来たての王朝の王位継承を円滑にするというパターンが生まれていた（序章参照）。アンティゴノスはすでに前三〇六年に攻城者デメトリオスを共治王としていた。前二九三ないし二九二年、セレウコスは自分の息子で後継者のアンティオコスを自分の共同摂政にした。そして今、前二八五年にプトレマイオスも同じ方策をとった。こうしてリュシマコスと同年代の旧友たち、外見上は安定したヘレニズム王国の他の二人の支配者たち（当時のデメトリオスはこの範疇に入らない）は、王朝の連続性と円滑な王位継承を実現するため、アルゲアス朝には例のない共治制を創出することで、王位継承をほぼ確実なものとしたのである。ところがリュシマコスは、アガトクレスが成果を上げたばかりだったにもかかわらず、これに倣わなかった[56]。アガトクレスは折り紙付きの有能な指揮官であり、リュシマコスのアジア領では広く知られ、しかも父リュシマコスは七十代だった。ユスティヌス（二七・一・四）は、リュシマコスが何らかの形で（言葉遣いは曖昧だ）アガトクレスの王位継承を取り決めたと述べているが、この決断については他に証拠がなく、ユスティヌスの記述は信憑性に乏しい[57]。いずれにしろユスティヌスは、リュシマコスがアガトクレスを共同支配者にしたとは明言していないのだ。疑いなくアガトクレスは、ちょうどケラウノスがそうであったように、父親を継ぐものと長らく見込まれてきたが、見込みというのは正式な共治王の地位ではない。他の証拠は、リュシマコスがアガトクレスにごく限られた公的役割しか許さなかったことを仄めかしている[58]。アガトクレスの義兄弟で、最近亡命してきたばかりのプトレマイオス・ケラウノスが、アガトクレスとアルシノエおよびその息子たちとの間の緊張を煽ったのかもしれない。ケラウノスは間違いなくベレニケの子供たちを憎み、おそらく報復しようとして、異母姉妹アルシノエと義兄弟アガトクレスの間の猜疑心と恐怖心を深めたものと思われる。

リュシマコスがアガトクレスを公式の継承者にできなかったらしいこと、アガトクレスを自分の共治王とすることに確実に失敗したこととは別に、争いの元になる要因がもうひとつあった。アルシノエの息子プトレマイオスは、前二八三年には十五歳くらいで、危険なほど成人に近づいていた。アルシノエはおそらく彼を後継者に推していた。テーベで出土した、彼女の息子が自分ではなく父親のために奉納したアルシノエ像の碑文が、アガトクレスの死より早いとすれば、これを証明するだろう[59]。かつてデロス島にあったもうひとつのアルシノエ像は、これも年代不詳だが、継承権を認めてもらうための同じ宣伝活動の一環だったかもしれない[60]。この間接的な自己宣伝活動が、もしもアガトクレス没落の後ではなく前になされたとすれば、それはアルシノエの異母兄弟ケラウノスがリュシマコスの宮廷に現われたことに対する、母子の反応の一部であったと思われる。おそらく彼女は、もしアガトクレスが王位を継げば、ケラウノスがやってきたことでなおさら息子たちのチャンスを減らしてしまうと心配したのだろう。

言いかえれば、おそらくすべての当事者にとって、危機に拍車をかけたのは恐怖心であり、それは王位継承争いにつきものである（序章参照）。プトレマイオス・ケラウノスが、自分より若い異母弟を救済王が後継者に選んだ後にエジプトを去ったのは、恐怖心ゆえだったとアッピアノス（『シリア史』

六二）は言う。そうした恐怖心に駆り立てられて、アガトクレスの死後まもなく、リュシマコスの息子アレクサンドロス［母はオドリュサイ人］は父の宮廷から立ち去ることになる。アルシノエが、アガトクレスが王位を継承した場合に自分の息子たちに降りかかる事態を思って感じたのも恐怖だった（パウサニアス一・一〇・三）。後に彼女がケラウノスとの結婚を受け入れた時も、息子たちの行く末を恐れてそうしたのだった（ユスティヌス二四・二・七）。継承争いに敗れた息子や妻にできるのは、せいぜい亡命を望む程度であり、命を奪われはしないかと恐れるのは当然だった。この闘争ではどちらの側にも選択肢はあまりなかった。アルシノエは悪役でもヒロインでもなかったが、自分自身の生き残りと息子たちの支配権、王権という目標は、ライバルと同じだったのである[61]。

アガトクレスの死

前二八三／二年頃にアガトクレスを死に至らしめた諸事件について、史料は乏しく矛盾している[62]（メムノン断片五・六、パウサニアス一・一〇・三、ユスティヌス一七・一・四〜五、ルキアノス「空を飛ぶメニッポス」一五、ストラボン一三・四・一）。なぜなら後継者争いに典型的なように、大半の死は公開された出来事ではなかったので、殺害の動機はもちろん、実際に誰が何をしたのかを知る者も、当事者以外にほとんどいなかったからである。たとえばメムノンは、リュシマコスの宮廷で進行していた事態について、おそらくヘラクレア市（そこでは多くの者がアガトクレス派を支持していた）で流布していた悪意ある噂話を伝えているが、彼が何らかの真正な証拠をもっていたのか、そもそも宮廷力学をきちんと理解していたのかどうかも疑わしい[63]。ある史料では、アルシノエが夫を説得して彼の息子を殺させた、あるいは彼女自身が殺害に手を染めたとさえ言われている。別の史料では、事件を扇動したのはリュシマコスで、アルシノエは道具として使われたにすぎない。さらに別の史料では、アガトクレスが父親に陰謀を企てて自ら死を招いたという。語られる動機もさまざまだ。曰く、アルシノエは自分の息子たちのための恐怖心、あるいはアガトクレスが彼女の性的誘惑を拒否したことへの怒りに駆られた。[64] リュシマコスはアガトクレスに対する憎しみから殺害に及んだ、リュシマコスはお人よしにも自分の妻の残忍な攻撃性の手先だったにすぎない、等々。

いくつかの史料は毒薬や性的奉仕といった伝統的な女の武器に言及し、アルシノエを直接間接に非難する。[65] だが、リュシマコス自身がアガトクレスの死を引き起こしたか黙認したことは明らかである。リュシマコスがお家騒動に巻き込まれ、アガトクレス殺害を余儀なくされたという、ストラボンの結論(一三・四・一)には説得力がある。[66] リュシマコスはなぜ息子を殺さざるを得ないと感じたのか。最も明白な答えは、息子が自分に対して陰謀を企てていると彼が――正しいか間違っていたかはともかく――信じたということだ。彼にこの信念を抱かせたり助長したりする要因はいくらでもあり得た。曰く、リュシマコスが権力の移行や共有に消極的なことが後継者の猜疑心を生んだ、アガトクレスは父を排除して今すぐ権力を握ろうとの欲望を実際に抱いた、[67] リュシマコスが共治王を選ぶのを長らく拒んできたことの帰結。[68] 彼はアガトクレスをますます嫌い、プトレマイオスに愛着をもつようになった、[69] なぜなら若いプトレマイオスは年老いた父親を脅かすには若すぎたから、[70] アルシノエが若い息子(たち)を推した、等々。

ストラボンの記述が暗示するように、リュシマコスの宮廷内の緊張があまりに高まったので、とうとう彼も息子たちの誰かひとりを選ばねばならなくなった。そしてアガトクレスの殺害を自ら命じる、もしくはアルシノエとその息子がやるのを罰しないという選択をしたのである。たとえリュシマコスが父親としても支配者としても無慈悲かつ専制的で、アガトクレスの運命に冷淡だったとしても、この決断が容易であったはずがない。リュシマコスは愚かどころでなく、長年にわたって徐々に広大な領土を築きあげてきた。アガトクレスがとりわけアナトリアにおいて、父の王国の支配階級の間に広汎な支持を確立していたのをリュシマコスが知らなかったとは思えない。ゆえにこの決断は文字通り最後の手段だったのだ。最終的に何がリュシマコスにこの決断をさせたのか、アルシノエがどれほどの役割を果たしたか、それは決してわからないだろう。

アガトクレス排除の影響で、結局リュシマコスは死に、彼の王国は瓦解し、彼の王朝は地中海の国際政治からしだいに消えていく。アガトクレスの妻リュサンドラは、息子たち、兄弟たち、それにリュシマコスがオドリュサイ人の妻から得た息子アレクサンドロスを伴って、セレウコスのもとへ逃れ、リュシマコスに戦争を仕掛けるよう嘆願した[71]（パウサニアス一・一〇・四～五）。これと同じくらい重要なのは、諸史料が述べるように、小アジアで以前からアガトクレスの王位継承を支持していた一大党派が、おもだった王の友人《フィロイ》や軍の将校、それにおそらく民衆の一部も含め、今やリュシマコス王朝を見放してセレウコスに寝返り、彼に攻撃を促したことだ[72]（パウサニアス一・一〇・四～五、メムノン断片五・七、ユスティヌス一七・一・五～一二）。ペルガモンとその財宝を管轄していたフィレタイロスがその好例である。ストラボン（一三・四・一）によれば、フィレタイロスはリュシマコスに忠実だったが、アルシノエに中傷されたことに反発して離反し、セレウコスの支配下でこの城砦を支配し続けた。パウサニアス（一・一〇・四～五）もほぼ同様に伝え、フィレタイロスはアガトクレスの死を無念に思い、自分がアルシノエからどんな扱いを受けるか心配して（二人がすでに敵同士であったことを暗示する）[73]ペルガモンを占拠し、自身の身柄と共にセレウコスに委ねたという。アルシノエとフィレタイロスが不仲であったとの指摘は、単なる敵対宣伝として片づけるべきではない。アルシノエもまた王家の友好《フィリア》関係の網の目に組み込まれており、この友好関係の破綻が恐るべき結果を引き起こしたことを示唆しているからだ。

明らかにリュシマコスは、自分の跡継ぎとして期待された人物を頼みとしていた党派の支持を失った。諸史料は彼らが寝返った動機としてアガトクレスへの愛着を挙げているが、他の諸要因のほうがもっと重要だったかもしれない。イプソスの会戦以後にリュシマコスが獲得したアナトリア領に対する支配力は、決して強固なものではなかったと思われる。多くの都市は親アンティゴノス的な感情を抱き、リュシマコスの厳しい財政政策を嫌悪していた[74]。一般の人々も、リュシマコス王朝がこの先も存続できるという確信がもてなかったのかもしれない。セレウコスが軍を率いて小アジア沿岸に到着したのを知ったことも、寝返りに拍車をかけたであろう[75]。

セレウコスは求められた通り小アジアへ侵攻し、明らかにリュシマコスに先んじてサルディスを占領した。この事態を知ったリュシマコスは自ら小アジアへ侵攻し、サルディスの西、コルペディオンの平野でセレウコスと対決した。前二八一年二月、コルペディオンの会戦でリュシマコスは敗れ、戦死した[76]（メムノン断片五・七）。彼の息子アレクサンドロスは、アガトクレスの死後、自分の命が危ないと思ってリュサンドラと共に亡命したと言われているが（アッピアノス『シリア史』六四、パウサニアス一・一〇・四）、父の遺体を引き渡すようリュサンドラを説得した（明らかにリュサンドラは、敵の遺体に対してアキレウスのような計画[*14]をもっていた）。後にアレクサンドロスは遺体をケルソネソスに埋葬した（パウサニアス一・一〇・五）。埋葬を執り行なったのは、ある史料ではアレクサンドロスだが、別の史料ではトラクスという人物である。リュシマコスの忠犬は、倒れた主人の遺体を埋葬されるまで守ったと、アッピアノスは伝えている（『シリア史』六四）。プルタルコス（『モラリア』九七〇c）とアイリアノス（『動物奇譚』六・二五）は、この犬が主人の火《か》葬堆《そうつい》に身を投じたとさえ述べている。この毛むくじゃらの犬の物語が示唆するように、現存する史料はアレクサンドロス大王の年老いた二人の旧友同士の戦いを、英雄的な、それどころか伝説的な闘争として扱っているが、その理由は何よりも、リュシマコスの死後ほどなくしてセレウコスの死が続いたことにある。[77] これはユスティヌス（一七・一・九〜二・五）に最も明瞭で、彼は二人のライバルの高齢と、それとは裏腹の若々しい精神、そして権力への飽くなき欲望を強調している。

以上に述べた一連の諸事件には多様な人物たちが巻き込まれたが、彼らを突き動かした要因はごく限られたものだった。最も決定的なのは、リュシマコスが王族の一夫多妻というアルゲアス朝の慣行を保持する一方で、正式な後継者を得て共同で統治するのを拒否したことだったと思われる。自身の高齢という現実を受け入れたくなかったのか、アガトクレスを信用できなかったのか、理由は何であれ、本質的に彼は伝統を選び取り、権力の共有に反対した。アルシノエやアガトクレスのような人物は、すでに見たように、恐怖の雰囲気の中で行動し反応したが、その恐怖は我々にわかる限りでは正当化し得るものだった。ただし誰が最初に行動したかを決定するのは事実上不可能である。古代でも近代でも歴史家たちは、利益を得た人物こそがすべての動きの張本人だと機械的に想定する傾向がある。しかしそうである必要はないし、もちろんまったくそのとおりだとも限らない。

アルシノエは息子の、アガトクレスは自身の王位継承のためそれぞれに努力したが、決定を下すのはリュシマコスだった。彼はどういうわけか自分の息子を殺さざるを得ないと感じた。アルシノエをどんなに腹黒い人物だったと考えるにせよ、起きたことすべてを彼女のせいにして非難することはできないだろう。[78] ある意味で彼女は息子の王位継承の支持者として、単純に自分の仕事をこなしたにすぎない。その仕事は過去にはしばしば殺人を伴ったが、それもまた男女のどちらもかかわった。仮にアルシノエが行動を起こしたとして、もしそうしていなかったら、彼女の息子たちは実際よりずっと早く死ぬはめになったであろう。アルシノエの諸々の行為は、たとえアガトクレス殺害を引き起こしたこと（定かではないが）を含んでいたとしても、「政界への進出」などではない。[79] むしろ王族女性にあってはかなり一般的な、時には殺人に至ることもあるお決まりの行動であった。

アガトクレスを支持していた友人《フィロイ》たちの離反は確かに重大だった。だが道徳めいた叙述から悲劇的色彩を取り除いてしまえば、王位継承をめぐる危機がリュシマコスの支配を危険にさらした一方で、戦死はもちろん彼の敗北こそが、王朝崩壊の決定的な要因であったと言える。後継者たちの時代には軍事的な勝利が不可欠だった。会戦自体についての情報が欠けているため、アガトクレスの支持者たちの離反がリュシマコスの戦力を縮小させたのか、すなわち彼の政治上の問題が軍事的敗北の一因となったのかどうかはわからない(80)。これらの事件を理解するには、アルシノエを女傑とか悪役という型にはめるのでなく、むしろこの特殊な形態の君主政が自分で自分の首を絞めたと結論するのが最善だ。実際後で示すように（第三章参照）、リュシマコス王国終焉のいきさつは、生き残った者たちにとっても、他のヘレニズム諸国家の宮廷にとっても、ひとつの教訓となるのである。

夫の敗北と死に際してのアルシノエについては、ポリュアイノス（八・五七）が唯一の情報源である。それによると、彼女は夫に同行して小アジアへ赴いたが、軍と共に戦場へ行きはしなかった。悲報が届いた時、彼女はアルシノエイアー＝エフェソスにいた。ポリュアイノスが伝えるには、この知らせでエフェソスは大騒ぎとなり、親セレウコス派は城壁を破壊して城門を開けた。アルシノエは逃走のため侍女のひとりに女王の衣装を着せ、担ぎ籠に乗せて武装した護衛をつけ、出口のひとつから送り出す一方、自分はひとりきりで汚いぼろ服を着て変装し、別の出口から出て行った。反対派のひとりが偽のアルシノエを刺殺したが、本物のアルシノエは待っていた船に飛び乗って出航した（身代わりの女王の殺害が証明するのは、リュシマコスないしアルシノエの不人気か、それとも勝ち組になりたいという市民の単純な欲求なのかはわからない(81)）。現代から見れば、彼女がためらうことなく侍女を確実な死に追いやったのは非人道的と見えるだろう。しかしポリュアイノスには非難の言葉はひとつもなく、それどころか暗黙のうちにアルシノエの賢明さを称賛している[82]。変装しての逃走というこの話は文学的な創作かもしれない。確かにこれに類した物語は他にもある[83]。しかし王族の女性や妻たち、遊女たちの凝った衣装や、ヘレニズム王権の数々の盛衰は、こうした状況を我々が知る以上にありふれたものにしていたのかもしれない。侍女が女王の衣装を身につけたというのは後世の創作だとしても、アルシノエが何らかの手段でエフェソスを去った時、いかにもリュシマコスの妻だとわかる服装はまずしていなかったろう。

興味深いことにポリュアイノスは、リュシマコスとアルシノエの息子たちには言及していない。単に彼らを記述から省略しただけかもしれない（子供たちがその場にいたとしたら、アルシノエが変装して逃亡する話はややこしいことになったろう。アルシノエは侍女の衣装を着られても、少年二人と成人男子一人が身元を隠し、さらに母親に同行する方法などあるだろうか）。しかし彼らは母親と一緒でなかったとも考えられる[84]。もしも彼らがいなかったとすれば、リュシマコスはおよそ十七歳の後継者プトレマイオスを戦争に同伴しなかったことになる。息子にとってはあまりに危険が大きいと考えたのかもしれない。もしそうなら、なぜアルシノエのほうはアジアに連れて行ったのだろう。リュシマコスは、それでも自分が勝てると思っていたのか。さすがの彼女も戦場までは同行しなかったという事実は、リュシマコスが敗北の可能性を考慮していたことを示唆する。しかし同じくリュシマコスの決断である、彼女がアジアにいたことは不可解で、それは彼が、自分が優位に立つ好機だと思っていたことを暗示する。寡婦となった王族の母親の務めは、もちろん自分の息子が王位を継ぐよう尽くすことだ。当然アルシノエはその任務を引き受けた。リュシマコスにとっては、もしもこの時点で敗北したなら、息子の王位継承に尽くしてくれる者といえばアルシノエ以外に考えられなかった。ポリュアイノスの物語はただの創作であると結論できる。しかし変装の真偽は別として、ポリュアイノスが利用した史料は、少なくともアルシノエがリュシマコスと共にアナトリアにいたこと、エフェソスを脱出したことを明記していた。リュシマコスはリスクを分散したのだ。アルシノエとおそらくプトレマイオス以外の息子たちをリュシマコスは危険な状況下に置いたが、その危険とは、戦場まで同行していたらもちろん脱出できなかったが、脱出が可能な程度の危険だったのである。

第3章
アルシノエとプトレマイオス・ケラウノス――前二八一〜二七九〜二七六年

ここから我々はアルシノエの人生における劇的で血腥い時期に向き合うことになる。前二八一年二月、コルペディオンの会戦におけるリュシマコスの死と彼女のエフェソス脱出から、おそらく前二七九年、遅くとも二七七／六年にサモトラケを発ってエジプトへ帰るまでの時期である(1)。この一連の特異な事件の主要人物は、アルシノエ自身と、異母兄弟で父プトレマイオス一世から跡継ぎたることを拒否されたプトレマイオス・ケラウノス、それに彼女の長男でリュシマコスの息子プトレマイオスである。この出来事は短いながらも、彼女が自ら決断したことが確かな唯一の機会なので、アルシノエの生涯を理解する上できわめて重要である。この前後の時期には、男性親族が公式の意思決定者として行動したため、アルシノエにできたのは彼らの決定に影響を与えようと努めることくらいだった。この短く悲劇的な時期は、事件が起きた期間だけでなく全生涯において、何が彼女の最優先事項であったかを浮き彫りにしている。とはいえアルシノエが――ついでに言えば、他の誰であれ――常に同じ理由から行動したと推測するわけではない。おそらくこれに続く境遇と経験も、彼女の目標と最優先事項にある程度は影響を与えるであろう。

後継者戦争はリュシマコスの死をもって終わったわけではない。セレウコスはリュシマコスに勝利してから数か月後の前二八一年秋、リュシマコス領のヨーロッパ側を手に入れるため、ヘレスポントス［現ダーダネルス海峡］を渡った。プトレマイオス・ケラウノスが彼とその軍に同行した。トラキアのリュシマキア付近でケラウノスは、それまでセレウコスに庇護される立場であったにもかかわらず、突然セレウコスを刺殺した[2]（アッピアノス『シリア史』六二〜六三、ユスティヌス一七・二・四〜五、ストラボン一三・四・一C六二三）。パウサニアス（一〇・一九・七）が言うには、稲妻を意味するケラウノスという綽名がついたのは、この行動ゆえだった（この綽名は彼の行動を表わすだけでなく、稲妻の送り手であるゼウスや、時には稲妻と共に描かれるアレクサンドロス大王をも暗示する）[3]。ケラウノスにしてみれば、セレウコスが旧リュシマコス王国のヨーロッパ側領土の所有権を主張し始めたということは、これ以上自分に提供してもらえるものはないのだった[4]。おそらく彼は、セレウコスを排除すれば自分がトラキアとマケドニアの王になる可能性があると見て、賭けに出たのだ。セレウコスを殺すと、彼は馬に飛び乗ってリュシマキアに駆け込み、王の頭飾り《ディアデーマ》をつけた上、どうやってか見事な親衛隊まで手に入れた（怪しいほど迅速にこれらを達成したことは、彼に幾分かの財産と、綿密に考え抜かれた計画と、協力者がいたことを暗示する）[5]。それからケラウノスは親衛隊と共に外へ出て軍と対面し、兵士たちはセレウコスに仕えていたにもかかわらず、彼を王と呼んで歓呼した（メムノン断片八・三）。ここでもケラウノスは軍隊との関係を円滑にするため、おそらく旧アガトクレス派の助けを借りて、事前に策を講じていたのだろう[6]。

アンティゴノス・ゴナタス[*15]はリュシマキアでの出来事を知ると、マケドニアをアンティゴノス朝に取り戻そうと欲して陸と海から攻撃した。しかしケラウノスはリュシマコスの艦隊を用いて彼を撃退した（メムノン断片八・四～六、ユスティヌス二四・一・八）。ケラウノスはセレウコスの息子アンティオコスおよびプトレマイオス二世との関係を修復するため、すばやく行動を起こした。ケラウノスはこの異母兄弟と和解したいと望んで彼に手紙を送り、自分は父の王国を兄弟が「奪った」ことを今さら気に病んでいないし、エジプト王国を要求するつもりもない、［エペイロスの］ピュロスともすでに講和を結んだ、と主張した[7]（ユスティヌス一七・二・九）。差し迫った対外的脅威を処理すると、ケラウノスは国内事情、そしてアルシノエとその息子たちの問題に移った（前二八一／〇年冬）。

リュシマコスの没落後にアルシノエとその息子たちに起きたこと、それにアルシノエのマケドニア帰還については、ユスティヌスのどぎつく、時に大げさな説明が事実上史料のすべてである。さらに悪いことに、ユスティヌスはこれらの出来事を二度扱っているのだが、記述は互いに矛盾している[8]。最初の記述（一七・二・六～八）では、ケラウノスの動機は当初は残忍なものではなかった。ケラウノスは父プトレマイオス一世の記憶を利用し、またリュシマコスの復讐者という役を演じることでリュシマコスの記憶も利用したいと思い、リュシマコスの息子たちと和解しようとする。そのためにケラウノスは異母姉妹のアルシノエに結婚を申し込み、彼女の息子たちを養子にすると約束する。結婚してくれれば自分は約束を果たすし、少年たちは母親ゆえに、また自分が彼らの継父となるがゆえに、自分に逆らうことはないだろう。

これより長文でより完全なユスティヌスの第二の記述（二四・二・一～三・一〇）は、ケラウノスを最初から残忍な意図を持っていた、いっそう悪辣な人物として描いている。さらに他の史料と異なり、カッサンドリア市に焦点をあてる。ケラウノスはアルシノエの息子たちを殺し、彼女からカッサンドリアの支配を奪おうと企てる。アルシノエと結婚したいのは、それ以外にその息子たちに近づく方法がないからだ。アルシノエは兄弟の性格を知っているので、はじめは拒絶する。なんとしてもアルシノエを説き伏せようと、ケラウノスはこう約束する。自分はもはやあなたの息子たちと争うつもりはない、彼らと共同で統治しよう、そして神々およびあなたが選んだ証人の前でこれを誓う、と。アルシノエはどうすべきか迷い、誓いの証人を送るのも怖いが、送らなければ相手を挑発することになるのを恐れて、返事を引き延ばす。彼女は自分より息子たちのために心配する。結婚すれば息子たちを守れるだろうと結論し、友人《フィロイ》のひとりディオンを証人として派遣する。ケラウノスは祭壇の前で誓う。自分はアルシノエを女王と呼ぶ、別の妻を娶って彼女を侮辱することはない、彼女の息子たち以外のいかなる子供も自分の息子とは認めない。そこでアルシノエも安心し、彼との結婚に同意する。息子のプトレマイオスが、何か奸計が企まれていると反対したにもかかわらず。結婚式には公的儀式がつきものだ。恐怖から解放されたアルシノエは、彼を「自分のものである都市カッサンドリア」に招き入れ、彼の到着を祝って祭典を催す。ケラウノスは市内に入るが早いか、城砦を占領して子供たちを殺すよう命じる。アルシノエは市から追放される。

アルシノエの立場

エフェソスを発った後、アルシノエはカッサンドリア市に落ち着いていた。もし息子たちが彼女の小アジア行きと逃亡に同伴していなかったとすれば、ここで合流したに違いない。カッサンドリアは城砦を持つ大都市だった。重要なのは、リュシマコスが四十年以上トラキアを支配してきたにもかかわらず、彼女と息子たちがトラキアよりマケドニアを拠点に選んだことである。この選択が示すのは、マケドニアはリュシマコス王国の中で最後に獲得された領土なのに、リュシマコス王朝に最も忠実だったということだ。カッサンドリアは、遅くともケラウノスがやって来るまでに、なぜかアルシノエの都市になっていた。ケラウノスの誓いで代理人を務めたディオンが、「彼女の友人《フィロイ》のひとり」と呼ばれていること（ユスティヌス二四・二・七）から判断して、彼女と息子たちは単独ではなく友人の一団を伴っていた。

ケラウノスは彼女と結婚しなくてはカッサンドリアに入れなかったようなので、都市は軍隊で守られていたに違いない。その軍隊とはアルシノエが雇った傭兵か、彼女の息子たちとリュシマコスに今も忠実な部隊（おそらくもともと彼女と共にエフェソスにいた部隊）か、その両方であったろう。[9] 前四世紀末〜前三世紀には多くの王族女性たちが軍隊の前に姿を現わし、たいていは城砦を守るために傭兵を管理した。都市を襲撃するとは、すなわち都市を支配している女性に対する「襲撃」であったと考えたくなる。長らく女性が包囲戦でも役割を果たしてきたのは、おそらく、都市のためにすることは何であれオイコス（家、家族）を守ることでもあったからだ。[10] ケラウノスが、もうリュシマコスの息子たちと争うつもりはないと約束した（ユスティヌス二四・二・四）のは、かつて争ったことを意味するに違いない。[11] おそらくすでに都市の奪取を試みたことがあったのだろう。アルシノエと息子たちはすでに包囲されていたか、そうなることを恐れていたものと思われる（トログス『序言』二四）。

前二九七年にカッサンドロスが死んで以来、マケドニアは間歇的に政治的混沌に襲われた。リュシマコスが前二八五年にここを支配すると、この国は束の間の休息を味わったが、今や再び混乱が表面化した。アルシノエの息子プトレマイオスが王位を宣言されたとの証拠はない。[12] すでに見たように、ケラウノスに寝返った軍隊は、誰を王と認めるかについて選り好みはしなかった。過去のマケドニア王たちの経歴をふまえれば、性格が残忍だからといって王位に不適格とされる可能性はほとんどなかった。さらにケラウノスがアンティゴノス・ゴナタスを破ったことが、現実的にも、また軍事的勝利がもたらす文化的な力の点でも、彼に有利に働いた。この時点のマケドニア人にとって（セレウコスについてきた雑多な部隊は言うに及ばず）、ケラウノスの王位を承認するのは窮余の策だったろう[13]。

それでもアルシノエとその息子たちは軍を指揮していたと思われるし、支持者をもち、カッサンドリアと他のいくつかの諸都市をも支配していた。彼女の息子たちは少なくとも他の誰よりマケドニアの支配に対して正当な権利をもっており、長男はおそらく十八歳くらいで、成人ほやほやだった。アルシノエは何らかの手段でマケドニアである程度の権力を保持していたが、現に支配している領域のどこにいても安全ではなかった。王の称号と勝利を手にしたケラウノスは、彼女と息子たちよりずっと強力な立場にあったが、カッサンドリアと少年たち自身が大事な取引材料だった。もしも彼らがすでにカッサンドリアで事実上包囲されていたのなら、アルシノエにとっても少年たちにとっても、安全に都市を出る道はなかったろう。

プトレマイオス・ケラウノスの立場

プトレマイオス・ケラウノスは、プトレマイオス王家における彼の家族とアルシノエの家族との抗争で重要な役割を果たしたが、アルシノエの人生においては、前二八一年までさほど大きな存在ではなかった。ベレニケとその子供たちにとって、ケラウノスは王族内の悪鬼のようなものだったに違いない。アルシノエやプトレマイオス二世と同じく、彼もまた救済王の宮廷の、王族の母親同士が火花を散らす張りつめた空気の中で育てられた。しかも最も苦い経験を味わっていた。若い頃のケラウノスは自分が父の王位を継ぐものと期待していたし、誰もがそう思っていた。ところが成長するにつれて母親の地位は下降し始め、ベレニケのほうは上昇した。ケラウノスも母親も、彼の未来を心配し始めたに違いない。救済王から受ける扱いも、王が未来のプトレマイオス二世を好んでいることを示し始めていただろう。とどめは、前二八五年に救済王が異母兄弟を共同統治者に選んだことだった。この時ケラウノスは、自発的にか強制されてかはともかく、エジプトを去った。アッピアノス（『シリア史』六二）は、彼が恐怖心から出て行ったと述べている。これはケラウノスが、エジプトに留まればどうなるか、わかるまで待ちはしなかったことを暗示する。

すでに見たように、プトレマイオス・ケラウノスはまずリュシマコスの宮廷を訪れた。そこでは実の姉妹リュサンドラがアガトクレスと結婚していたので、何らかの形で自分が取り立てられ、異母兄弟のエジプト支配を覆すために援助してもらえたらと望んだのだろう。行き先としてこれ以上良い場所はなかった。しかし彼が居を定めた宮廷もすぐ、後に残してきた宮廷と同じく緊張に満ちたものとなった。支援してもらうはずのリュサンドラとアガトクレスがまさに勢力を失いつつあり、それどころではなくなりつつあった。王朝内部の敵はまたしても彼のよく知る人物であった。ベレニケの娘アルシノエである。ケラウノスにとってもリュサンドラにとっても、それはかつて見たのと同じ光景だった。プトレマイオス一世の二組の子供たちが、確執に満ちた子供時代のせいで互いに憎み合っていたことは間違いない。事実これ以降のケラウノスの行動がこの推測を証明する。直接の証拠はないものの、ケラウノスは二つの陣営の敵対心を煽り立てたかもしれない。ケラウノスはアガトクレスの死には無関係だった。メムノン（断片五・七）だけは彼が関与したと主張するが、これは誤りである（第二章参照）。アガトクレスの殺害後、ケラウノスとリュサンドラおよびその子供たちはセレウコスのもとへ逃れた。ケラウノスが本当にアガトクレスを殺害したとすれば、その妻であったリュサンドラが彼に同行することはあり得なかったろう。セレウコスにしても、リュシマコスに対する遠征をアガトクレスの死に対する報復として正当化したのだから、そのアガトクレスの殺害者に避難所を提供したはずがない。

ゆえにセレウコス殺害は、ケラウノスの突然の暴力行為の二度目ではなく最初の例である。彼はセレウコスを殺すことで明らかに友好関係《フィリア》を侵害したものの、親族の血を流したわけではない。他のマケドニア人たちも同じく暴力的な裏切り行為に走ったにもかかわらず、王位を継承している。(14)アルシノエが結婚をためらった男は、マケドニア上流階級の多くと同じく、無慈悲な日和見主義者であることを証明したが、同時にこれも他の多くの者たちと同様、かなり有能な将軍にして政治家であることをも証明したのである。

ケラウノスの求婚の動機

アルシノエに対するケラウノスの求婚は、マケドニア支配を固めるための計画全体の一環として行なわれた。カッサンドリアは欲しかったが、それ以上に、リュシマコスの残された息子たちと寡婦を支配し、自分のライバルがアルシノエとは結婚できないようにして彼女を事実上中立化することで、リュシマコスの遺産を横取りしたかったのである。(15)寡婦であろうとなかろうと、王族女性には死亡した男性親族の代理を務め、その象徴となる能力があった。(16)アルシノエは過去の体制との連続性を体現することができた。(17)カッサンドリア以外の領域を本当に支配していたかどうかにかかわらず、アルシノエは象徴としての首都と、残された若干の友人《フィロイ》と、もうひとつの資産すなわち富を、まだ意のままにできた。こうした混乱の中では、首都と資産のどちらもが国内での正統性を確立するのに役立った。

双方に恐怖心を生みだすという王位継承をめぐる通例の力学がここでも働いていたのは間違いないにしても、婚礼と殺害の間隔の短さからみて、ケラウノスは、ちょうどセレウコスの排除を計画したのと同様に、おそらくはじめからアルシノエの息子たちを殺すつもりだったのだろう。はじめから偽りの結婚だったのである。ユスティヌスの第二の記述のほうが、第一のそれよりはるかに信憑性が高い[18]。王朝内の抗争は、エジプトでのケラウノスの努力が敗北に終わった時のように、死ではなく亡命で終わることがあった。しかしアルゲアス朝の王たちは、即位してすぐ他の王位請求権者を、追放と同じくらいたびたび殺すことで排除した。犠牲者の中にはアルシノエの息子たちより若い者もいたほどだ。ケラウノスには、他の男の子供など、たとえ彼らが異母姉妹を通して甥であっても、自分の後継者にしたいわけがなかった。ケラウノスに息子がいたかはわかっていないが[19]、彼は比較的若く、子供をもうける時間は十分にあった。

アルシノエの長男の反応

まだ少年だったアルシノエの次男と三男が母親の再婚について何らかの意見をもっていたとしても、それを知るすべはない。真に問題とすべきは、この結婚が計画された時におよそ十八歳だったリュシマコスの息子プトレマイオスの意見である。ユスティヌス（二四・二・一〇）は、リュシマコスの息子がケラウノスの約束があったにもかかわらず反対したと述べている。単純に罠を恐れたか、あるいはケラウノスの王位を母親が公式に承認することで、自分が即位を待たされることに憤慨したのだろう。若きプトレマイオスは疑いなくケラウノスを当面の敵と見なしたはずだ。なぜなら、アレクサンドリアでの陰謀のいきさつのせいでないとすれば、間違いなくリュシマコスの宮廷における王位継承争いで、ケラウノスがおそらくアガトクレスを支持したからである[20]。リュシマコスの息子プトレマイオスは、他の兄弟たちと一緒に殺害されたわけではなく、その後の経歴も知られているので、ケラウノスがカッサンドリアに入る前、もしかして母親が再婚する前に出立していたか、あるいは儀式への参加を拒否したに違いない。ともかく彼は殺戮を免れた。

リュシマコスはセレウコスとの戦闘には息子のプトレマイオスを参加させなかったが、ユスティヌス（二四・二・四）がアルシノエの息子たちとケラウノスの争いに言及しているので、彼は少なくとも名目上は、おそらくカッサンドリアか他の場所に配備されていた何がしかの守備隊を指揮していた。続いて起きたことを考えると、若きプトレマイオスは人の性格や状況をうまく判断できる人物だったと思われるが、過大評価は禁物だ。その後ケラウノス打倒に失敗したことは、ケラウノスと母親が結婚しなくても自分と家族はマケドニアでうまくやれる、あるいは生きのびられるという彼の明らかな信念が、誤りだったことを証明している。彼は十分に強力な軍事的基盤をもっていなかった。母の再婚に彼が反対したことから、彼はこの結婚を無用と考えていたはずだ。しかしその後の事件が示すのは、ケラウノスを信用しない点で彼は正しかったけれども、母の結婚については間違っていたということである。

アルシノエの動機

寡婦となった女性は、マケドニアの王族の寡婦でさえ、本来なら実家に戻り、父親や兄弟がたいていすぐに次の結婚を取り決めた。王族女性の中には自分で再婚先を探す者もいた。それは判明している他の事例では父親も兄弟もすでに死亡していた場合で、結果は思わしくなかった[21]。アルシノエには存命中の兄弟が二人、気まぐれなケラウノスだけでなく、実の弟でエジプトの強力な支配者プトレマイオス二世もいた。エフェソスを脱出した時、アルシノエはアレクサンドリアに身の安全を求めることもできた。リュシマコスが死んだ時、息子たちがまだマケドニアにいたとしても、コルペディオンの会戦からカッサンドリアでの血の惨劇までには数か月が経っている。息子たちと合流し、船でエジプトに向かうには十分だ。しかし彼女はそうしなかった。プトレマイオス二世は男性親族のために相応の地位を見つけてやる性向があったから、息子たちにとってエジプト帰国が有力な選択肢であることは彼女もわかっていたはずだ。ケラウノスはプトレマイオス二世と講和を結ぼうとしたが、他方でプトレマイオス二世が姉の再婚にひと役買ったことを示す史料は何もない。よってこれは救済王の二人の息子たちの婚姻同盟ではなかった。この結婚はアルシノエ自身が決断したことであり、彼女と異母兄弟との同盟だったのである。

なぜアルシノエはマケドニアに留まり、ケラウノスと結婚するという危険を冒したのか（この結婚が危険だと知っていたことは、彼女のためらいが証明する）。唯一可能な説明は、息子たちのために支配と王権を確保する望みを彼女がまだもっていたということだ。ただしこれは自分のためでなかったわけではない。息子たちのために自分が支配したかった、王の母たることに由来する地位と、若い息子を持つたいていの王族未亡人のものになる権力がほしかったのである。彼女の決断は、アレクサンドロス大王の母オリュンピアスが前三一七年に下した決断によく似ている。息子の死から何年もたっていたこの年、彼女は幼い孫アレクサンドロス四世の王位を確実にしようと望み、この孫を伴ってマケドニアに帰還した。オリュンピアスもこの行為がはらむ危険を知っていたがゆえに、初めはためらった。しかしついに賽を投げ、自身の命を失ったばかりか、結果的には孫の命も失った[*16]。アルシノエも、自身はなんとか生きのびたが賭けには負けた。誰が誰を支持したのか、少なくとも支持を表明したのは誰なのかを知り得ない以上、アルシノエがエフェソスを逃れてマケドニアに上陸した時点で、将来をどう思い描いていたのかを正確に述べることはもはやできない。おそらく、どの将軍が現われてリュシマコスの没落を利用しようとも、息子のプトレマイオスならそれを防ぐに十分な軍事的支持を集められると期待していたのだろう。重要なのは、彼女と息子たちがマケドニアに留まったということだ。

アルシノエはなぜケラウノスとの再婚を決断したのか。ケラウノスの過去の性格をアルシノエがどう見ていたにせよ（ユスティヌス二四・二・三、六）、ユスティヌスは彼女が自分より息子たちの身を案じたと述べている（二四・二・七）。これは単に未来の出来事を過去に投影しただけかもしれないが、ケラウノスが彼女の死より息子たちの死を望む理由があったのは確かである。ユスティヌスは彼女が決断した理由をいくつか挙げている。ケラウノスと結婚することで息子たちを守れると信じた（二四・二・七）。ケラウノスは彼女の息子たちを養子にし、他の誰の子供も自分の子として認知しない、彼女をレギナ（女王）と呼び、別の妻を娶って彼女を侮辱することはない。これらの約束は希望を与え、彼女を心配から解放した（二四・二・九～一〇）。結婚式が行なわれた後、プトレマイオスは軍隊の集会でアルシノエに頭飾り《ディアデーマ》をつけ、彼女をレギナと呼んだ。この称号を受けると彼女は、自分がリュシマコスの死によって失ったものを取り戻せたと思い、喜んだ（二四・三・二～三）。

ユスティヌスは基本的に彼女の動機を、息子たちの王位継承権と自分自身の地位を確実にしたいという欲望の組み合わせとして描いている。これは合理的な解釈であり、他の王族女性たちの動機と行動によっても裏づけられる。再婚は、息子のプトレマイオスが王になるまでさらに待たねばならないことを意味したが、彼女は息子が王になるための保険をかけたのだと考えた。アルシノエの行動は、彼女が息子たちの将来に冷淡だったのではなく、自分が再婚しなければ息子たちの立場を維持できないと考えたことを暗示している。(22) アルシノエ自身に約束された称号については、ユスティヌスの記述はおそらく正確ではない。レギナはラテン語なので、ケラウノスは彼女がバシリッサとなることを約束し、後に彼女をそう呼んだ、とこれまで推測されてきた。彼の約束は、再婚の時点では彼女がバシリッサでなかったという誤った前提に立っている。寡婦になると称号を失ったのか、プトレマイオス朝の王族の娘たちが既婚であれ未婚であれ称号をもっていたのかはわからない。(23) 寡婦や王の娘たちが称号をもつのがマケドニアの慣行ではなかったとしても、アルシノエは母国に帰りさえすれば、何の危険もなしに称号を帯びることができた。明らかにアルシノエが望んだのは、未亡人ではなく王の妻であって同時に跡継ぎの母親であるという現実だった。軍隊の前での頭飾りと宣言は――マケドニアではこれ以外に確認されないが、他の諸王朝では知られている――興味深いし事実であろう。[24] ケラウノスがアルシノエに頭飾りで公的に「戴冠」したという話は――ヘレニズム時代の王族女性に関して頭飾りが言及されるのはこれが最初である――より本当の可能性が高い。ただし女性の頭飾りが意味するものは、バシリッサの称号と同じく曖昧なままだが。[25]

ケラウノスがした約束でおそらく最も興味深いのは、別の妻を娶ってアルシノエを侮辱することはないというものである。フィリッポス二世もアレクサンドロス大王も、大半の後継者たちも行なってきたのがまさしくこれなのだ。王の一夫多妻が引き起こす苦悩と混乱を、救済王の子供たち以上によく知る者はいなかったろう。アルシノエは、実家の宮廷での王位継承争いから婚家の宮廷での争いへと移ってきたのだ。自分以外に妻をもたず、自分の子供以外に認知する子供をもたないという約束には絶大な魅力があったし、ケラウノスもそれは百も承知だったはずだ。ケラウノスはアレクサンドリアでの継承争いだけでなく、リュシマキアでの争いの目撃者であった。この約束は、彼が異母姉妹を個人的に知っていたからこそなされたのだろう。もっとも前四世紀末から前三世紀初めには、王たちは一夫多妻から、おおむね何らかの形での族内婚へと移りつつあったのだが（第四章参照）。

結婚の動機に関するここまでの議論は、これが異母兄弟姉妹の結婚であるという事実をあえて無視してきた。従兄弟同士の結婚はギリシア・マケドニア世界ではごく普通であり、叔父と姪の結婚もよく知られていて、近親相姦とは見なされていなかった（たとえばアンティゴノス・ゴナタスとその姉妹の娘フィラの結婚）。明らかにアテネ人や他の一部のギリシア人は、父違いでなく母違いであれば半兄弟の結婚を許した。スパルタ人は反対の意見だったようで、母親を同じくする同母兄弟の結婚のみを許した可能性がある。いずれにせよ異母兄弟姉妹の結婚は稀だったと思われるし、いささか世間に不快感を引き起こしたかもしれない[26]。マケドニア人については異母兄弟姉妹婚らしき事例が二つあるが、これでさえとても確かとはいえない[27]。ケラウノスとアルシノエの結婚は当時として異例であったが、彼女のその次の結婚が実の兄弟姉妹同士であり、これ以後は兄弟姉妹婚がプトレマイオス朝にとって理想的かつたいてい現実となるがゆえに、なおさら異例なものに見える。アルシノエとプトレマイオス二世の結婚においては、エジプトの先例が役割を果たした可能性については後に議論しよう（第四章参照）。さしあたっては、エジプト人が、少なくともエジプト王家が兄弟姉妹婚を実践していたと、アルシノエとケラウノスがたとえ信じていたとしても、「エジプトの範例」が今回の結婚にかかわりをもった可能性は低いと言える。他方でセレウコス朝では前二八〇年代末、おそらくケラウノスが宮廷にいた時期に、異母兄弟姉妹の結婚がなされたらしい。もしもそれが本当に異母兄弟姉妹の結婚であったなら、この先例がケラウノスの着想のもとになった可能性はある[28]。

ユスティヌスの記述から判断すると、ある意味でどちらの結婚当事者も、自分たちが異母兄弟姉妹であるという事実は結婚の決断とかかわりがないかのようにふるまった。ケラウノスはアルシノエの領土と息子たちの両方を支配下に置きたかった。彼らが自分の義理の甥であることよりも、リュシマコスの息子であることのほうが重要だった。たとえ彼がこの結婚によってプトレマイオス二世と和解することを望んでいたと結論するとしても（その場合はもちろん、彼がアルシノエの息子たちの殺害を最初から計画していなかったなら、ということになるが）、それはピュロスやアンティオコスと和平を結ぼうというのと、なんら変わりはなかった。

同じようにアルシノエの関心事は、我々に言える限りでは、自分の息子たちの王位継承であり、王の妻としての自分自身の地位であった。ケラウノスと自分の兄弟関係を、結婚にあたって気にしたらしき様子はない。彼女が懸念したのは、ケラウノスが何者かではなく、彼が何をするつもりかだったのだ。ケラウノスがマケドニアで基盤を確立したからこそ対処せねばならなかったのであり、自分と相手の血縁関係などどうでもよかった。ユスティヌスの言葉遣いは一貫して、事件の当事者が兄弟姉妹であるという事実を際立たせている（一七・二・七、二四・二・一、二、三、六、一〇、二四・三・二）。しかし彼がこの関係を強調するのは、ユスティヌスにとって容認しがたいからではなく、むしろケラウノスの行為が、妻であるばかりか姉妹に対してなされたからこそ、おぞましいのだと示すためである。この意味でユスティヌスは、二人の異母兄弟の感情を描きながら、自分でもそれを共有していると言えるかもしれない。二人の血縁関係が事件にかかわりをもつのは、それ自体が悪いとか凶兆であるからではなく、それがこの事件をいっそう非道なものにするからである。後にアルシノエが実の弟と結婚した際に受けた反感を論じる際に、この論点を思い起こすことにしよう。

　双方の当事者もユスティヌスも、この異母兄弟姉妹の結婚を明らかに事務的に扱っているにもかかわらず、この結婚のいきさつと、中でもその暴力的な結末には、非常に非理性的で感情に支配された要素がある。もしもこの結婚が持続して、ともかく幸福なものになったとしたら、それはプトレマイオス王家の二つの家族間の不和、双方の成員に痛みと苦悩を引き起こしてきた不和を癒す可能性をもっていた。それぞれの家族の生活は数十年にわたって、王家内部の争いが生み出した恐怖と被害妄想による深刻な影響を被ってきた。その上彼らの結婚は、あらゆるもめ事を引き起こしてきた一夫多妻制を、文字通りではなくとも逆転させ得るものだった。一夫多妻制の反対は兄弟姉妹婚ではなく、明らかに一夫一婦制である。さらに彼らの結婚は、ケラウノスがアルシノエの息子たちを自分の息子にすると約束したことで対立する二つの家族集団を結びつけるだけでなく、核となる夫婦を人為的に作ることで、彼女自身の小さな家族をひとつにまとめることになったろう。この意味で二人の結婚は、互いがそれまで各地の宮廷で経験してきた生活とは正反対のものだった。二人は年齢は近かったはずなのに、子供時代にはお互いをよく知ることができなかった。少年少女たちは、大きな宮廷はもちろんどこの家庭においても、幼年時代を過ぎれば互いに比較的わずかな接触しかもたないものだ。その上母親同士の対立関係と、双方の周囲に形成される宮廷内の党派が、二人を引き離した。さらに彼らはアレクサンドリアへの郷愁と、失われたもののために苦しんだかもしれない。それゆえこの結婚は、こうした渇望を和らげるものに思えたろう。もしもケラウノスがリュシマコスの息子たちの殺害を最初から計画していたとすれば、彼にとって、この独特な統合となる結婚は、姉妹がもっているとわかっていた渇望を満足させてやるために、彼がでっちあげた幻想であった。もしも彼が明言した約束が実現し、この結婚が幸福な結末を迎えたと想像すれば、それが暗示するのは奇妙なことに、ケラウノスも同じ幻想を共有していたということだ。ただしアルシノエと違って、彼はそれが幻想であることを認識していた。異母兄弟と結婚したこの女性が、のちに実の弟と結婚したのは偶然ではないだろう。ケラウノスとの結婚が悲惨で不幸な結末を迎えたにもかかわらず、この結婚は彼女の二度目の兄弟婚にとって示唆に富む先例となったのである。次章では、この先例が先にひらめいたのはプトレマイオス二世とアルシノエのどちらだったのかを考察することにしよう。

結婚式は前二八一／〇年に行なわれた。場所はマケドニアのペラ[*17]ともディオン[*18]とも考えられるが、アイガイ[*19]の可能性が最も高い[(29)]。リュシマコスの子供たちが殺害されたのはその後まもなく、おそらく数週間以内のことである[(30)]。事件の細部を見てみよう（ユスティヌス二四・三・一〜一〇）。婚礼の儀式と戴冠のあと、アルシノエはカッサンドリア市でケラウノスのために都市の祭典を催し、彼を迎えるため次男と三男を市外へ送り出した。ケラウノスは愛情込めて二人に挨拶したが、市内に入るが早いか城塞を占領し、二人の少年の殺害を命じた。二人は母のもとに駆け寄り、彼女も子供をかばおうとしたが、二人は彼女の腕の中で殺された[31]。子供の埋葬も許されず、衣服は破れ髪もふり乱したまま、彼女は二人の奴隷に付き添われて市から追放された。アルシノエは子供たちと共に死ぬことさえ許されないのを嘆きつつ、サモトラケ島へ逃れた。

この残忍きわまりない記述は、現代の読者には信じられないものと思えよう。にもかかわらず、この叙述の劇的な潤色の全部ないし大半は、ユスティヌス（あるいはその原典であるトログス）の創作ではないだろう。また前四〜三世紀に流行していたような単なる「悲劇的歴史」でもない。ケラウノスと同じく、アルシノエ自身もこれらの事件を形成し、言わばその「作者」だったのである。これらの細部をユスティヌスの扇情的な描写のせいにし、悲劇の筋書きを借りたのだとして切り捨てることもできようが、おそらくそれは間違っている。最近の研究は君主政における演出を扱い、支配者たちが表象や儀礼、衣装、行列などを用いて自身とその王朝を正統化し、安定させ、強化したことを明らかにしている。劇場は演劇の上演だけでなく、しばしば政治集会のためにも使われ、政治的事件と演劇上の出来事の区別はあいまいになった。

フィリッポス二世は娘の結婚式を公的イベント、神々と君主政を祝う祝典に変えた[32]。フィリッポス以後の時代にこの傾向はますます重みを増し、王族の結婚式は王朝正統化の舞台装置として機能するようになった[33]。アルシノエとケラウノスの結婚は、前三世紀マケドニア史における二つの「計略婚」の最初の事例である。いずれの場合も王族女性が、公的な祝祭を伴う結婚と引き換えに城砦の支配権を譲り渡したが、城塞も結婚も失う結果となった。王族同士の公的な結婚は王家の正統性の象徴となったが、これら二つの事例が示すように、その象徴はたやすく排除できるものだった[34]。

アルシノエはまずそうした公的な結婚式を行なうよう求め、ついで新しい夫をカッサンドリアに迎えるために、もうひとつの公的な儀式と祝祭を創りあげた。神殿も家々も祭壇も飾りつけ、犠牲を捧げ、息子たちは皮肉なことに花冠をつけていた〔花冠は犠牲獣の印〕（ユスティヌス二四・三・四〜五）。彼女が第二の儀式に込めた意図は明らかだ。ケラウノスに市門の外で子供たちに挨拶させて、彼らを後継者として認知するとの約束を実行するよう迫ることだ。だがケラウノスは別の台本で動いていた。彼がアルシノエの息子たちの埋葬を拒否しただけでなく、アルシノエの出発後にカッサンドリアを自分の母親に委ねたことが示すように（後述）、そこでは復讐が重要な役割を果たした。ちょうどフィリッポス二世の暗殺者が婚礼の祝典で王殺しを演じたように、ケラウノスは祝典を舞台に殺人を上演し、アルシノエのほうは嘆きの母親であるだけでなく、その役を演じなければならなかった。筋書きはホメロスと悲劇作品が与えてくれる。カッサンドリアからのアルシノエの出立は、オイディプスが王としての権力とその象徴物のすべてを失い、テーベを去っていく『オイディプス王』の結末[*20]に似ている。ケラウノスが息子たちの埋葬を母親に禁じる場面は、『アンティゴネ』の冒頭でクレオン王がポリュネイケスの埋葬を禁じる場面[*21]を思い起こさせる。

　マケドニアの上流階級は、埋葬の慣習をはじめさまざまな方法でホメロスの世界を意識的に模倣した。彼らはずっと南方の古典期や初期ヘレニズム期のギリシアの慣習ではなく、ホメロスの作品に見られる慣習を実際に保持した、あるいは再創造したのかもしれない。アレクサンドロスが英雄アキレウスを模倣した[*22]のはよく知られている[35]。敵の死者の埋葬を拒否することは現実にあった。たとえばカッサンドロスはオリュンピアスの埋葬を禁止した[*23]（ディオドロス一七・一一八・二）。死体をこんなふうに扱うことで、その死者は正統性を欠いており、反逆したのかもしれないとの見解が広められた。ホメロスの場合と同じくそれは報復行為であり、死者の記憶と名声を抹消しようとするものだった。マケドニア史上の主要人物の多くはホメロスとギリシア悲劇を暗記しており、必要に応じて人生の台本として利用できたのだと感じることがよくある。いくつかの場面、たとえばアレクサンドロス大王の姪アデア＝エウリュディケの死[*24]（ディオドロス一九・一一・五〜九）や、大王の母オリュンピアスの死[*25]の場面（ユスティヌス一四・六・九〜一二）は明らかに芝居がかっている。かといって、事実は必ずしも伝承通りでなかったということにはならない。

　こうしてケラウノスは、若い頃の落胆と失った王国に対する復讐を成し遂げた。おそらくプトレマイオス二世から復讐が得られればなお良かったろうが、アルシノエはそれに次ぐ相手であった。アルシノエの母ベレニケには復讐できなかったけれども、長らく苦しんできた母エウリュディケを、ベレニケの娘が持っていた都市カッサンドリアの支配者に据え、今や自分の母親がアルシノエの後任であると主張した[38]。ケラウノスは、アルシノエが最終的にアレクサンドリアに帰るとわかっていたに違いない。こうやって彼女を実の兄弟のもとへ送り返してやるのだと思いながら、ひとりで悦に入っていたことだろう。彼女を殺さなかった理由もここにあったと思われる（またアルシノエを殺せば、一般のマケドニア人との間でよけいな面倒が起きてしまうとも考えたのだろう[39]）。

　アルシノエはその場の状況によって悲劇の王妃となることを強いられ、それにふさわしい衣装で役を演じた。先例としてすぐに浮かぶのは、トロイ戦争で夫と数多くの息子たちを失い、王国から追放された王妃ヘカベである[40]。アルシノエの経験はまた、トロイの王子ヘクトルの妻であったアンドロマケーを思い起こさせる。彼女も息子のひとりを目の前で殺され、もうひとりの幼い息子は復讐を求める者たちから殺すと脅された。「かつては人にも羨まれたアンドロマケー、しかし今は世の誰よりも不運な女」（エウリピデス『アンドロマケー』西村太良訳）と謳われたその運命の逆転は、アルシノエの場合によく似ている。きっと彼女は、生き残った長男がいわば舞台裏に控え、舞台に戻る用意はできているのだと考えて、アンドロマケーがあらゆる苦しみの末に再度運命の逆転を経験し、新しい王国で新しい王家の母となって生涯を終えたことを思い起こしたことだろう。[*26]事実アルシノエももう一度、よいほうへの逆転を経験し、結果として、アンドロマケーのよく知られた後半生とそっくりな形で生涯を終えることになる。運命の逆転は悲劇の筋書きの定番だが、後継者戦争の時代にはひんぱんに現実となった。マケドニア人の上流階級が悲劇を好んだ理由は、ここから説明できるかもしれない。

アルシノエがサモトラケ島に避難したことさえ、ある面では台本通りであった。それまでのマケドニア人支配者たちはサモトラケの聖域を保護したし、事実リュシマコスとプトレマイオス二世はそこに奉納を行なった。すでに見たように、アルシノエはリュシマコスと結婚していた時期に、サモトラケの大地母神への奉納としてロトンダ建造に資金を提供したのは間違いない（第二章参照）。明らかにサモトラケ人は、リュシマコスが肝心な時に援助してくれたがゆえに、彼に神としての栄誉を与えた。(41) サモトラケに到着したアルシノエの姿は、嘆願者として、ちょうどエウリピデス『ヒケティデス（嘆願する女たち）』の女性たち[*27]のように、息子たちが埋葬されずにいる母親として思い描くべきであろう。聖地に避難所を求めた者は他にもいた。すでに聖地の重要な保護者であるアルシノエが秘儀の入信者であったのはほぼ確実で、(42) 実の弟はもちろん豊かで強力な王であった。さらに好都合なことに、サモトラケはこの時おそらくマケドニア本国から独立していた。(43) アルシノエは理想的な安全地帯を見出したのだ。ここから彼女はマケドニア情勢を、生き残った長男プトレマイオスの行動も含めて、観察し続けることができた。

アルシノエはケラウノスから結婚を申し込まれた際に長男と口論になり、長男は彼女の宮廷を去っていたようだ。さらにケラウノスがリュシマコスの若い息子二人を殺害したことで、長男の意見の正しさが（全部ではないにしろ）裏づけられた。これらを前提とすれば、母と息子は仲違いしていたかもしれない。二人が再び個人的な接触を持ったかどうかはわからないが、証拠はあまりに断片的だし、どちら

上・下：図3-1、2　サモトラケのヒエロンの遺構。ここで秘儀の最終段階が行なわれた。

であっても事の本質にはほとんど影響しない。

二人が仲違いしていたとしても、アルシノエが息子とその将来を支援し続けたのは当然のことである。彼女はエジプトへの帰国（早ければ前二八〇／七九年）が手配でき次第、サモトラケ滞在を短く切り上げて島を去ることもできたが[44]、出発を数年遅らせたようだ。もし彼女が下の息子たちの死後まもなくマケドニアを去っていれば、それは事実上、長男がマケドニア王になるとの望みに見切りをつけたことになる。リュシマコスの息子でモヌニオスというイリュリア風の名前をもつ人物が、ケラウノスと戦っていた（トログス『序言』二四）。この戦いが始まったのはおそらく前二八〇年春、アルシノエの息子たち殺害の数か月後で、少なくとも前二七九年初めのガリア人の侵入まで続いた[45]。いくつかの史料で、ケラウノスの死後にマケドニアで活動していたとされているプトレマイオス（ディオドロス二二・四、ポルフュリオス *FGrH* 260 断片三・一〇〜一一）というのが、リュシマコスの息子であるとすれば、アルシノエの長男はマケドニア王位獲得の努力を前二七七／六年まで続けていたことになる。この年、アンティゴノス・ゴナタスが「マケドニアで」権力を樹立し、リュシマコスの息子の奮闘は失敗に終わった。母親はこの時までサモトラケで待ち続けていたのだろう。再婚をめぐって明らかに二人は意見を異にしたにもかかわらず、アルシノエは息子が王位を継ぐことを望み（この目標が達成されれば彼女はマケドニアに戻れる）、その可能性が残っている限りサモトラケに留まった[46]。実際アルシノエにとって希望を断念することは、殺された下の息子たちの思い出を裏切ることになると思えたのかもしれない。そうだとすれば、彼女は前二七七／六年までずるずると島に居残ったことになる（リュシマコスの息子プトレマイオスのその後の経歴については第四章参照）。

ユスティヌスは、ケラウノスの卑劣な行為がほどなく罰せられたという事実を、得意げに語っている。侵入してきたガリア人の軍勢がケラウノスを打ち負かし殺害した、これは彼の犯罪行為に対する神々の復讐であった、と（ユスティヌス二四・三・一〇）。侵入の引き金となったのは、リュシマコスの死とそれに続くマケドニアの混迷である[47]。ユスティヌスはケラウノスを、無用な危険を冒し、脅威の重大さを過小評価し、外交的解決を拒否したあげく、戦闘で倒れ大敗を喫した、向こう見ずで傲慢な僭主として描いている。彼の首は切断され、槍に刺されて勝者の手で引き回された（二四・四・一〜五・一一）。ケラウノスは以前には有能な将軍であることを示したが、ガリア人に対抗できるだけの戦力も、戦い方についての経験もなかったようだ。アンティゴノス・ゴナタスは、リュシマキアでの戦闘でガリア人を破ったことで、なんとかマケドニア人の王として認められ、ようやくアンティゴノス朝の確固たる基盤を打ち立てることができた。ガリア人に対する勝利は、ヘレニズム時代に王家のプロパガンダの標準的な要素となった。ゴナタスのプロパガンダは、自身の勝利をより美化するために、かつての敵対者の失敗を誇張したかもしれない[48]。

　アルシノエの息子たちの殺害という悲劇的な出来事が示すのは、彼女が立派な政治的才覚を持っていたとはとうてい言えないということだ。とりわけ長男がケラウノスとの結婚を信用していなかったのだからなおさらである（彼の動機の一部が、自分が独力で王になれる可能性があることを、母親が明らかに信じてくれなかったことへの怒りにあったとしても）。彼女は政治の天才ではなかったし、その誤算はこの場合には破滅的であった[49]。とはいえアルシノエがケラウノスの申し出を拒否した場合、選択肢は二つしかなかったことも思い起こすべきである。彼女と子供たちは、マケドニアから脱出できたなら、あるいはケラウノスが彼らの退去を許したと仮定すれば、アレクサンドリアへ逃げることができた。そこなら、実の兄弟であるプトレマイオス二世の助けをあてにすることができた。しかしこれでは、自分が生き残るという現実的な目的のために、息子が王位につく望みを失ってしまうのを追認することになる。あるいは彼女と息子たちは小規模な軍隊と共に、有能な将軍に率いられた明らかに何倍もの軍勢に抗して、カッサンドリアを保持する努力を続けることもできた。その場合、彼女が徹底抗戦したならば、疑いなく母子全員の死をもって終わったことだろう。アルシノエは息子たちに父親の玉座を確保したいと望み、自身と息子たちの命を危険にさらす道を常に選んできた。アレクサンドリアに退き下がるのでなく、彼女はアガトクレスとの後継者争いで一定の役割を果たした。夫の敗北と戦死の後も、実の弟の宮廷に向けて出立するより、息子たちの支配権の可能性を追求するためマケドニアに戻るという危険な道をとった。ケラウノスが王として承認されたという事実に直面すると、アレクサンドリアに退き下がるのを今一度拒否し、息子たちに玉座への道を残しておきたい思いから、ケラウノスとの再婚という危険を冒した。アルシノエは息子たち（および自分自身）の政治権力を追求し、繰り返し危険な道を選んできた。アレクサンドリア帰還という選択肢は拒否され、そこへの道は採られなかった。他の選択肢がなくなって初めて、彼女は生まれ故郷へと航路を取った。私の解釈が正しければ、それさえも相当な時間が経過してからのことだった。もしもアルシノエが三度目の結婚と、それがもたらす異例な地位を少しでも期待していたら、違ったふうに行動していたかもしれない。

第4章
エジプト帰国とプトレマイオス二世との結婚――二七九～二七五年

エジプトへ帰ったばかりのアルシノエに栄光に満ちた将来が待っているなどとは、誰も予想できなかったろう。彼女は故国帰還を、万策尽きるまで残しておくべき、最も避けたい選択肢と見なしていた。最終的にエジプト帰国を選んだのはおそらく彼女自身であるが、弟が呼び寄せたのでもあろう。この決断に先立って、何らかの話し合いがなされたと思われる。[1] 本人を含めて誰もが、王族の一員とはいってもひっそり生涯を終えるものと予想したことだろう。党派争いに敗れた他の多くの王族女性たち、たとえばアガトクレスの寡婦リュサンドラのように。

自分は二度と本当の故郷には戻れない、彼女にとってこれが文字通りの真実だと思えたはずだ。かつてのアレクサンドリアはほとんど見分けがつかなかったろう。プトレマイオス朝の壮麗な建造物の多くは、アルシノエが国を発った時にはまだ建設が始まってもいなかった。今やそれらは完成するか、完成間近であった。帰国した時のアレクサンドリアとリュシマキアの違いぶりは、輿入れした時と比べて劇的なほどだったであろう。少女の頃の家族はもうおらず、父も世を去った。アルシノエが国を後にした時、実の弟はまだ少年だった。それが今では強大な王であり、何人もの子供の父親となっている。もしもアルシノエの到着が、先に推測したように前二七九年以降であれば、母ベレニケはすでに死去し、[2] おそらく神格化されていただろう。[3] ただし唯一の実の妹フィロテラはまだ存命だったと思われる（第五章参照)。帰国したアルシノエには、ふるさとに帰ったという感覚はなかったろう。なぜなら「ふるさと」はあまりに多くの点で変わってしまったから。かつては親しかったものが、今はよそよそしかった。

夫リュシマコスの戦死、下の息子二人の殺害、生き残った長男との仲たがいと、その長男による父の王位奪回の失敗、ケラウノスから受けた屈辱と痛苦、これらすべてを思って彼女の胸はいっぱいだった。たとえケラウノスが不名誉な死を遂げたことをすでに知っていたとしても。当然のごとく彼女は自分の数々の決断を今になってあげつらい、自分を責め、息子を責めたことだろう。もっと自分に厳しくすることもできた。最初に国を離れた時に抱いた期待と、帰国してすぐの時点での明白な見通しとの間には、確かに天と地の開きがあった。

こうしたお先真っ暗の余生を送る代わりに、アルシノエは今ひとたび運命の劇的な反転を経験した。それによってもう一度彼女は権勢ある地位に登ることになる。アルシノエの生涯の最終段階にも年代決定の問題がつきまとうため、この変化がどれほどすみやかに起きたのか、いかなる状況で、どの程度に、なぜ生じたのかは曖昧なままである。彼女がエジプトに帰ったこと、実の弟が最初の妻を追放したこと(あいにくこちらもアルシノエという名前なので、今後はアルシノエ一世と呼ぼう)、そののち実の姉と結婚したこと、これらはよくわかっている。これら一連の事件にどの年代を当てはめるかによって、アルシノエ一世は二世のエジプト帰国以前に寵愛を失っていた可能性がある。この場合、アルシノエ二世の帰国および一世の失寵と、二世の最後の結婚との間には、数年の間隔ができる。他方でアルシノエ二世の結婚が、自身の帰国と一世の不興のすぐ後という可能性もある。彼女の最後の結婚期間を、他の学者による概算の二倍も長く見積もる学者もいるほどだ。ここで思い出しておきたいのは、アルシノエ二世のエジプト帰国は、早くて前二七九年、一番遅ければ二七六/五年ということだ[4]。

プトレマイオス二世

プトレマイオス二世（前二八五年から二八三／二年までプトレマイオス一世と共同統治し、それ以降二四六年まで単独統治した）は、父王が最初に構想したプトレマイオス君主政のさまざまな側面を実現し、他の多くの面を創案した。[5] にもかかわらず学者たちはたいてい彼を、怠惰で贅沢好み、受動的で、戦士らしくない最初のマケドニア人の王と描いてきた。[6] 確かに彼は、王にしても多すぎるほどの愛人を持ち（第六章参照）、王族として初めて兄弟姉妹婚を始めた（一部の人々は、これを彼の官能的で弛緩した生き方の証拠と見たものだ）。この二人目のプトレマイオスは、自分の王朝を贅沢と奢侈の代名詞にしたのだが、それはおそらく彼の個人的な嗜好であると共に、一族の支配の力と安定の象徴でもあったろう。我々の知る限り、彼は自ら軍を率いて戦場に赴いたことはないが、数多くの戦争や軍事行動に関与して多くの部隊を投入したし[7]（テオクリトス一四・五九）、アレクサンドリアの詩人テオクリトスは、彼もその父親も「槍兵」として描いている（テオクリトス一七・五六―五七、一〇三）。プトレマイオス二世は数々の戦争で華々しい勝利も大敗北も経験したことがないが、エジプトを外敵の侵入から守って安全を維持した。実際、プトレマイオス朝の所有地は、彼の長い治世の間に大きく拡張した。彼がなぜ自ら出陣しなかったのかはわからないが、身体的な病気のせいではないだろう。[8] 政策面では、彼も一族の他の者たちも、エジプトの外、すなわちギリシア本土の諸都市における「ギリシアの自由」をおおむね支持したが、これはおもに、プトレマイオス朝の海上への野心にとって一番の難敵であるアンティゴノス朝に対抗するための手段であった。宮廷詩人だけがプトレマイオス二世の好戦的な姿を描くことができた一方で、彼の長期的な対外政策は帝国主義的でありながらきわめて慎重なものだった。彼はエジプトの資源を根本的なところで危険に晒《さら》そうとはせず、一貫して領土拡張と失地回復に努め、それを成功させた。

プトレマイオス二世は宗教に関して、とりわけ王朝祭祀の発展に何より独創性を発揮し、成功を収めた。彼は自分の両親を「神なる救済者」に仕立てることで、王朝の最初の神聖なカップルを創出した。これを基礎として、王朝を血縁関係のある国王夫妻の連なりとして表現してゆくことになる。彼はまたプトレマイオス朝で大規模な神殿建造を手がけた最初のプトレマイオスであるが、支配者が良き秩序と神々の恩恵を維持していることを常に証明せねばならないエジプト王権において、それは必須の要素であった。(9)

プトレマイオス二世は、父王が計画していた図書館とムセイオン（王立研究所）を完成させた。彼の治世はもっぱらその文化保護活動ゆえに、ヘレニズム文学の黄金時代と見なされている。彼の治世に書かれた多くの詩は、直接であれ間接であれ、彼の治世における諸事件と彼の権力のイメージを反映している。たとえばカリマコスが最初の賛歌を作ったのは、プトレマイオス一世が共同統治者として二世を選んだのを祝ってのことだったらしいが、これはバシレイア（王権）の祭典と重なるし、非常に控え目ながらも、ケラウノスに対するプトレマイオス二世の闘争と勝利を表わしているのかもしれない。(10)

アルシノエ一世

アルシノエ一世はリュシマコスの娘で（パウサニアス一・七・三、テオクリトス一七・一二八への古註）、プトレマイオス二世と結婚したのは、彼が父王との共同統治を始めた頃、よって前二八五年から二八二年の間のことである。(11) この結婚を取り決めたのは、旧友であり長年の同盟者でもあったリュシマ

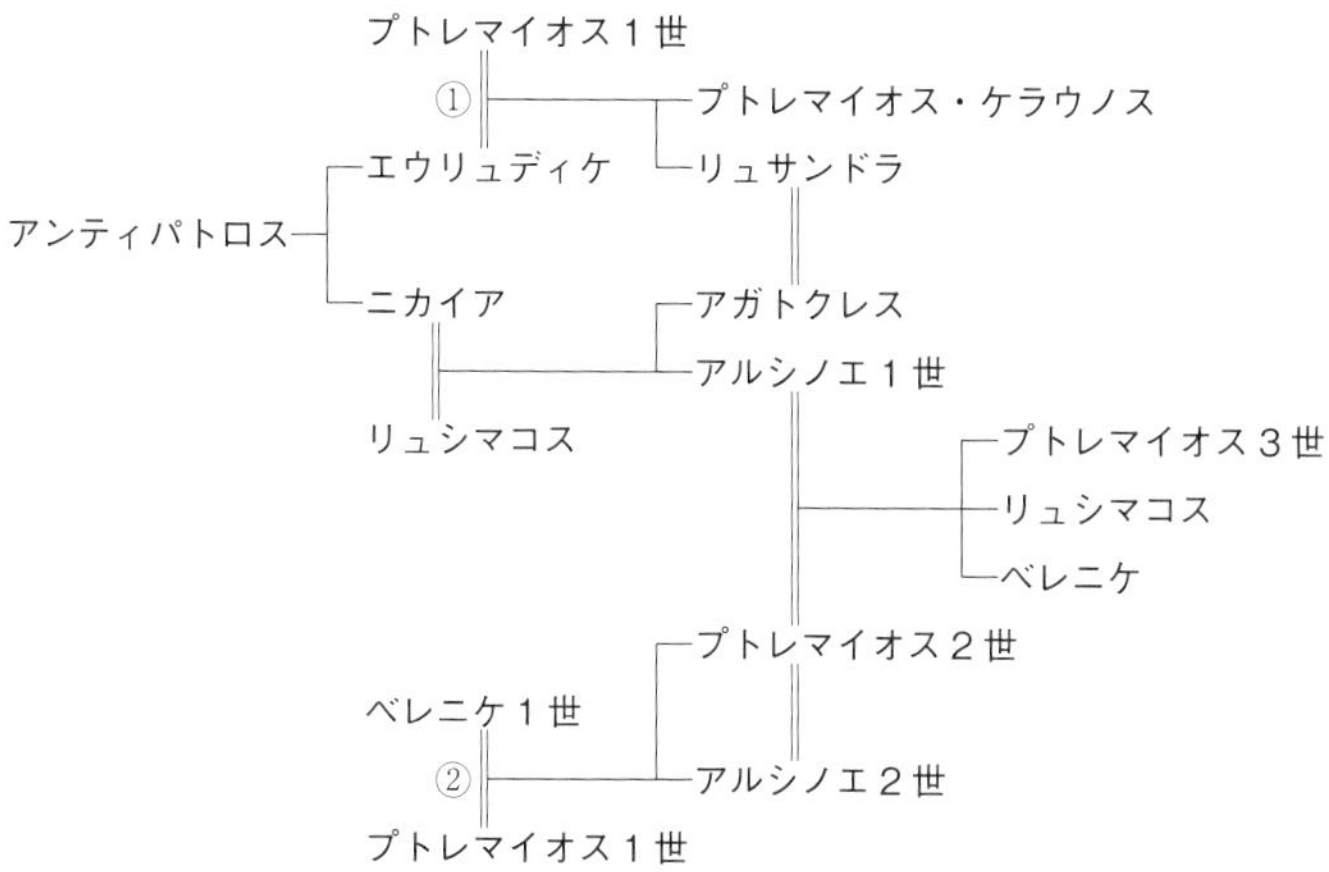

アルシノエ１世の系図

コスとプトレマイオス救済王である。ある詩人、おそらくポセイディッポスが花嫁のために祝婚歌を書いたらしいが、ただしそれほどまで称えられるアルシノエは、二世のほうだった可能性も十分ある。[12] アルシノエ一世が慣例通り十代の中頃か後半に結婚したとすれば、彼女は前三世紀に入って早々、あるいはそのすぐ後に生まれたことになろう。

古代の史料にはアルシノエ一世の母親の名前はなく、リュシマコスは多くの女性と結婚した（第二章参照）。アルシノエ一世の結婚が重要な同盟の締結であった以上、格の低い妻や愛人は母親候補から除外してよい[13]。アルシノエ一世の母親として最も有力な候補は、アンティパトロスの娘ニカイアである。彼女は娘を生んだ時に産褥で死亡したのかもしれない[14]。アルシノエ二世がリュシマコスと結婚した時、ニカイアがすでに世を去っていたことは間違いない。となれば当然アルシノエ二世が一世を育てたことになる。そうだとしても、おそらく一世の実の兄であるアガトクレスの死に、アルシノエが直接ないし間接に関与したことを考えれば、二人の女性が初めは親密だったとしても、それが後年まで続いたとは思えない。

前二八一年に父リュシマコスが死ぬと、アルシノエ一世には近親の男性がひとりもいなくなり、自分の利益を守ってくれたり、夫がその意向を心にかけてくれるような家族もなくなった[15]。それでも彼女は、妻であれ愛人であれ、プトレマイオス二世から子供をもうけた唯一の女性だった[16]。子供は三人、プトレマイオス、リュシマコス、ベレニケがいた（テオクリトス一七・一二八への古註）。にもかかわらずプトレマイオス二世は、妻が彼女の二人の友人《フィロイ》、アミュンタスおよびロドス人の医者クリュシッポスと共に、自分に陰謀を企てたと結論した。彼は二人の男を処刑し、アルシノエ一世を国内追放に処して、テーベ地区のコプトスへ追いやった（テオクリトス一七・一二八への古註）。アルシノエ一世の陰謀なるものの年代は不明だが、彼女が寵を失ったのが父リュシマコスの死によって立場が脆弱になった後なのは確実である[17]。

アルシノエ一世がプトレマイオス二世に対して陰謀を企てたとすれば、目的は自分の息子を王位に即《つ》けるためだろうが、そんな陰謀が実際にあり得たろうか。もしも彼女が、夫が自分を離縁するのを恐れ始めていたのなら、それもあり得たろう[18]。恐怖心は王位継承をめぐる陰謀の起動力であった。だが未来のプトレマイオス三世は、たとえ両親の結婚後すぐに生まれたとしても、これらの諸事件が起きた期間を通じて非常に若かったと思われる[19]。その若さゆえ、ただちに父王にとって代わり得る候補者ではなかったはずだ。後にこの王朝内で王族女性、それもたいていは王の姉妹の威信が増大した時代なら、母親と幼い息子の共同統治が考えられたかもしれない。しかしそのような前例はまだなかったし、アルシノエ一世はプトレマイオス家の人間ではなかった[20]。そうした陰謀はせいぜいのところ、自分の未来が突如暗転したのを知った女性が思いつく、破れかぶれの行動ぐらいだろう。もっと可能性が高いのは、プトレマイオス二世が単純にアルシノエ一世を宮廷から追い出すためにこの嫌疑を選んだということだ。

事実彼は、陰謀に加担したという理由で彼女の二人の友人を亡き者にしたが、これも結局のところ、王が彼女の重要な支持者も同時に排除したいと思っただけのことである。

アルシノエ一世の追放に関する唯一の史料は、これを王の決定によるものとしており、王の姉妹には何も言及していない[21]。にもかかわらず、リュシマコスの宮廷におけるアルシノエ二世の企みなるものが史料に描かれているため[22]、多くの学者はアルシノエ二世が一世の追放を企てたと考えてきた。確かにアルシノエ二世は、実の弟が最初の妻を拒否したことで利益を得たし、過去の経験をもとにして一世に陰謀を企てることもできた。しかし実際にそうしたという証拠はない。人生には、他人の行動によって自分が利益を得ることがよくある。アガトクレスが死んだ時にアルシノエは宮廷にいたことがわかっている上、この没落に彼女が一枚かんでいると主張する古代の史料も存在する。その一方で、アルシノエ一世が王家という舞台から去った時に彼女がエジプトに戻っていたのかどうかもわかっておらず、夫の先妻の没落に関与したとしてアルシノエ二世を非難する史料はひとつもない。アガトクレスの件で彼女が敵対的に扱われているのを考えると、アルシノエ二世が一世の排除を企てたという非難がないことは意味深い。夫がアルシノエ一世を拒否したことに二世が何らかのかかわりをもったことを示す、信頼できる史料は存在しない。たとえアルシノエ二世がすでに宮廷に登場していたとしても、せいぜい彼女はプトレマイオス二世の決断に影響を与えることができたにとどまる。決断したのはあくまでもプトレマイオス二世なのだ。

年代が確定できなくとも、アルシノエ一世の出立と二世の結婚との間には多少の時間差があったこと[23]、プトレマイオス二世は独身の君主として一定期間を過ごしたこと[24]、アルシノエ一世の没落は二世のエジプト帰国の前に起きたらしいこと[25]、以上はほぼ確実のようである。すでに示唆したように、アルシノエ二世は少なくとも前二七六年まではエジプトに現われなかった。たとえ帰国がもっと早かったと仮定しても、アルシノエ二世の帰国から一世の没落までには数年が経過したかもしれないし、一世の追放からプトレマイオス二世と姉との結婚までにもそれ以上の年月が経っていたこともあり得る。

プトレマイオス二世がアルシノエ一世の追放を決断した動機は何だったのか。彼女が自分に陰謀を企てていると――それが正しいかどうかはともかく――本当に信じていたのかもしれない。アルシノエ二世が到着していなかったとしても、宮廷内の何者かが自分に有利になると期待して、この信念を煽り立てることはできた。あからさまに言えば、一世は彼が必要とする子供たちを与えてくれたが、もはや政治的に有益な縁故関係をもっていなかった。あるいはまた、彼はアルシノエ二世との結婚をすでに決心しており、それゆえアルシノエ一世に消えてもらう必要があったのか。これらすべてを考慮すれば、プトレマイオス二世がアルシノエ一世を拒否したのは、二世との結婚と同じく個人的な思いつきというよりは、プトレマイオス君主政の性格と将来に重点を置いて熟慮した政策の一部であったと思われる。それも一夜漬けではなく、数年間にわたって練り上げた政策であったろう。

残る問題は二つある。第一に、プトレマイオス二世はアルシノエ一世を殺害せず、単に国内追放を宣告するにとどめた。マケドニアの宮廷における陰謀は、一貫して女性よりも男性に対する暴力を伴っているが、妻が夫に有害な働きをしたとの嫌疑は、処刑、または最低でも国外追放の正当な理由たりえた。他の王族女性たちは処刑されたり[26]、ケラウノスの母エウリュディケのように国外へ追放された。プトレマイオス二世がアルシノエ一世の刑を減じたのは、ほぼ確実に彼女の子供ゆえだった[27]。彼女を亡き者としないことで、プトレマイオス二世は跡継ぎについて選択の余地を残したのだ。アルシノエ一世を処刑すれば、彼女を母とする相続人とうまく折り合いをつけるのは難しかったろう。アルシノエ二世が一世の子供たちを養子にしたことはわかっている。多くの学者は、この養子縁組を二世の死後のことと推測するが、それを裏づける証拠はない[28]。むしろアルシノエ二世が結婚する時に、そうした旨の合意がなされた可能性が高い（ただし彼女の生前には正式なものではなかったろう）。実際これはアルシノエ自身がケラウノスから引き出した約束をまさに反転させたものである。第二に、アルシノエ一世の地位はよくわからない。彼女の追放地であるコプトスの一碑文は、アルシノエ一世がそこに留まり、称号を保持し、広大な所領を保持していたことの証拠とされてきた。しかしこれはアルシノエ一世ではなく二世を指す可能性がある[29]。それでも反証がない限り、アルシノエ一世は「離婚された」というより「隠遁した」状態で、コプトスで余生を送ったと考えるべきである[30]。

プトレマイオス二世とアルシノエ二世の結婚

プトレマイオス二世は実の姉と結婚して世界を驚かせた。この結婚は多くの結果と影響をもたらした[31]。それゆえ王のこの決断の歴史的背景を知ることはきわめて重要なのだが、我々はその背景を完全な意味においては何も知らない。碑文史料は、弟と姉が前二七三／二年までに結婚したことを証明する[32]。アルシノエ二世の帰国について遅い年代を採用すれば、結婚の時期は前二七六年から二七三／二年の間に絞られるので、ほぼ間違いなく二七五年頃であろう[33]。二人の結婚年代を遅く見積もれば、それだけ「神なる兄弟姉妹たち」（第五章参照）の祭祀創出との関連は密接なものとなる。

プトレマイオス二世とアルシノエ二世との結婚は、プトレマイオス朝で初めての実の兄弟姉妹婚であったが[34]、近親婚（通常は兄弟姉妹婚）はもう一世代のうちに王朝の理想および後の実践を特徴づけるものとなった[35]。学者たちは何世代にもわたって彼らの結婚の理由を明らかにしようと努力してきた[36]。もちろんこの最初の結婚の理由は、必ずしもこれに続く兄弟姉妹婚の理由と同一ではない[37]。

この結婚特有の動機と背景に目を向ける前に、ギリシア人とエジプト人の慣行および兄弟姉妹婚に対する態度について考察しなければならない。プトレマイオス朝はギリシア文化をもつ人々とエジプト文化をもつ人々を支配し、二重ないし二面的な君主政を維持したのだから、両方の文化に照らしてこれを考察すべきである。その際には、兄弟姉妹婚というものは、王族のような狭いエリート階級を除けば、文化的にも世界的にも稀であることを念頭に置く必要がある。エジプトとギリシア双方の文化においても、そうした結婚に対する態度を評価するより、それに先行する慣行を特定するほうがたやすい。

エジプト人の特別な禁令や道徳上の禁忌を示唆する史料は存在しないが、[38]ファラオ時代にもプトレマイオス時代にも、普通のエジプト人が実の兄弟姉妹と結婚することはなかった。[39]遅くとも第十八王朝までのファラオ時代の王族メンバーは、兄弟姉妹と、時には実のそれと結婚した。[40]現代ではDNA鑑定がこれを証明してくれるかもしれない。[41]ファラオたちはたいてい多様な神々を体現したので、これらの兄弟姉妹婚はイシスとオシリスの結婚を連想させることで、支配者たちの特別かつ神聖なる性質を強調した。[42]また王族である姉妹と結婚すれば、上流階級と込み入った姻戚関係を作らずにすみ、彼らが曲がりなりにも王位請求権者となるのを阻止することで、全体として王権を強化した。これはとりわけ「改革と復興」（第十八王朝のアクエンアテン（アメンヘテプ四世）の宗教改革とツタンカーメンによる伝統信仰の復興（前十三世紀後半））の時代にそうだった。[43]ただし王族の兄弟姉妹婚はファラオの標準ではなく、王となるのに必須というわけでもなかった。

エジプト人がプトレマイオス朝の最初の兄弟姉妹婚に否定的な反応を示したとか、プトレマイオス二世がこの結婚を受け入れてもらうためにエジプトの伝統を利用したり改変したことを示すものはない。オシリスの祭祀はエジプト人の宗教生活とファラオの王権において長らく重要な役割を果たしてきたが、その姉妹にして妻であるイシスの祭祀は、プトレマイオス朝時代まで目立つものではなかった。プトレマイオス朝の多くの王族女性たちはイシスの祭祀と結びつきを有したが、とりわけアルシノエ二世がそうだった。[44] このように神々の兄弟姉妹婚と王族の兄弟姉妹婚が、プトレマイオス朝時代に結合したと思われる。もっとも両者のうちどちらが先で、もう一方の原因になったのかという問題は、今なお解決されていない。ギリシア人に比べれば、プトレマイオス二世のエジプト人の臣下たちには、この結婚はより受け入れやすいものだったろう。なぜならオシリスとイシスという類似の関係がある上に、王とその妻をさまざまな神々の体現として理解するエジプト人の伝統を、プトレマイオス朝の王たちは利用したからである。もしもプトレマイオス時代のエジプト人が、いにしえの何人かのファラオたちも姉妹と結婚したことを知っていたら――政治的に強力な神官階級もおそらく知っていたであろうが――、やはり実の兄弟姉妹の結婚を好意的な目で見る原因となったであろう。

ギリシア世界では、人間界の実の兄弟姉妹婚は知られておらず、異母兄弟姉妹の結婚も稀だった。知られている例は事実上すべて王族ないしは貴族階級の成員にかかわるものだ。マケドニア人では、アルシノエとケラウノスとの結婚が唯一確かな事例である。後二世紀の著作家パウサニアスは、プトレマイオス二世とアルシノエ二世との実の兄弟姉妹婚は、決してマケドニア人の慣習ではなかったと明言している[45]（一・七・一）。ローマ人と違ってギリシア人は、近すぎる親戚間の結婚や性的関係を表現する単語を持たなかった。[46] その上、単に例を見ないだけでなく、実の兄弟姉妹婚は、父親と娘、あるいは母親と息子の結婚ほどではないにしろ、多くのギリシア人に嫌悪感をいだかせた。ギリシア人作家が不適切な性的関係を例示する時は、親子の内通を取り上げるのが普通だった[47]（たとえばプラトン『国家』五七一）。兄弟姉妹の関係を描くのに使われる言い回しは、それが違法であり、どことなく瀆神的であるとの意味合いを含んでいる。[48] ギリシア人の倫理は自己抑制、かの有名なソーフロシュネー（節制）を強調し、それゆえ不適切と見なされる性的関係を悪しきものと理解したが、その理由はとりもなおさずそれが矩《のり》を越えたからである[49]。それでいて、神話におけるゼウスとヘラは兄弟姉妹の夫婦であった。

兄弟姉妹婚についてギリシア世界で表明された見解は総じて否定的で、エジプトの史料には似たような反応はないが、以下のことを慎重に認めるべきである。すなわち、彼らの反応は現代の西洋世界でと同じ意味で否定的なのでもなければ絶対的なわけでもなく（だから時には兄弟姉妹婚も起きる）、倫理観に基づくと思われる反発でさえ、我々が今日なじんでいるものとは異なる道徳律によっているのだ。たとえば我々は、兄弟姉妹婚についての卑猥な冗談に出くわすことがあるだろう。しかし、今なら一般に近親相姦的だと見なされるような結婚や性的関係について、かつては、誰が何を言ったにしろ、誰もその関係をいきすぎとは思わなかったろうし、容認しない人でも卑猥な冗談を飛ばしはしなかったろう。要するに、兄弟姉妹婚についてのギリシア人の見解はたいてい否定的であったが、彼らの反対は現代西洋人の見方とは異なっていたのである。

多くの論者が主張してきたところでは、プトレマイオス二世と実の姉アルシノエ二世との結婚は、エジプト在住者も含むギリシア人にはとてつもなく不評であった。実際にはこの見解を支持する証拠はわずかしかなく（プルタルコスの二つの節と、アテナイオスの一節）、その大半は数世紀後、すなわちプトレマイオス朝がはるか過去のものとなり、普通のエジプト人でもそうした結婚をするようになった時代のものである[50]。プルタルコスの最初の一節（『モラリア』七三六e–f）はアテネに場面を設定し、時宜を得た発言とそれができることの難しさを主題とする議論の一部である。列席者たちはすぐにこの主題の例を思い浮かべる。プトレマイオス二世と姉との結婚式に出席した叙事詩人は、『イリアス』の次の引用で朗誦を始めた。「それからゼウスは、姉妹にして妻であるヘラに声をかけた」（第一八歌三五六行）。プルタルコスはここで私見を述べる。プトレマイオスの行為はアテミス（違法で、聖なる掟に背く）であり、アロコトス（異常、悪い意味で風変わり）であると[51]。こうしてこの一節はこの結婚に批判的な見解をとる。しかしプルタルコスが言わんとしたのはこの見解ではなく、むしろ叙事詩人の頭の良さであった。しかもこの結婚に批判的なのはプトレマイオス二世と同時代の叙事詩人ではなく、パウサニアスと同じく後二世紀に生きたプルタルコス自身なのである。

プルタルコスのもう一か所とアテナイオスの一節はどちらも、プトレマイオス二世の治世に活動した詩人、ソタデスの見解を扱っている。プルタルコスの一節（一一a）は、口を慎むという美徳に関する議論の流れで登場する。それによると、ソタデスはかの結婚について、プトレマイオスは雌馬を駆り立てて「神聖らしからぬ」ことをした、と冗談を飛ばした。時と所をわきまえないこのお喋りに同席者たちは笑ったが、彼自身は長年にわたり牢獄に入れられるはめになったという。この話の要点は近親相姦の恐ろしさでなく、考えるより先に口を滑らせることの愚かさにある。アテナイオスの一節は、ソタデスを異常性交に関する冗談の達人として描く。彼はソタデスの「無神経なまでの率直さ」について語り、プトレマイオス二世だけでなく他の王族たちの悪口も言ったとして、ソタデスの浮かれ言葉の実例をいくつか挙げている（六二一a）。そのひとつが、プトレマイオス二世は「神聖ならざる穴に棒を押し込んだ」という、兄弟姉妹婚に対する悪名高い放言である。[52] アテナイオスは、ソタデスが彼にふさわしい罰を受けた（つまり死）という私見をはさんでいる。[53] ソタデスのこの有名な発言は彼の死には直接関係ないかもしれないし、[54]（もしも宴会で語ったのならなおさら）真剣な意図はなかったのかもしれない。[55] また彼が一般の人々に向かって述べたのでないことも確かである。[56] ただプルタルコスとアテナイオスは、明らかに彼の発言を非難している。

もしもソタデスがギリシア人の世論を代弁したのでなかったとすれば、ギリシア人大衆の反応はいかなるものだったか。この件は重大な誤解によって歪められた。奇妙なことにギリシア・ローマ世界の作家たちは、すでに見たように兄弟姉妹婚がエジプトの伝統的かつ一般的な慣行であったと誤って信じていたが、かつて存在した限りではそれが支配者の家系に限られていたと、これらの著作家たちが認識していた証拠はない。こうして古典古代の著作家たちは、プトレマイオス二世とアルシノエ二世の結婚を、エジプト王家の伝統ではなく、エジプト人一般の伝統に倣ったものとして理解した。[58] プトレマイオス二世自身が（おそらくマネトや他の学者たちを介して）、自分の結婚をエジプトの伝統や法律によるものとして説明ないし正当化しようと望んだことで、この興味深い誤解のもとになったのかもしれない。[59] 兄弟姉妹婚を許可する法令を王が実際に出した可能性もある。[60] プトレマイオス朝の末期とローマ時代のエジプトで、実の兄弟姉妹の結婚が一〜二世紀にわたって一般的になったのは、他の多くの理由と並んで、おそらくこの誤解によるのであろう。[61]

このように、入手できる証拠が示唆するのは、プトレマイオス二世愛姉王のエジプトにいたギリシア人大衆は、彼の二度目の結婚をエジプト人の臣下たちより不快に思ったろうということだ。[62] しかしソタデス以外に反論がなかったこと、ギリシア人はこの結婚がエジプト人の習慣を模倣したものと信じたこと、これに続くアルシノエ二世の祭祀が途方もない成功を収めたこと、以降のプトレマイオス朝では多くの近親婚が行なわれたこと、[63] さらにこの結婚習慣がたまにセレウコス朝によって実際に模倣されたという事実、これらすべてが示すのは、ギリシア人とマケドニア人はエジプトでも他の地域でも、この結婚にひどく動揺したわけではなく、当初は容認しがたいと感じたにしても、時と共にその気持ちは和らいだということである。一部のギリシア人共同体が、実際にはどれほど稀だったにせよ異母兄弟姉妹の結婚を受け入れていたような世界では、王族という特殊な人々による実の兄弟姉妹婚が深い憤りに遭ったと主張することは難しい。なにしろ王族の生活様式といえば、普通のギリシア人からすれば、[64] それこそゼウスとヘラ並みにかけ離れており、誰も神々の結婚を批判などしなかったのだから。

それではこの結婚の動機は何だったのか。言うまでもなく、当事者が何らかの形で公式の宣言や説明を公表したことはない。我々にできるのは、この夫婦の当時とそれ以前の行動をもとに判断することだけだ。プトレマイオス二世から始めよう。古代における結婚の一般的な目的は子供をもうけることだが、跡継ぎをつくることがこの結婚の目的だったとは思えないし、プトレマイオス二世の目的でもなかったことは確かである。王にはすでに数人の息子を含む子供たちがいた。おそらくアルシノエはまだ子供が生めただろうが、この時おそらく四十歳くらいで晩年に向かっており、それゆえ妊娠できる可能性は低かった。[65] プトレマイオスは彼女が子供を作れそうにないのを知っていたはずだから、もっとたくさんの息子をもちたくて彼女と結婚したのではない。それどころか父王の治世に目の当たりにしたような相続争いを避けるため、アルシノエ二世から子供を得るつもりはまったくなかったろう。[66] アルシノエがプトレマイオス二世の子供たちを養子にしたことがわかっているが、[67] すでに示したように、結婚の時点でなされた可能性が大きいのだ。

先に見たように、支配者は性的情熱（エロス）から結婚するものだというのが、古代の著作家たちの典型的な言説であった。事実上すべての結婚はあらかじめ取り決められ、支配者の結婚は政治目的のためになされるものだというのに。パウサニアスは、プトレマイオス二世が姉のアルシノエに恋をして結婚したと言う（一・七・一）。この場合、実の姉と結婚するのは明らかに異様だから、一般の人々がいつも以上に王族の結婚を性的衝動と結びつけがちなのはもっともだ。確かにプトレマイオス二世は数えきれない愛人相手に、性的衝動に身を任せた。[68] 前世代の学者たちは、アルシノエは愛姉王より年上だったから、彼が性的理由で姉と結婚したはずがない、という時代遅れの主張をした。[69] それどころか、アガトクレスに対するアルシノエの陰謀については、ギリシア悲劇の主人公ファイドラの再来（第二章参照）のごとく性的に解釈するにもかかわらず、エジプトでの人生に限って彼女を中性化し、もしも彼女が本当に政治的人間であったなら同時に性的人間であったはずはない、弟はその両方だったけれども、などと主張してきた[70]。奇妙なことに二十世紀初めの学者たちは、プトレマイオス二世を放縦な女たらしだと決めつける傾向があるにもかかわらず、この王が性的にそそられて姉との結婚を思いついた可能性を誰も考えなかった。一緒に育った相手には性的関心をもたなくなる傾向があると考えるにしても、実の姉弟であるこの夫婦に対してそうした状況は想定できない。王家という大規模な家庭では、母親が同じでも性が違えば、子供同士の距離感はあまり近くはなかったろう[71]。アルシノエは八歳年長で、長らく不在だった。我々は二人の性格のどちらもほとんど知らないので、二人の間に性愛の絆が生まれた可能性を排除することも、実在したと断言することもできない。もっと有り体に言えば、もしもプトレマイオス二世が姉と寝たければ、わざわざ結婚する必要などなかったのだ。

これ以外の個人的な要因が、この異常な結婚の動機となり得たであろうか。プトレマイオス二世は弱かったので王国を運営するのに強い姉を必要としたからアルシノエ二世と結婚した、という推測[72]は、今日では説得力がないと思われる。プトレマイオス二世は、姉が戻って来る前にも、姉の死後も長らく、完全に王として信頼に足る仕事をしている[73]。政治的理由を別にすれば（これについては後述）、プトレマイオス二世とアルシノエ二世が結婚を決めた理由のひとつは、お互い他人と結婚するより安心できたからである。王族の兄弟姉妹は、同父母の子が、母親と共に相続単位となって活動するのが典型的なあり方だった。もしもプトレマイオス二世とアルシノエが、彼女のエジプト出発以前には互いをよく知らなかったとしても、陰謀だらけの宮廷と世界においては、似たような闘争をくぐり抜けてきた練達の仲間を配偶者にすることは、信頼を寄せるに十分な選択と思えたことだろう。しかし結婚の決断を促したと思われる個人的理由をいくら推測しても、しょせん憶測にとどまる。

他の王族の結婚と同じく、この結婚を思いつかせたのもおもに政治的計算であった。しかしながらこの時代の王族結婚の大半は、二人の男性支配者間の対外同盟として機能した。アルゲアス朝のマケドニアでは、王は時には外国の支配者の娘を娶ったが、王国内の貴族階級の女性を選ぶこともしばしばあった。プトレマイオス二世とアルシノエ二世の結婚は後者に近い。治世中の何かの事件が、彼独特の結婚を思いつかせたか、そのきっかけになったということもあり得る。もっとも年代が不確実なため、それらしい事件を特定するのは不可能だ(74)。王族の姉との結婚は、外交政策よりむしろ国内政策に大きな関心があったことを示唆する。この意味で兄弟姉妹婚は孤立主義者の婚姻政策である(75)。プトレマイオス二世はこの結婚を利用して自分の王朝を統一し、プトレマイオス一世とベレニケの子供である自分自身と姉、子供たちに注意を惹きつけ、王朝外の人間を排除しようとした(76)。女王の称号や、未婚の姉妹フィロテラに彼が与えた死後神化も、同様の関心を示している(77)。プトレマイオス二世はアルシノエと結婚しなくとも、「神なる姉弟」の祭祀に姉を含めたように、彼女を支配に組み込むことは簡単にできた。しかしそうではなく、彼は姉と結婚するという世間の注目をいっそう集める選択をこの祭祀に結びつけた。これは計算し尽くされ、最終的に大成功を収めた政治的行為である。

プトレマイオス二世が姉との結婚を選んだ理由のひとつは、それまでの一夫多妻という王族結婚の慣習がこの先も実行可能かどうかという問題と関係がある。前三世紀にも、王たちは複数の結婚をし続けたが、それまでほど一般的でなくなっていた。その理由のひとつは、前四世紀末から前三世紀初めに、何人かの王族女性が自分で結婚相手を選んだことにある。すでに見たように、アルシノエはケラウノスに対し、彼が別の妻を娶ったり、自分の息子たち以外の子供を認知して自分を侮辱しないと約束するよう要求した(ユスティヌス二四・二・九)。彼女がプトレマイオス・ケラウノスにこれらの条件を強要したのは、明らかに彼女が母親や兄弟の立場になじみ深かったことと、リュシマコスの宮廷での自身の経験によるものだ。リュシマコスとプトレマイオス一世の宮廷は、どちらも王位継承をめぐる痛ましい闘争を目撃していた。プトレマイオス二世とその姉は、そうした出来事を他山の石とした(78)。一夫多妻がもたらす数々の問題を解決したのは、極端な族内婚だったのである。[79]

しかしながら、プトレマイオス二世がアルシノエ二世との結婚を選んだ唯一の理由が、一夫多妻の落とし穴を避けたいという望みだったなら、後継者たちは単純に一夫一婦制を選べばよかったはずだ。ところがそうはせず、続くプトレマイオス王たちも、三世以外は近親者と結婚し、そのほとんどが姉妹を妻とした。[80] 兄弟姉妹婚はプトレマイオス君主政のイメージの基本となり、それによって王朝の安全と安定と成功を支えた。[81] プトレマイオス二世とアルシノエ二世は、革新者ではあるけれども、彼らの父王の政策の上にこれを樹立することができたのだ。

プトレマイオス一世は二人の息子に自分と同じ名前をつけ、自身の父ラゴスの名前をおもだった妻の子にはつけなかったことで、王朝をひたすら内に向かわせる先例となっていた（第一章参照）。セレウコス朝、アンティゴノス朝、アッタロス朝はどれも、ひとりの祖先に由来する血統を示す名前であるのに対し、プトレマイオス朝だけは、この決定の結果、ただひとりの男性名が用いられている（時たまラゴス朝と呼ばれるが）。あらゆる君主政において人は、「王は死んだ。王は長く生きられよ」、すなわち王は決して死なず、ただ異なる姿で体現されているのだ、と考えるものだし、そう考えねばならない。おそらくプトレマイオス朝は、王は絶えず生まれ変わるというファラオ時代の観念と関連づけることで、この思考法を明確にしたのである。[82] 複数の息子すべてに父親と同じプトレマイオスの名前をつけるという習慣は混乱を引き起こしたが、それはプトレマイオスという名をもつ者を確実に玉座につけるという、王朝支配者の決意を明示している。[83] もしも王が常にプトレマイオスであれば、その配偶者も同じになるのではないか。兄弟姉妹婚は、現在の夫婦を前の夫婦の生まれ変わりに見せることができたのだ。[84] この特異な命名習慣は、たいてい王の姉妹を配偶者とする近親婚の制度化を促進した。実の姉妹ともなれば、血縁の近さから王の女性形となり、ジェンダーを別にすれば王の鏡像と思えるほどである。[85]

図4-1　表面にプトレマイオス二世とアルシノエ二世、裏面にプトレマイオス一世とベレニケ一世の肖像がある8ドラクマ金貨。　ⓒ Trustees of the British Museum/amanaimages

　プトレマイオス朝のイメージを創りあげた第一の功労者であり、兄弟姉妹婚は王朝の自己表象において重要な役割を果たした。プトレマイオス君主政が王家自体に関心を向ける傾向は、彼の治世に強まった。プトレマイオス二世は初めて王と王妃を対にした形で王朝イメージを創出した。すなわち「神なる救済者たち」としての両親の祭儀と、後の「神なる姉弟」としての自分自身とアルシノエ二世の祭祀である（第五章参照）。一組のペアは、貨幣に二人一緒に刻まれて視覚的にも結ばれた（図4-1）。最終的にプトレマイオス朝の王たちは、公的祭祀において彼ら自身を長きにわたる一連のペアとして描き出した[86]。プトレマイオス二世は国王夫妻という祭祀を創出した[87]。もちろん一夜でこれを成し遂げたのではない。「神なる姉弟」の祭祀が二人の結婚後数年かかって成立したのはほぼ確実だし、弟を愛する女神としてのアルシノエ単独の祭祀は前二七〇年直後に始まった。このようにイメージの創出、少なくともその主要部分の創出は、二人の結婚に先立つのでなく続いて起きたのである[88]。

　プトレマイオス二世とアルシノエは結婚を決意した

時、リスクを負った。この決断がなされる前に、宮廷内でしばらく議論が交わされたことは間違いない。王とその友人《フィロイ》たち、アルシノエ二世とその友人たちが議論に参加している様子を思い描くべきである。それも比較的内輪の、いささか自己満足的な宮廷の仲間内で決定されたことが考えられる[89]（第五章参照）。しかしエジプトの外のギリシア世界においてさえ、この結婚が深刻で永続的な困難を引き起こしたとは証明できないのだから、さまざまな王室イメージの製造機である宮廷において、この結婚のもつ利点が推測され推進されたことのほうが重要かもしれない。

ギリシアとエジプトの祭祀と宗教も、プトレマイオス二世の決断に関与した。エジプト人にとって兄弟姉妹婚はオシリスとイシスの結婚に似ており、それを反映することで共感を呼び起こした。ギリシア人にとってすぐに思い浮かぶのはゼウスとヘラであった。神のごとき結婚は、ギリシア人とエジプト人の両方の臣下に対してうまく演じることができた[90]。この結婚は民衆を分断したり、一方を他方より優越させるのでなく、統一することを意図していた。エジプトとギリシア双方の影響は、プトレマイオス朝の初期から自己表現の面で相互作用を及ぼしていた[91]。プトレマイオスの宮廷人たちは間違いなく、王の政策に従ってこの結合をギリシア世界にわからせようと努めた。すでに見たようにホメロスの叙事詩では、兄弟姉妹婚と言えば明らかにゼウスとヘラを暗示していると一般に考えられていた。プトレマイオスの保護を受けて活動したテオクリトスは、この結婚をギリシア神話の聖なるカップルと比較し、その独自な性格を強調することで、王の結婚を称賛しかつ正当化した[92]（一七・一二八―一三〇）。アレクサンドリアの他の三人の詩人もアルシノエとプトレマイオス二世の結婚を祝福し、少なくともそのひとりはやはりゼウス／ヘラとの類似性に触れている[93]。プトレマイオス朝の提督カリクラテスはオリンピアで、ゼウス神殿とヘラ神殿のちょうど向かいに王たる姉弟の像を建て[94]、「兄弟姉妹からなる二組の夫婦間の、視覚的な対話」と言えるものを創出した[95]。ピンダロスのゼウス賛歌では、ゼウスと姉との結婚は彼の権力確立の最終段階を成していた。神話のこの説明は明らかに興味をそそったことだろう[96]。

フィラデルフォス（兄弟姉妹を愛する）という綽名は、最終的にはアルシノエ二世とプトレマイオス二世の両方に用いられ、後には祭祀でアルシノエを記念したものだが、それはこの一組の姉弟を強調かつ理想化し、二人の関係を情緒的に示して「家族的価値」と呼びうる文脈に位置づけた。この綽名は、最初は結婚後のアルシノエについて用いられたのかもしれない[97]。最初に非公式の綽名が広まって一般に用いられ、それから祭祀の正式名称に変容することは、異例ではなかったと思われる[98]。こうしたイメージ創出活動はこの結婚を正当化するのを助けたが、それは代々のプトレマイオス王たちが、自分たちの結婚を聖なるものとして理解させたがったことも示している[99]。「神なる姉弟」の祭祀（第五章参照）の確立は、後のアルシノエ単独の祭祀がそうであるように、この特異な結婚を王朝イメージの創出のために用いようとする、プトレマイオス二世のたゆまぬ努力を物語る（第五・六章参照）。

この結婚の特異性がプトレマイオスにとって魅力的だったのは、単に神々に似ているからだけではない。他の者たちがしなかったことをするのは君主にふさわしく[100]、王権の象徴にして表出であると思われた。プトレマイオス二世はプトレマイオス朝の自己表現の二つの特徴を発明した。ひとつはトリュフェー（富、贅沢、過度）で、これは富（およびその恩恵を他者に施す能力）と権力を示す[101]。もうひとつは兄弟姉妹婚で、度を超えた、節度の対極と解釈された[102]。プトレマイオス二世とアルシノエ二世は、自分たちの結婚を軽く見せるどころかそれを高め、称賛し、美化した。二人は閨房の秘め事を、この結婚に敵意をもつと思われたギリシア人大衆から隠すどころか、むしろ公然化した[103]（第五・六章参照）。ギリシア人は中庸について語るのを好んだが、必ずしもそれを実行したわけではなく、過剰なものに好奇心をかき立てられることもよくあった。ホメロスまでさかのぼればギリシア文化は、特に英雄がらみで、スケールの大きさと過激な行為に魅了される性向を示してきた。まさしく英雄の伝統に連なる王たちは、必ずしも中庸に見られたがらなかったし、中庸でありたいとも思わなかった。ローマ人がこの王朝を滅ぼし、その後ローマ人著作家たちがプトレマイオス朝の王たちは退廃的で無能であることを示すためにそれを再利用するまで、プトレマイオス朝のイメージ作りは人々の興味をそそった(104)。過剰さと過剰な結婚は、最後までプトレマイオス王たちの「王家の印璽」であり続けた。そしてこの王家の主題を始めたのが、プトレマイオス二世とアルシノエ二世だったのである(105)。

　アルシノエに戻ろう。ここまで私は、プトレマイオス二世がアルシノエと結婚した動機についてだけ語ってきた。ヘレニズム世界では、女性が自分の夫を選ぶことはなかった。決断を下すのは父親、兄弟、男性親族だった。結婚については男性が決定を下すという原則は、一般に王族女性にも当てはまる。もっともすでに見たように、王族の寡婦は時に自分で夫を選ぶことはあった。それでも、実の兄弟姉妹の結婚は前例がなく、人によっては好ましくないものだった以上、プトレマイオス二世が姉の意志に反して自分との結婚を強いたとは思えない。アルシノエの側からも結婚に対する何らかの同意があったと想定すべきである。

　この型破りな結婚に同意するに当たり、彼女が弟と共有したと思われるいくつかの動機はすでに考察した。彼女の年齢では子供を生むのは危険だったろう。さらに子をもうけるために結婚したとは思えないし、弟の場合と同じく恋愛感情から同意する気になったわけでもないだろう。おそらく情愛と安全への渇望こそが動機だったし、それはプトレマイオス二世も同じだったと思われる。王朝を確固たるものにすることが、彼女と彼女の家系にとってより重要であったから、反対はまずなかったろう。残りの人生で、彼女は前例のない君主政のイメージにひと役買った（第五章参照）。彼女は祭祀と公的顕示の面で弟と共同で活動し、文芸や宗教の保護者としての役割を果たした。弟が生み出した数々の祭祀の一部として、アルシノエは弟と同様にギリシアとエジプト両方の神格へと高められた。その上彼女はおそらく弟と同じような政治的政策をも抱いていた。最後の結婚をした時点では、彼女の役割のこれらすべての側面がうまくいってはいなかったと思われるが、先の見えないひとりの女性にとっては、十分に魅力的と見える計画だったろう。

この結婚は彼女自身の発案だったろうか。アルシノエはすでに異母兄弟と結婚したことがあり、それでプトレマイオス二世との結婚を思いついたのかもしれない[106]。彼女は前回の結婚でも兄弟姉妹婚の利点について議論していたに違いない。ユスティヌス（二七・二・六、九）が示唆するように、ケラウノスとの結婚を通じて息子たちに玉座を確保しようと望んだほかに、彼女はこの結婚の提案を、家族を統合してエウリュディケとベレニケ双方の子供たちの敵対関係を終わらせる手段と見なしていたであろう。結末は悲劇的だったが、ケラウノスがひねり出した将来像がどれほど欺瞞的であったにせよ、この結婚がはらむ将来的な魅力を必ずしも損なうものではなかった。彼女の二度目と三度目の結婚は、どちらも王朝の強化を目指していた[107]。プトレマイオス二世は姉とケラウノスとの結婚をよく知っていたが、受けた精神的ショックは彼女ほどでなかったから、この結婚を思いつくことができたのだ。姉弟はいっしょに考案した可能性があり、二人の友人《フィロイ》の何人かも（自分自身にとっての将来の利益を見越して）協力したかもしれない。

ギリシア人の女性、特にエリート層の女性が長らく未婚のままでいることは通常なかった[108]。とはいえ、すでに二度も結婚した四十歳近い王族女性のアルシノエは、とても典型的とは言えない。弟のほうは姉に別の結婚を用意しなくてはと感じなかったのか、何も自分が新郎になる必要はなかったろうに、と思いたくなる。アルシノエのほうには再々婚を望む強い理由があった。弟と結婚しようがしまいが、確かに彼女はバシリッサであるが、すでに王国を失った王の寡婦にはほとんど価値がない。王の姉であり同時に妻であることは、大きな勢力とさらには権力の見込みを持っていた。三度目の結婚は彼女に途方もない卓越性を与え、おそらく相当な影響力を、そして確実に富をもたらした。相手の王はこの結婚の前にも後にも王のままだったが、アルシノエの地位は劇的に変化した。長い目で見ればプトレマイオス二世もこの結婚から多くの利益を得たが、アルシノエが得た利益はもっと劇的で、よりすみやかだった。そうしたものすべてのためにアルシノエはプトレマイオス二世との結婚を望むようになり、最初にこの案を思いつくことができた可能性がある。

最後に、彼女がこれまで息子の王位を確保するために危険を引き受けてきたことからすれば、アルシノエがこの冒険的で物議をかもす結婚に踏み切ったのは、残された息子、すなわちリュシマコスとの間に生まれたプトレマイオスの利益になるよう望んだからだとも考えられる。実際彼女の過去の優先順位に照らせば、結婚に同意した何よりの理由は、おそらく息子のための野心である。確かに彼女は、プトレマイオス朝の域内で息子が何らかの出世をするのを期待しただろう。プトレマイオス二世が共通の敵アンティゴノス・ゴナタスを打倒できるよう甥を援助してくれること、リュシマコスの息子がかつての父親のようにマケドニアを支配できるようにしてくれることを、母子は夢見たかもしれない。アルシノエとプトレマイオス二世の結婚以降の史料は、この時期の息子の地位について何の情報も与えてくれない。しかし現存する一史料から、彼が母親の死後に王朝の勢力圏内で役職についたことが確認できるので、アルシノエの没後すぐに叔父の王国内で非常に重要な役割を果たした可能性がある（そうはならなかったと私は考えるが）（第六章参照）。

明らかにアルシノエは兄弟との結婚に潜在的な利点を見いだした。彼女の残りの人生を通じて、二人はその利点を発展させ、アルシノエの死後には弟王が拡大した。アルシノエが実の弟と結婚したのは自分なりの見通しのゆえであり、おそらくこれ以上に良い選択肢がなかったからである。この最後の結婚は彼女を物理的な危険に陥れはしなかったが、大きな利益と危険の可能性を伴う行動計画という賭けに、再び彼女を巻き込んだのであった。

第5章
プトレマイオス二世の妻——前二七五頃〜二七〇年（二六八年）

プトレマイオス二世との結婚期間中、アルシノエ二世は王国の内外にわたる公的側面において前例のない顕著な役割を演じた。[1] ひときわ目立つこの公的なアルシノエは、兄弟との結婚中のほとんど人目に触れない私生活とは対照的である。

宮廷生活

アルシノエはヘレニズム時代のいくつもの宮廷で人生を過ごした。[2] ヘレニズム時代の支配者たちは、宮殿を舞台装置として用いながら王権を行使した。[3] 宮殿の正面は劇場の常設の背景（それも偶然ではなく、神殿の正面）に似ていた。皮肉なことに、劇場の背景それ自体が宮殿をモデルにしていた。[4] 王族の人生におけるイベントの数々は、しばしば宗教行事と結びついた公的な出来事となり、王族はあたかも王を演じる役者のような扮装をした。膨大な資金を投じた行列と祭典は、王朝に対する忠誠心と熱狂を高めた。こうした王族の演劇性は、王朝の個々の成員が登場したり、彼らの代理人（たいてい王の友人《フィロイ》）、あるいは本人に代わるさまざまな物（彫像や高価な奉納物、時には勝利した競走馬）が姿を見せながら各地を巡回し、友人を獲得することで影響力を強めた。王たちとその親族（プトレマイオス朝にとっては特に女性親族[5]は君主政を上演し、富を支配する能力と、彼らの権力について記憶に残る、たいていは神格化されたイメージの創造力を示すことで、権威を誇示してみせた[6]。プトレマイオス二世のような王は、自分の権力を誇示することで実際に権力を拡大した[7]。その上すでに指摘したように、王族の生涯は時には悲劇作品の中で起きる諸事件に似かよっていた。

アルシノエはマケドニアで、息子たちと自身の地位を確保するため王室儀式を利用しようとしたが、ケラウノスのほうが一枚上手だった。それ以前にも、まるで芝居のように侍女と衣装を交換し、エフェソスからの逃亡を演出したことがあった。生まれ故郷に戻った今、ヘレニズム君主政の演劇的要素を凝集した王の妻として、アルシノエはプトレマイオス朝による富と権力の上演に参加した。どのヘレニズム諸王朝も富を見せつけようと欲したが、贅沢こそがプトレマイオス朝の最も顕著な特徴となり、女性たちは衣裳と宝飾品を幾重にも身にまとって贅沢を視覚化した。

プトレマイオス一族の主要な舞台であるアレクサンドリアは、かつてアルシノエが立ち去った時の荒削りな新都市から、目を見張るほどの発展を遂げていた[8]。プトレマイオス朝の王宮は今やはるかに壮大になり[9]、宮殿とか宮殿複合体というより、市域の少なくとも四分の一を占める王宮地区となっていた[10]（ストラボン一七・七九三―四）。行政区域と有名な図書館とムセイオンに加えて、ギリシア様式の列柱廊にエジプトの要素も併せ持つ王族の住居があった[11]。その複合体にはさまざまな大きさの宴会室、謁見用の大広間、居住区域、警備室、いくつもの神殿が含まれ、これらすべてが水路と港への秘密の通路を備えた庭園状の御苑《ぎょえん》の中に据えられていた[12]。プトレマイオス二世は一種の動物園すら持っていた[13]。王宮地区は王族の居住者たちにさまざまな娯楽の機会を提供した[14]。それは時に一般民衆にも開放され、祭典と謁見の両方を通じて王朝の展示会場となった[15]。

この広大にして複雑な建造物の集合体は、多種多様な人間集団を含んでいた。王族たち、おもに奴隷からなる多くの召使い、助言者として王に仕えるだけでなく飲食を共にする王の友人《フィロイ》たち、王の警備員、種々雑多な知識人や芸術家たち、訪問中の高位高官たち。[16] プトレマイオス朝はおそらく、すべてのヘレニズム諸王朝の中で最大の宮廷人口を支えていた。[17] 宮廷生活は王朝ごとに多様だった。規則と官職が増えるにつれて、形式的な事項もしだいに増大した。[18] 王は宮廷で友人の助けを得ながら決定を下した。同時に王と友人たちの間での恩恵と称賛の交換は、その多くが宮廷文学に反映する一方、王が見かけよりいっそう近づきやすいように思わせた。[19]

プトレマイオス君主政の自己表現

プトレマイオス朝の王たちは、自らを王とファラオの両方で表現した。この二重の表現法は、もちろんアルシノエを含む王家の女性たちにも拡張された。王室がギリシア風とエジプト風の双頭であるのとまったく同様に、プトレマイオス二世が建てた多くの建造物の様式も両面的で、姉の死後に彼女を祀るために建てた神殿もそうだった。ある建物でひとつの様式が支配的であっても、もう一方の要素も含まれている。[20] 近年の考古学的発掘は、エジプト様式によるプトレマイオスの像がアレクサンドリアに、それも王宮地区に存在したことを証明した。プトレマイオス朝の王と王妃（おそらくアルシノエ二世とその夫）の巨大なエジプト様式の彫像が、アレクサンドリアの港に到着する者たちを迎えたことだろう。[21] しかしギリシア様式による王と王妃の彫像も、提督カリクラテスがギリシア各地の聖域に立てたものを含め、多くの場所に現われた。国王夫妻のイメージは両方の様式で繰り返し登場した。[22]

エジプト的な文脈でのアルシノエの表現法は、よりギリシア的な文脈における表現法とは劇的に異なっていた。（すでに見たように、古代マケドニアや後継者たちのもとでの王族女性の役割に比べ、エジプトの王族女性たちが君主政の中でもっていた役割はいっそう制度化され明示されていた）。アルシノエは「上下エジプトの王」というエジプト流の王名を獲得したが、これは通常は王だけのものと考えられてきた名前である。他のエジプト語史料は王にふさわしい属性を彼女に与えている。[23] こうした史料のすべて、あるいは大半は彼女の死後のものなので、次章で詳しく論じたい。ただし、もしエジプト語史料の一部が彼女の生前に由来すると仮定すれば、それはプトレマイオス二世がエジプト人の臣下に対し、アルシノエに重要で強力なイメージを与え、王国統治の分担者として前面に出す方策を選んだことを意味する。プトレマイオス朝の保護を受けて活動したマネトは、自身の歴史書の中で、古王国第二王朝時代に女性もエジプトを統治できるとの決定がなされたと明言することで、このイメージ作りに貢献した可能性さえある。[24]

もちろんイメージと現実は同じでなく、アルシノエを王にふさわしく見せるのと実際に王にすることは異なる。ただこうしたイメージの形成は、プトレマイオス朝下のギリシア人が彼女に抱いたイメージとまったく違っていたのは確かである。この時代のギリシア人は、おそらくマケドニア人以上に、女性による統治とか女性の共同統治という提案に不快感を覚えたことだろう。ギリシア美術には、エジプトの伝統である、王族に関するきわめて精緻な図像学がなかったが、そうしたエジプトの図像学こそがアルシノエの統治を表現したり、その表示に微妙な陰影をつけたりすることができた。こうして王国内でのアルシノエの役割に関する公的表現は、プトレマイオス君主政の二つの面で大きく異なっていたが、どちらか一方の表現法だけが政治的現実を反映しているのかどうかは今なお決定できない。

入念に構成された王朝の公的表現の生き生きした実例を与えてくれるのが、プトレマイオス二世の大行列、かの常軌を逸した豪華絢爛たる祭典である[25]（アテナイオス五・一九六a〜二〇三b）。一日がかりの長大な行列は、驚異的な規模と千変万化の様相をもつ大イベントであった。プトレマイオス朝の祖先たちに焦点をあて、葡萄《ぶどう》の神としてのディオニュソスを強調するほか、あらゆる種類の象徴的場面（さまざまな場所や概念を表わす彫像や人物像）、葡萄酒やミルクを注いでみせる高度な自動機械、金銀の食器類、とりわけ延々と続く酒器の展示、豪華な衣装をまとった集団の隊列（たいてい金と紫が顕著な役割を果たした）、野生動物、狩猟道具と猟犬、等身大より大きい見事な武具の展示、最後に約八万人の歩兵と騎兵からなる軍隊の行進があった。プトレマイオス二世が自身の君主政を慶賀する見世物としてこの行列と祭典を組織した時、狙いとしたのはアレクサンドリアの住民と国際的なギリシア世界の両方であった[26]。行列が祝う祭典はギリシアの場合によくあるように競技会を含んでいたが、ギリシア人観衆とギリシア文化だけが対象だったのではない[27]。行列は明らかにアレクサンドリアの中心道路を通った後、王と賓客たちが座る中央区域を通過した[28]。祭典はプトレマイオス君主政を描写するのに使われた。それが展覧したのは何よりも王の軍事力であり[29]、王の富（とそれを無償で与える能力）であり、文化と学問の振興者としての王の役割、ディオニュソスおよび葡萄酒製造とのつながり、狩猟と戦争における王の個人的な武勇であった[30]。

この行列が催されたのは、プトレマイオス二世が創始した王朝祭典であるプトレマイエイア祭の祝賀行事としてである。この祭典が初めて実施されたのは、前二七九年、または二七五／四年、あるいは二七一年だった[31]。アテナイオスが伝えるところでは、行列の最初の一団は「支配者たちの両親または祖先たち」という名前がつけられ[32]（五・一九七d）、展示にはアレクサンドロス大王とプトレマイオス一世が含まれていた（五・二〇一d）。行列に対する王朝の関心の大きさをふまえると、アテナイオスがアルシノエ二世やプトレマイオス二世の最初の妻に直接言及していないのは奇妙に思えるかもしれない。記述されているのが最初の王朝祭典なのはほぼ確実で、もしそれが前二七九年に催されたのなら、アルシノエ二世の不在は容易に説明がつく。すなわち彼女はまだエジプトに帰っておらず、まだ弟と結婚していなかったのだ。アテナイオスはどの妻にも言及していないので、この年代が示唆するのは、プトレマイオス二世はアルシノエ一世をすでにコプトスへ送り出したが、まだ再婚していなかったということだ[33]。アルシノエ二世は明らかに間に合わなかったが、この祭典はプトレマイオスが着手していた過剰なまでのイメージ創出のすばらしい実例であり、いずれ彼女もそこで大きな役割を果たすことになろう。

アレクサンドリアにはすでに公共の娯楽を目的として建てられた数多くの建造物があり、そのすべてがプトレマイオス朝の見世物の一部だった。第一回プトレマイエイア祭までには、競馬や体育、音楽の競技会のための会場ができていた。ラゲイオンは競馬場と運動競技場の両方に使われた。前二七〇年代後半までには大劇場が姿を現わした[34]。また大行列の一部として、プトレマイオス二世のために立てられた豪華な宴会用の天幕は、一〇〇台の寝椅子[*28]を収容できた[35]。

宮廷でのアルシノエ

マケドニアのエリート文化は、多くの面でギリシア文化一般とほとんど違わなかった。しかし君主政はマケドニアで存続したのに対しギリシア本土の大半では消滅したので、君主政における女性の地位は必然的にマケドニア風となった。ここまで本書ではこの時代のプトレマイオス君主政を、多くの点でギリシア風かつエジプト風の二重性格を持つものとして語ってきたが、これに加えて第三の、マケドニア風の性格があった。マケドニア人の友人《フィロイ》や行政官が比較的少数であったにもかかわらず、これは確かである[36]。プトレマイオス一世救済王はマケドニア人としての自己のアイデンティティを重視したし、ポセイディッポスの祝賀詩もこの王朝のマケドニア（およびアルゴス）起源[*29]を強調している[37]。アルシノエはプトレマイオス王家に生まれたが、マケドニアの他の二人の支配者の妻となり、マケドニア本土と小アジアの宮廷で合計二十年以上暮らした。弟の宮廷における彼女の役割を考察するにあたっては、マケドニアとその文化にかかわる彼女の個人的経験を思い浮かべるべきである。

一般論として、ヘレニズム時代の他の王族女性と同じく、アルシノエがどの程度公的に姿を現わし、民衆に接近できたかを見定めるのは難しい。[38] たとえば王の謁見に彼女自身が列席したのか、個人的に嘆願を受けたのかどうか、我々にはわからない。彼女の生活環境がどうであったにせよ、日常生活が完全に隔離されたり、女性だけの世界に限られていたはずはない。というのも他の王族女性と同様、彼女も宮廷に男性の友人《フィロイ》を持っており、[39] そこにはおそらくカリクラテスやパトロクロスといった提督が含まれていたからだ（後述）。友人たちの一部は彼女につき従ってリュシマキアやカッサンドリアに赴き（ユスティヌス二四・二・七）、そしてアレクサンドリアに帰ってきた。そのうちの何人かは、彼女が夫と共有した友人も含めて、その経歴の中で彼女自身が手に入れた可能性がある。[40]

アルシノエは弟である夫に同伴してエジプトの国境へ旅行した。そしてマケドニア滞在中と同じように重々しい礼服に身を包み、さまざまな公的祭祀に姿を見せたことだろう（その祭祀の多くは両親である「救済神」の祭祀や、妹フィロテラの祭祀、また「姉弟神」のそれに関連したものだった）。一般に王族女性たちは［王朝の］連続性を象徴するという役割を果たした。ことに、ひとたびプトレマイオス王朝で兄弟姉妹婚が理想とされ、しばしば実行されるようになると、とりわけこれが当てはまる。アルシノエの比重が実際に増したのが死後であったにしても、彼女の存在は王朝イメージを伝えるのに決定的であった。[41]

アルシノエはおおむねアレクサンドリアの住民とエジプト人に人気があった。[42] この人気の原因は考察に値する。臣下たちにとってアルシノエはなじみのある公的人物で、自分たちに利益をもたらしたと信じてくれたに違いない。アレクサンドリアは移民で溢れていた。彼らは故郷の都市を離れ、しだいに新しい寄せ集めのギリシア文化の一部となっていた[43]。アルシノエ自身も難民であり、居場所と役割を何度も変えてきたが、またしても新しいアイデンティティを必要としていた[44]。実際のところ彼女は多くの同胞市民たちのような移民ではないが、国々を渡り歩いた彼女の経験は、アレクサンドリアとプトレマイオス朝エジプトの多くの住民の経験を再現しただけでなく、民衆に対するアピール力を増すことにもつながった。アレクサンドリアと他のエジプト地域の住民が、アルシノエの過去をどこまで知っていたかは定かでないが、リュシマコスとの結婚や、息子たちの殺害については聞いていただろう。多くのものを失ってきた人生だったということを知っていたはずだ。たとえばアガトクレスの死をめぐる陰謀については、現存史料に残されているのと同じような物語や噂話がエジプトにも届き、宮廷から広がり（王の友人《フィロイ》や芸術家たちは宮廷から宮廷へと頻繁に旅行したから）、やがて一般民衆の耳にも達したであろう。ヘレニズム時代の王族は当時の有名人であり、今日のそれと同じく尽きることのないゴシップのネタを提供した。王家の生活を垣間見ることは、王族を普通の人と似かよったものに見せるがゆえに、好奇心をかき立てた[45]。人々はアルシノエについて臆測し、ちょうど宮廷詩人がするように、きっと彼女を理想化したことだろう。民衆にしてみれば、浮きつ沈みつの劇的な運命の転変を生き抜いたひとりの王族女性に自分を重ね合わせるのは、おそらくたやすいことだった[46]。

　アルシノエが伝統的な女性の領域以外でも影響力を行使したかどうかを見定めるには、国際関係と戦争ではたした役割に目を向けねばならない。これら二つの領域における彼女の立場が、それ以前の王族女性のそれとどの程度同じで、どの程度異なっているかを考察する必要がある。

国際競技

ポセイディッポス（AB七八）は、おそらく前二七二年の一年間にアルシノエがオリンピックの戦車競走で三度優勝したことを明らかにしている。(47)すでに論じたように、彼女の母親はオリンピックで優勝し、プトレマイオス朝の王たちはそうした名声を一族全体の名声と見なして、とりわけ女性の勝利者を誇りにしていた。馬の競技で魅力的なのは、それが一般大衆の参加を排除すること、競技者の数が比較的少数であり大富豪は何度でも応募できるため、それだけ優勝の機会が多いということだ。まさしくアルシノエがそうだった。(48)勝利した彼女の馬は、彼女の数多くの彫像と同じく、アルシノエの国際的な分身として機能し、彼女の富と力はもちろん、王朝のそれをも喧伝した。

軍事

古代ギリシア世界では、外交政策と戦争は分かち難いものだった。戦争行為と軍事的成功は常にマケドニア君主政の中心にあった。アルゲアス朝以後のヘレニズム支配者たちは、何よりも勝利に基づいて支配の権利を主張した。ギリシアの女性は一般に軍事的な事柄には関与しなかった。アマゾン族の神話もしょせん神話にとどまる。しかしアルゲアス朝の末期になると、一部の王族女性が軍事的役割を主張したり担ったりし始めた。(49)キュンナネという女性は実際の戦闘に参加した。*30 彼女の娘アデア＝エウリュディケはマケドニア軍に向かってたびたび演説し、彼女とその夫を支持する部隊がアレクサンドロス大王の母オリュンピアスと若きアレクサンドロス四世を擁する軍勢と対決した時は、マケドニア兵の身なりをしていた*31（アデアの夫とは、大王の弟で知的障害のあるフィリッポス三世アリダイオスで、大王の死後はその息子と共に王となっていた）。サモスのドゥーリスはこれを女性同士の最初の戦いと呼んだ（アテナイオス一三、五六〇fによる）。軍隊におけるオリュンピアスの役割は象徴的であったが強力で、対峙した軍勢は彼女の姿を見るなり寝返った。ヴェルギナ第二王墓の前室に埋葬された王族女性は、武器や武具と共に葬られている。[50][*32] オリュンピアスは軍隊を伴って移動しただけでなく、包囲戦を持ちこたえ、軍の組織を管理した。すでに見たように、アルシノエもカッサンドリアにおいて、軍隊に対するこの種の象徴的かつ行政的な指導権を発揮したと思われる。

エジプトの同様な事例は、支配王朝の一員である王族女性を軍事的な事業に結びつけている。王の娘で、おそらく第十八王朝の創始者アハメス一世の母であるアハヘテプ一世は、軍隊に関して責任ある地位についていた。アハメス一世の治世に属するある石碑は、アハヘテプについてこう述べている。「エジプトを世話する者。彼女は自分の兵士たちの面倒をみた。彼女は自らを守った。彼女は逃亡者たちを連れ戻し、脱走者たちを一緒に集めた。彼女は上エジプトを平定し、反乱者たちを追放した」。王族でもうひとりのアハヘテプ（二世）の墓には、軍事的な装飾品を含む多くの軍用品が含まれていた。第十八王朝の女王ハトシェプストは軍隊に同行してヌビアに遠征し、軍と共にある姿を見せたと思われる。[51]

エジプトの王族女性たちによる軍事上の象徴的な役割がマケドニアと異なるのは、エジプトには王の図像学がより豊かに存在したという点である。たとえば新王国時代の図像は王族女性を、戦士の持物《じぶつ》を伴う軍事指導者として描いている。いくつかの事例では、女性が牝のスフィンクスとして、あるいは敵を打ち倒す者として現われるが、これは普通なら王に限られる図像である。王が敵を打ち倒す場面で、二人の女性がそれぞれの夫王の背後にいる。[52] プトレマイオス朝は王族女性に関するファラオ時代の他の慣行を模倣したから（第六章参照）、これらの先例は前三世紀のエジプト人神官たちやプトレマイオス朝の王たちにも知られていただろう。とはいえマケドニア／ヘレニズム時代およびファラオ時代を通じて、女性が軍事上の象徴的役割にとどまらず実際に軍事活動をしたことがわかる事例はすべて、王朝の成人男性が一時的にせよ恒常的にせよ不在の状況下で生じた。女性が軍事的役割を引き受けたのは、それができる男性がいなかったからである。

　アルシノエも明らかに控え目ながら実際に軍事的役割を果たしたが、ここで異例なのは、それが起きたのが彼女の結婚期間中で、しかも王である夫が生きており、現場にいて能動的かつ有能だった時だということだ。実際彼女の役割は、姉にして妻という制度上の役割が増大するのを反映して、夫の役割とつながっていた[53]。アルシノエ二世とプトレマイオス二世は辺境地帯（スエズ半島のヘロオンポリス／ピトム）へ旅行し、訪問先では外国からの攻撃（おそらくプトレマイオス二世によるシリア遠征の失敗ゆえに受ける恐れがあった）に対する防衛体制を点検し、また灌漑設備の改修や、ペルシア人の支配から取り戻した神々の像を視察した[54]。後に見るように、彼女の人物像の軍事的側面はその死後も残った。後のプトレマイオス朝の王族女性たちが公然たる軍事的状況で登場した[55]のに比べると、アルシノエの行動は一見控え目であるが、控え目であること自体が彼女以降も意味を持ち続けた。その理由は何より、プトレマイオス朝の軍事政策の大半が本質的に防衛的なものだったことにある。国土を安全に保持することが常に優先された（実際に、エジプト領への攻撃は前一七〇年まで起こらなかった）[56]。彼女が表舞台に登場するという事実そのものが、その何よりの証拠である。ここでは姉にして妻であること自体がひとつの役割を持っていると見なさねばならない。

　ポセイディッポスの詩には、武装したアルシノエという謎めいた姿が現われる。そこではひとりの若い女性がアルシノエに麻を奉納している。若い女性はアルシノエを夢に見るのだが、夢の中でアルシノエは武装して現われる。そこで彼女は女王に向かって、「あなたは鋭い槍を手に、中央が窪んだ盾を腕に持っている」と呼びかけるのだ[57]（AB三六）。この詩における夢の中のアルシノエのイメージは、彼女の祭祀のひとつあるいは彼女の像[58]、おそらく祭祀用の像に関連するのかもしれない[59]。この詩はアテナ女神のごときアルシノエ[60]、またはアプロディテのごとき彼女を想像しているとも考えられる（アプロディテの祭祀のいくつかは、この女神を武装した姿で表現している）[61]。武装したイメージはおそらく、クレモニデス戦争[*33]につながる「ギリシアの自由」というプトレマイオス朝の政策を、アルシノエが支持したことを指すのだろう[62]。前二六八年頃から二六一年まで続いたこの戦争では、プトレマイオス二世の支持を得た多くのギリシア諸都市、とりわけアテネとスパルタが、マケドニア王アンティゴノス・ゴナタスと対決した[63]。

過去に王族女性が王朝を象徴することがあったのは、おそらく彼女たちが王族男性のような独自の経歴を持てなかったからである。同様にエジプトの王族男性は、姉妹にして妻である女性と組み合わせた祭祀にのみ登場したのに対し、女性は時に単独で祭祀に登場した。アルシノエの辺境地帯への訪問と武装したイメージは、この王朝が与えるエジプトの権勢と防衛、とりわけ海軍による防衛の象徴に彼女がなったことを示唆している[64]。

対外政策

対外政策におけるアルシノエの役割に目を向ける前に、マケドニアとエジプトの先例を考察するのが役に立つ。マケドニアの王族女性は、アレクサンドロス大王の父フィリッポス二世の時代までには外交に関与するようになった。前三六〇年代のある時、フィリッポス二世の母親エウリュディケは、亡き夫アミュンタス三世の友人であるアテネ人「の将軍イフィクラテス」に、自分の息子たちが王位請求権を保持できるよう援助を求め、彼はそれを実行した[*34]（アイスキネス二・二六〜二九）。ギリシアの国際関係において非常に重要な役割を果たした友好関係《フィリア》のネットワークに、王族女性も参入したのである。王の娘や姉妹はまた、実家と嫁ぎ先の仲介役を務めることができた。アレクサンドロス大王の死後には、その母親と実の妹が実際に後継将軍の何人かと同盟を結んだ[*35]。王族女性の宗教的な保護活動も、こうした外交問題への関与の一類型として理解すべきである。実際に彼女たちの友人《フィロイ》が、国際的な聖域において代理人として活動しているケースをしばしば目にする[65]（後述）。ファラオ時代のエジプトで、ミタンニの王はアメンヘテプ三世の未亡人ティイが政治に精通していると見なし、彼女の息子に対して、両国間の以前の関係について母親に相談するよう勧めた。王族の別の未亡人は、とある外国の王と交渉し、自分が彼と結婚することで同盟を結ぼうとした[66]。

過去の王族女性たちは独自の対外政策および国内政策を持っていた。エジプトでは女性の王たちが対外政策と対外活動を公式に認可した。エジプトの南、プント地方に対するハトシェプストの遠征がその一例である。マケドニアでも何人かの王族女性が一貫した政策を追求した。あるアテネ人の弁論家は、オリュンピアスと息子アレクサンドロスのかかわりに言及した際、二人が政策を共有していたことをほのめかしている（ヒュペレイデス『エウクセニッポス弁護』二〇）。アレクサンドロスの死後、オリュンピアスは大王の将軍たちのうち、自分の孫息子に最大の支援を与えてくれる者と同盟を結ぼうと努めた。大王の姪で、知的障害のあるフィリッポス三世アリダイオスの妻であったアデア＝エウリュディケは、カッサンドロスと同盟した[67]。アルシノエ自身はマケドニアにいた間は、息子たちがマケドニアの玉座を保持できるよう終始努力した。これらの女性たちは首尾一貫した政策を追求したが、それでも世間、特に女性の公的活動を敵視していた都市アテネが、女性のそうした活動を公式に承認しなかったのは確かである。

こうした状況はアルシノエ二世と共に変化する。少なくともギリシア世界において初めて、ひとつの公的文書が女性の政策を認識し、明らかにそれを是認した[68]。反マケドニア派のアテネ人政治家クレモニデスが提案した決議を、アテネ人はおそらく前二六八／七年に通過させた[69]。クレモニデス戦争の開始を告げるこの決議が成立したのは、アルシノエの死のわずか数週間後のことである[70]。この決議は、「プトレマイオス王は、彼の父祖および姉の政策に従って、ギリシア人共通の自由に対する関心を表明している」と述べている。ギリシア諸都市とヘレニズム諸王国の王たちは、長年にわたり「ギリシア人の自由」という外交的な旗印を自在に操り、さまざまな目的に利用してきた。プトレマイオス朝の最初の二人の王は、マケドニアの侵略に対しておおむねアテネと他の諸都市を支持した[71]。ギリシアの多くの碑文が、父祖の伝統を守って活動した人物について述べているが、その母や姉妹の活動に言及することはほとんどない[72]。アテネの決議で目新しいのは、それが事実に即してアルシノエの政策に言及しているこ と、弟たる王が彼女の政策と一致した行動をとっていることに言及するのが適切だと想定していることである。決議の語法には先例がないものの、他方でそれは、アルシノエが公的な政策をもっていると考えるのを、規範に沿ったありふれたものと見なしている。人は新しい慣習を創造する時に、古い慣習にとらわれてはいられない。この決議はまさしくそれを実行しているのだと思われる[73]。

アルシノエの権力と影響力について、この決議は何を証明しているか、少なくとも何を示唆しているだろうか[74]。ちょうどポセイディッポスの詩が馬の競技について想定しているのと同じく、この決議は、王族女性が一族の活動や成功、名声に貢献し得ると想定することで、彼女の権力が王権の中に組み込まれていることを語っている。

しかも事情に通じたアテネ人たち[75]は、彼女の政策に言及するのが適切だと考えた[76]。よってこの決議は、単なる外交辞令[77]がたまたま、これ以降のプトレマイオス朝の王族女性たちが実際に権力を発展させるのを誘発したというものではない(78)。アルシノエが死去したばかりという事実も、クレモニデス（とその支持者たち）が、プトレマイオス二世はこの文言に感謝するものと信じたであろうという事実も、その意義を損ねはしない。ヘロオンポリス訪問と同じくこの決議は、プトレマイオス朝の王族女性が王室で持つ役割についての新しい見方を明瞭に示しており、その見方は、件《くだん》の王族女性がプトレマイオスの妻であるだけでなく王の娘でもあるという事実に、深く影響されている。もっと具体的に言えば、クレモニデスの決議は、これまたヘロオンポリスへの旅行と同じく、プトレマイオス二世とアルシノエが（彼女の死後でさえ）協調して行動している、少なくとも協調して思考していることを示している。結果論であるとしても、それは夫婦が対になった王権のイメージを間接的に創造しているのだ（第六章参照）。

さらに明言すれば、この決議は戦争プロパガンダにおけるアルシノエのイメージの重要性を確立した。この重要性は他の史料によっても証明される。クレモニデス戦争の間、プトレマイオス朝の艦隊が使用した多数の港湾都市が、新設であれ再建であれアルシノエにちなんで名づけられた(79)。スパルタにおけるアルシノエの祭祀も、ギリシア人同盟者たちの戦争努力に関連する(80)。これらすべてが示すのは、王朝が関与した戦争と対外政策をアルシノエに結びつけること自体も、プトレマイオス朝の持続的な政策だったということだ。なにもアルシノエひとりのせいでプトレマイオス朝がこの戦争に関与したわけではないが、彼女は、王とギリシア人同盟者たちがこの戦争について作り出したシンボルの、目立つ要素だったのである。

プトレマイオス二世は単なる方便としてアルシノエを戦争に結びつけることもできた。だが何よりアルシノエ自身が支持したのは、協調的な王夫妻という印象、ギリシアの自由、そしてギリシアの主要な敵であるアンティゴノス・ゴナタスとの対決、これらを推し進めることであった可能性が高い(81)。決議が語っているのは結局このことである。こうした解釈は、プトレマイオス朝の伝統だけでなく彼女の個人的な経験を思えばほとんど疑いようがない。アルシノエはマケドニア滞在中に息子をマケドニア王位に即けようと努めたのだから、当然ながら人々は、残っていたはずの野心がギリシア情勢に対する彼女の見方に影響しているのではないかと思ったろう。彼女は弟の戦争理由よりもっと個人的な理由から「ギリシアの自由」を擁護することで、マケドニアの勢力を抑え、自分の息子に父の玉座を取り戻したかったのではないか[82]。クレモニデス戦争が勃発する前に彼女は世を去ったけれども、戦争の計画、少なくとも戦争の可能性に関する議論はずっと前から進んでいただろう。そしてアルシノエは、プトレマイオス朝がこれに関与すべきだと積極的に唱えたものと思われる[83]。

　対外政策の形成におけるアルシノエの役割を評価することは、より一般的な問題の一部である。プトレマイオス二世や他の王たちの意志決定過程は不明だが、ヘレニズム諸王国の宮廷では王の友人《フィロイ》たちが重要な役割を果たしたこと、その役割の一部が政策立案とその実行にあったことはわかっている。たとえば愛姉王の大行列については、王自身が文字通りの興行主になったわけではない。明らかに王は計画全体を他の誰かに委ね、自身はおそらく監督者の役割に徹し、責任ある人物が最初にこの企画を唱えたのだろう。複数の案が検討されるとなれば、ある友人たちは一方の案を、他の友人たちは別の案を支持したろう。王族の妻や姉妹も友愛《フィリア》によって王と結ばれていた。アルシノエがギリシア情勢に関する自分の見解を夫に伝えたことを疑う理由はないし、それは彼女の義務でもあったろう。なんといっても、長年バルカン半島で過ごし、その地の情勢や人物たちをじかに知っていたのだから[84]。

　サモトラケ島の考古学的遺物は、アルシノエの影響力がいかに作用したかを示唆する。彼女はサモトラケの大地母神にロトンダを寄進し（第二章参照）、続いて弟プトレマイオス二世も同じ聖域に大規模なプロピュロン［門］を寄進した。後者にはアルシノエのロトンダとの類似点が多数あるので、どちらの建築もおそらく、マケドニア人と思われる同じ建築家によるものだろう。両者の類似があまりに際立つので、アルシノエが選んだ建築家が、後にその推薦を受けて弟にも選ばれたのかもしれない。[85]アルシノエはまた、祭祀それ自体への弟の関心にも影響を及ぼすことができた。この事例は、彼らの対外活動の別の側面についても示唆的である。とりわけ彼らの二重の保護活動は、アルシノエ・アプロディテ・エウポリアの祭祀がまさにそうであるように、政治的側面をもっていたのだから。この女神と同じく、サモトラケの大地母神も船乗りたちの保護者であった。

アルシノエが何らかの形でギリシアとの同盟を唱えたといっても、弟が彼女の見解のみを理由としてそうした同盟を結んだわけではない。[86]もちろん彼女の支持は、他の者たちの支持と並んで、王の決定に貢献したろうが。プトレマイオス二世には、自分の権力をすべて姉に譲渡するような動機はなかったし、アンティゴノス・ゴナタスを抑えたいという望みには彼自身の理由があったのである。[87]

祭祀

前五世紀末から前四世紀初めにかけて、個人と都市と王朝とを問わず、マケドニアの王たちや傑出したギリシア人を対象とする祭祀が発達し始めた。フィリッポス二世とアレクサンドロス大王は、生前に何らかの形で［自身の］神格化に着手し、死後には疑いなく祭祀による崇拝を受けた。後継将軍の何人かは、実際に王の称号を採用する以前にも、公的あるいは私的な祭祀を与えられた。王族女性に対する祭祀も同じく前四世紀末に発達したが、[88]アルシノエとプトレマイオス朝の女性たちに対する祭祀の発展について、これまでの議論はそれ以前の祭祀を無視する傾向があった。故意ではないにしても、それが言外に意味するのは、アルシノエの祭祀のさまざまな特徴が独特もしくは前例がないということだ。[89]だが実際には前例のある特徴もあれば、前例のない特徴もある。私の目的は、アルシノエの多様な神格化をマケドニア的な背景の中に位置づけることであり、同時にアルシノエの祭祀で独特なものとそうでないものを選り分けることである。

アレクサンドロス大王は、母オリュンピアスが死んだら神格化するつもりだったらしい（クルティウス九・六・二六、一〇・五・三〇）。大王の財務官でギリシアへ逃亡したハルパロス[*36]は、遊女ピュティオニケが死ぬと、彼女のために私的な祭祀を実際に創始した。(90) 前四世紀の歴史家テオポンポスは、ハルパロスがピュティオニケ・アプロディテの名のもとに、彼女のための神殿と聖域と祭壇を建てたと述べている（アテナイオス五九五ａ～ｃによる）。ハルパロスはヘレニズム諸王の先駆けとして、ほとんど王のごとき宮廷を保持し、王族女性と遊女の区別を曖昧にした。(91) 彼は祭祀において初めて、人間の女性を女神アプロディテに結びつけたのである。

これ以降にアプロディテと結びつけられた女性には、王ないしは王になる少し前の男たちの遊女がいた一方で、王の妻もいた。攻城者デメトリオスのある友人は、前三〇七年頃のアテネでフィラ・アプロディテの私的な祭祀を目にしたが、これはデメトリオスの妻フィラに捧げたものだった（アテナイオス二五五ｃ）。同じ頃にアテネ人は、デメトリオスとその父アンティゴノス、妻フィラに対する都市の祭祀を創始した(92)（アテナイオス二五四ａ）。アテネ人はデメトリオスの二人の遊女のために、ラミア・アプロディテとレアイナ・アプロディテの二つの神殿を建て、テーベ人もアプロディテ・ラミアという神殿を建立した(93)（アテナイオス二五三ｂ）。こうしてデメトリオスとその父親が王の称号を採用し、フィラが女性として初めて王妃の称号が確認されるより一年ほど前に、(94) これら二人の男は都市の祭祀をもち、フィラは都市と私的な祭祀の両方をもち、その後まもなくデメトリオスの遊女たちも同様に都市の祭祀を手に入れたのである。他の女性たちに対しても、たちまち同様な私的・都市的な祭祀が生まれ、(95) その多くはこれらの女性をアプロディテと結びつける終生の祭祀であった。人間を神に同化させる祭祀はほぼすべて女性にかかわるものだった。神への同化は彼女らに「神的な人格」を与え、逆にそれが彼女らを神に同化させる理由となった。[96]

アテネ人に続いて他の諸都市も、デメトリオスとアンティゴノスその他の支配者たちのために祭祀を制度化した。諸都市にとってそれは、これら人間離れしたマケドニア人将軍たちの権力を認知し、彼らをポリスという既存の組織に組み込み、彼らが諸都市に対して有する権力を概念化するための手段であった。その権力とは、アンティゴノス父子に対する祭祀の称号ソテレス（救済者たち）が示すように、救済する力であった。[97] フィラに対する都市の祭祀にも同じ説明が当てはまる。マケドニア人が勃興する前のギリシア諸都市では、女性は政治権力を行使しなかったが、今では女性も権力を行使するようになったため、そうした現実を都市生活の中に組み込む必要が生じたのだ。彼女たちの場合、神格化のほうが王妃の称号より先に実現したが、祭祀と称号のどちらにも似たような特質が認められていたからにしろ、祭祀を手に入れることが称号の正当化に役立ったからにしろ、両者の間にはおおまかな関連があったと思われる。

王とつながりをもつ女性たちが、当初から一貫してアプロディテに関連づけられたのはなぜだろう。たいていの場合、女性の名前と女神の名前は単純に並置された。この慣行の意味するところは不明のままだ。[98] 諸都市または王の友人たちによって制度化された祭祀なら、女性の美しさに焦点をあてた単なるへつらいとして説明できるかもしれない。しかしプトレマイオス朝の祭祀のように支配者自身が創始した場合には、そうした説明は当たらない。それにこうした解釈は、ギリシア人が美しさを聖なる力や人間の力の表出として理解したことを見逃している。[99] アプロディテはすべての女性の模範であり、それゆえ王族女性にとっても明白な模範であった。[100] 祭祀において王の遊女たちがアプロディテと同一視された以上、アプロディテとの同化を説明するにはセクシュアリティを考慮せねばならない。王族女性と王の遊女に共通する大事な点は、彼女たちがみな、支配者たる男と共寝したことであり、このアクセスこそがどちらの種類の女性にも影響力と公的役割を保証していたことだ。[101] プトレマイオス朝の女性祭祀に目を向ける時には、これらすべての可能性を念頭に置くことにしよう。

諸都市や王の友人《フィロイ》たちは、支配者や彼らとつながりのある女性のために祭祀を制度化したが、前二七九年頃、プトレマイオス二世は両親たるプトレマイオス一世とベレニケを称えて、「神なる救済者たち」の祭儀を創始した。この二重の祭祀は、二つの方法で新しい地平を切り開いた。今や支配者自身がひとつの祭祀を生み出したこと、そして新しい祭祀が王室の男性と女性をペアにしたことである。これは二重性の最初の事例であり、これが将来にわたって長らくプトレマイオス朝の王権イデオロギーを特徴づけることになる。後の一対の祭祀と同様に、この最初の創設は夫と妻が共有する愛情に焦点をあてていたが、夫が政治的理由でなく個人的理由で選んだ妻だからこそ、この愛情はとりわけ彼女にふさわしかった。[102] ヘレニズム諸王国では、王や王朝や王族女性のための祭祀は一般的だったが、まだ支配の座についていない息子たちの祭祀は存在しなかった。[103]

プトレマイオス二世がさらなる革新を行なったのは、前二七二／七一年[104]またはそれ以前のことで、アルシノエ死去のかなり前、彼自身の死のずっと前のことである。彼はアレクサンドロス大王および「神なる姉弟」（プトレマイオス二世とアルシノエ二世）からなるひとつの王朝祭祀を確立した。[105] プトレマイオス朝に関する研究は、アルシノエのさまざまな祭祀のどれかひとつでも彼女の存命中に生じたか否かについて長らく注目してきたが、すでに見たように、前二七二年には王族女性のための生前祭祀はすでに「創設から」ほぼ一世代を経過していた。この祭祀でなされた革新は、崇拝される者と、その祭祀を創設し形成した者とが同一人物だったことである。[106] 祭祀の形容辞は二人の血縁関係を際立たせ、彼らの結婚と祭祀と時系列順がどうあれ、弟姉婚だけでなく結婚したカップルを説明し、正当化し、高めた。恩恵を施すというカップルの能力と結びついて、愛が王朝の基本的なイメージ喚起力の一部となった。[107] 姉弟の祭祀はアレクサンドロス大王のそれと結びつき、二つの祭祀はひとりの神官を共有したが、アレクサンドリアにはまた、大王抜きでプトレマイオス二世とアルシノエのための聖域も存在した[108]（ヘロダス一・三〇）。

プトレマイオス二世は提督カリクラテスに、姉弟神の祭祀の第一神官という傑出した地位を与えた。ポセイディッポス（AB七四）は、カリクラテスが姉弟に敬意を表して、優勝した王の戦車チームと馭者の像を奉納したと述べている。[109] カリクラテスは今や神聖となったカップルを別の方法でも称えた。プトレマイオスとアルシノエのため、カノポスにイシスとアヌビスの聖域を建てたのである（SB I四二九）。生まれ故郷のサモスには、カリクラテス自身の像が姉弟の像とともに登場したが（*OGIS* 29.3-4 with II p. 539）、これはおそらくアルシノエの生前のことだ。[110] またカリクラテスは二人を称えて、オリンピアのゼウス神に目を見張るような奉納をした。台座に立つ二人の像である（*OGIS* 26, 27）。像はゼウス神殿とヘラ神殿に向き合い、それらと一直線に並んでいた。[111] この像はプトレマイオス二世とアルシノエの結婚を祝い、説明すると同時に、より広いギリシア世界の中でこの結婚への支持を打ち立てようと努めるものだった。[112] カリクラテスがこの祭祀を広め、この結婚を［ギリシア人に］受け入れさせようとめざましい活躍をしたことは、王が自分の王国と権力の安定にとって王妃のイメージをいかに重要と考えていたかを示している。[113]

前二七〇年代のある時点、おそらく姉弟神の制度ができた後で間違いなくアルシノエ二世が死ぬ前に、[114] プトレマイオス二世とアルシノエ二世の実の姉妹で未婚であったフィロテラが、おそらくプトレマイオスの決断によって神格化された。[115] フィロテラはギリシアとエジプトの両方で祭祀をもっていた。[116]

ディデュマ（現トルコ南西部のアポロンの聖域）から出土した彫像の台座の碑文（*OGIS* 35）は、彼女を王女（バシリッサ）と呼び、ミレトス人が彼女を称える像をアルテミス神に捧げたことを伝えている。[117]この像はフィロテラの実の兄姉を含む群像の一部だったのかもしれない。[118]フィロテラの名前は王名枠（カルトゥーシュ）の中に記されているが、通常これは王族だけに使われる慣行である。[119]

フィロテラとその祭祀がとりわけ注目に値するのは、彼女が取るに足りない人物だったゆえに、なおさらプトレマイオス朝の王族女性に対する世間一般の関心の高さが際立つからである。フィロテラは一度も結婚せず（その理由は早死にか、身体的な障害で、後者の可能性が高い）、[120]それゆえどの婚姻同盟にも関与しなかったけれども、いくつもの都市と地域が彼女にちなんで命名された[121]（アルシノエ二世の場合ほど多くはないが）。[122]実際フィロテラは家族にしか愛着をもたなかったため、かえって家族とその親密さの比類ない象徴になったのだ。[123]他の王朝では、フィロテラやそれ以降のプトレマイオス朝の未婚女性たちが受けたような注目を、未婚の王族女性が受けることはなかった。[124]フィロテラの祭祀は、この王朝の最も無名のひとりを神格化することで王朝自体を高める一方、アルシノエ個人の祭祀の独自性を、その絶大な人気にもかかわらず減じることになった。もしもフィロテラの祭祀がアルシノエの祭祀より先だったとすれば、それはつまるところ、最終的にアルシノエ独自の祭祀を生み出す過程におけるひとつの段階を示すものと言えよう（第六章参照）。

カリクラテスは、アレクサンドリア近郊のゼフュリウム岬にアルシノエ・アプロディテの神殿を奉献した。これはギリシア的な祭祀であったが、エジプト的な側面ももっていた。[125]この祭祀について知られていることのほぼすべては詩の暗示に由来するので[126]（ポセイディッポスＡＢ三九・二、一一六・六―七、一一九・二、カリマコス断片五　Ｐｆ、「ベレニケの鍵」断片一一〇Ｐｆ）、その大半は問題が多い。[127]ポセイディッポス（ＡＢ一一六および一一九）は彼女をキュプリスなるアルシノエ（この形容辞はアプロディテに関連する）とか、アルシノエ・エウプロイア（航海に都合よい、ＡＢ三九）などと呼んでいる。どちらもアプロディテから借用した祭祀用の形容辞だが、アルシノエとこの女神の同化があまりに完全なので、アプロディテ自身が名前で呼ばれないほどだ[128]（ＡＢ三九）。ポセイディッポスにとってアルシノエは、海の女神、航海者と旅行者の守り手であった。この祭祀はすぐさま地中海一帯の港や都市に広がったが、そうした都市はプトレマイオス朝が所有するか艦隊が影響力をもっている場所で、その多くはアルシノエを創建者としていた。[129]この祭祀はまた結婚生活や、若い女性が結婚生活に入ることを称えた。祭祀のこの側面は女性たちの経験に対応し、またプトレマイオス一世とベレニケ一世の恋愛結婚についての詩や、愛情深いカップルとしての「姉弟神」のイメージの中にすでに存在していた観念を強化した。[130]ゼフュリウムの祭祀のどちらの側面も、ヘレニズム時代の女王がしばしば果たした役割、すなわち執り成す人という役割によく合っている。救いの女神、保護する女神であることは、女王が執り成して君主政を［一般人に］より身近なものとするための手段であった。[131]

ゼフュリウムの祭祀と、姉弟神および愛弟女神（第六章参照）の祭祀は互いに似かよっており、境界線ははっきりしないし、どちらの祭祀を指すのかわからない時もある。[132]ただカリクラテスが創設したゼフュリウムの祭祀は、王族女性をアプロディテに同化させる他の祭祀とは違っていた。というのもそれは結婚の女神、それに海の女神としてのアルシノエに焦点をあてており、海の女神という側面はプトレマイオス朝の経験と政策に適していたからだ。[133]これは王族女性のアプロディテへの同化が、特定の環境や王朝の特別な政治的イメージに適合するように作られた最初の事例であり、もうひとつの革新でもある。

ゼフュリウムにおけるアルシノエの祭祀は私的なものだったらしく、[134]この点でカリクラテスが神殿を建てる一世代前に、同じく王の友人《フィロイ》が創設したアテネのフィラ・アプロディテに似ている。王族女性の友人たちは、彼女らの神格化において重要な役割を果たすことが多かった[135]。これらの祭祀はもちろん王族女性たちを称揚したが、祭祀を創設した友人に新しいアイデンティティを提供し、王族との絆を強めもした[136]。王族女性のために王や王妃の友人たちが生み出した私的で終生にわたる祭祀がかなりの期間存在した以上、アルシノエの祭祀もフィラの場合と同じく、彼女の生前に創設されたと思われる[137]。

祭祀の創設者カリクラテスは[138]、友人《フィロイ》と呼ばれる王の内輪の仲間に属していた。現存する文書は彼をアルシノエの友人とは呼んでいないが、彼の行動は、彼が王より王妃といっそう密接に結びついていたことを暗示する[139]。そもそもアルシノエとカリクラテスの関係は、リュシマコスの治世に始まったと思われる。なぜならカリクラテスはサモス出身で、プトレマイオス朝が前二八〇年頃にサモスを獲得する前は、リュシマコスがサモスを支配していたからだ[140]。アルシノエとカリクラテスはほぼ同じ時期にエジプトへ到着した。ひょっとするとカリクラテスは随行者のひとりだったのかもしれない[141]。実際、二人は同じ期間に宮廷での地位を確立している。カリクラテスはサモス出身でありながらプトレマイオスに忠誠を誓うことで、まさしくプトレマイオス朝の人々が望んだとおりに、古いギリシアとプトレマイオス朝エジプトを結びつけたのである[142]。

この祭祀のどこまでがカリクラテスの着想で、どこまでがプトレマイオス二世／アルシノエ二世の着想か、明言するのは難しい[143]。宮廷における三人の交流の産物と理解するのが最もよいだろう。すでに見たように、王の友人たちは王族の庇護者を称えて大切な場所に像を奉納し[144]、私的な祭祀を創設した。提督や王は、そうした祭祀が間違いなく、地中海におけるプトレマイオス朝の海上勢力の拡張にひと役買ってくれることを意図していた。神格化された女王は艦隊の象徴となり、庇護者にもなった[145]。この祭祀はアルシノエにとっても個人的な魅力があったに違いない。彼女自身二度にわたって海路で危険を逃れたし、海は彼女を生まれ故郷へ安全に連れ戻してくれた。サモトラケの神々に対する彼女の好意は、船乗りに安全を提供する神々への関心を示唆している[146]。さらに彼女はリュシマコス、次いでケラウノスと結婚していた時の経験から、とりわけ海上勢力の重要性に気づいていたことだろう[147]。おそらくアルシノエはこの祭祀の形成に関与したし、愛弟女神の祭祀にも（公式に確立したのが彼女の死後だとしても）同様に関与したと思われる。どちらの祭祀も、多くの点で女性が宗教上の経験に精通していたことを示しており、それがこの結論を支持してくれる[148]。

姉弟神の祭祀とアルシノエ・アプロディテの祭祀が初めて確立したのが彼女の生前だったことは広く合意されているが、愛弟女神としてのアルシノエの祭祀が策定されたのが、彼女の生前か、それとも彼女の死後間もなくかについては、意見の一致を見ていない。意見が一致しない理由のひとつは、彼女の没年（前二七〇年か二六八年か）をめぐって論争が続いていることにあり、遅い年代を採用すれば、生前にこの祭祀が発展した可能性が高まるからである。彼女の死を前二六八年とするのは魅力的な説だが、この問題で意見の一致はないし、彼女が死んだ時点ではこの祭祀はさまざまな点でまだ十全な発達を遂げていなかったので、この議論は次章に譲ることにしよう。とはいえ次のことを今一度強調しておかねばならない。女性のための生前祭祀はすでにおなじみの制度になっていたこと、祭祀が公式に始まるのがアルシノエの生前であったか否かにかかわらず、後に発展するこの祭祀の形成に彼女が関与していた可能性がきわめて大きいということである。

アルシノエの富と庇護関係

アルシノエは明らかに宗教的な庇護者としての役目を果たした[149]。サモトラケの大地母神の聖域の庇護者に加え、少なくとも彼女の祭祀のいくつかが生前に確立していたと想定すれば、彼女は女神としての庇護者でもあった。さらにアルシノエは入念に準備され大衆を喜ばせる祭典を後援したが、その祭典は自分の王朝に対する人々の忠誠と愛着を高めた[150]。

テオクリトス(一五)の機知に富む無言劇は、シラクサ出身でアレクサンドリア在住の二人の主婦が王宮を訪問した話を語っている。二人はアルシノエが後援したアドニア祭の間に、アドニス[*37]と恋人アプロディテの愛と仲違いを描いた王室タピスリーの展示を見学し、祭典の競技会で優勝した女性が賛歌を歌うのを聴くのである[151]。他のギリシア諸都市もアドニア祭を祝ったが、アルシノエが主催したのは独自のヴァージョンだった。アテネではこの祭典はもっぱら女性による私的な催しで、ある意味で反体制的なものと見なされるのが普通だった。これに対してアルシノエの祭典は公的で、男女を問わず観客を惹きつけ、反体制的な要素はほとんどなく、彼女が後援して王宮内の場所を提供した[152]。祭祀のこのヴァージョンをアレクサンドリアに導入したのはアルシノエだったかもしれない[153]。彼女のアドニア祭はおもにギリシア人向けであり、彼女をギリシア文化の庇護者として表現したが、エジプト的な含みないし色彩も帯びていた[154]。それは王宮と同じく、家庭的であると同時に公的でもあった[155]。アルシノエはアプロディテのさまざまな姿に同化されてきたが、アドニス物語のアプロディテは、表向きは風変わりで尊敬できない選択と思えたかもしれない。しかし王朝のプロパガンダは別のやり方で男女の性愛を称えてきたから、その意味で彼女のアドニア祭は王朝に適合していた[156]。祭は男女を問わず惹きつけたが、物語の内容だけでなく見事な織物が展示されていたことから、おもに女性にアピールするよう計算されていたと思われる。無言劇中の二人の既婚夫人は、自身もこの機織りという女性特有の仕事に熟達していたからこそ、宮廷生活の富と美の象徴であり、むろん王族たちの庇護の象徴でもあるタピスリーを理解できたのである[157]。テオクリトスの詩は、アルシノエの敬虔と庇護者としての寛大さを称えている[158]。祭典に資金を提供したのはプトレマイオス二世であろうが[159]、テオクリトスが言及するのはアルシノエだけだ。この催し物によって女王は歓楽を提供し、一族の富と文化を誇示することができたと同時に、宮廷を臣民に少しは近づきやすいものにした（もちろんアルシノエはアプロディテ同様、自ら姿を現わすにはあまりにも高みにあったのだが）。アルシノエとアプロディテとの他のつながりと同様に、この絆はプトレマイオス王朝における女王の権力を、ギリシア人臣民にとって正常なものとした。(160)

アルシノエは他の祭祀も後援したらしい。ひとつ可能性があるのは、ディオスクーロイ（ヘレネの神格化された双子の兄弟で、アルシノエと同じく水夫と船乗りの保護者）の祭祀である。アレクサンドリアの祭祀も創設したかもしれない。(161) カリマコスによると、亡くなったアルシノエをオリュンポス山に運んだのはディオスクーロイで（断片二二八Pf）、この兄弟の祭祀は、アルシノエとプトレマイオス二世のお気に入りであったサモトラケの大地母神の祭祀と関連づけられることが多い。(162) エジプトの祭祀では、彼女はメンデスの羊神の女神官であった。(163)

アルシノエは祭祀の庇護者だけでなく、芸術の保護者の役割も果たしたろうか。(164) おそらくそうしている。マケドニアでは先人のひとりフィリッポス二世の母が、市民身分の女性たちのためムーサイ〔芸術を司る九人の女神〕に関する寄進を行なっている(165)（プルタルコス、『モラリア』一四c）。アルシノエもおそらく自分で建築家を選び、サモトラケにロトンダを寄進した（前述）。アドニア祭を後援する一環として、彼女は歌の競技で優勝した女性に賞品を授けた(166)（テオクリトス一五・九五〜九九）。リュシマコスと結婚していた時期にカリマコスと出会い、彼を庇護したとも考えられる。この詩人がサモトラケの秘儀に関心を寄せ、明らかにこの島へ旅行したことは、少なくともこれによって説明できる。(167)

図書館とムセイオンが王族の居住区に近いことが示すように、芸術の保護者という役割はプトレマイオス朝の支配者たちにとってとりわけ重要であった。(168) しかしながら、何がプトレマイオス朝の文化的保護活動を突き動かしたのかはほとんど不明だし、まして王族女性たちがその実践で果たした役割はわからない[169]。学芸に対するプトレマイオス二世の保護活動は、アルシノエが帰国するまでには十分定着していた。それゆえこの夫婦がそれまでしてきたように、ここでも完全に歩調を合わせ、彼女も学芸の保護に加わったとしても、何ら驚くことではない[170]。プトレマイオス朝の女性たちが競馬で優勝した際の祝賀で見たように、女性も男性も等しく一族の名誉を分かち合い、共に貢献したと推測して間違いないだろう。

一般にアレクサンドリアの詩においては、王族女性とその結婚はきわだって重要な位置を占めた[171]。もちろん他の諸王朝においても王族女性が、少数であっても詩人たちに着想を与えたが[172]、アレクサンドリアの詩は他の王族女性についてと同様アルシノエへの言及に満ちており[173]、ポセイディッポスの詩は最たるものである[174]。ただしアルシノエはプトレマイオス朝の他のいかなる女性にもまして文学的創作を鼓舞してきた。その理由のひとつは、夫の治世が文学上の頂点を極めたことにある[175]。アルシノエの人生の最晩年に関する現存史料の大半は、宮廷詩に由来する。もちろんそれらの暗示はすべて、直接間接を問わず、弟の下で彼のために活動していた男性たちの阿諛追従かもしれない。そうであっても宮廷詩は、宮廷とその価値観を鏡のように映し出す[176]。

詩人たちはアルシノエを暗示したり直接言及することによって、女性的にして誰も脅かさない女王というイメージを創造した[177]。王の図書館員で、その世代の最も傑出した知識人であるアポロニオス・ロディオスは、叙事詩『アルゴナウティカ（アルゴ船物語）』を創作し、プトレマイオス君主政の多くの側面を反映させながら、ホメロスの世界を彼の時代の言葉で新たに創造してみせた[178]。もちろんアルシノエは彼が描く王女メディア*38のモデルではないが[179]、アポロニオスの作品には他の点で女王についての暗示がある[180]。ファイアキア人の王と王妃であるアルキノオスとアレテの描写については、多くの者がこれをプトレマイオス二世とアルシノエ二世および二人の相互関係を暗示するものと考えた。その理由の一部は、ファイアキア人の国王夫妻が時おり兄弟姉妹の夫婦として理解されたことにある[181]。だが一番の理由は、ホメロスの作中でと同様、この二人がひとつの理想を、ただし夫婦が支配する王権という形に変容した理想を、非常に明瞭に表わしていたからである。このイメージについては本章の末尾で論じる。というのもそれは、国王夫妻が自分たちの役割がどう理解されるのを望んでいたかを示しているからだ。

ヘレニズム時代の詩作品の多くの箇所が、アルシノエが芸術の保護者を務めたことを仄めかしている。ポセイディッポス（AB三七）は、アルシノエの祭祀のひとつで彼女に捧げられた詩人の竪琴に焦点をあてている[182]。カリマコスがアルシノエをはっきり十番目のムーサと呼んだのは、おそらく文学に対する保護活動を暗示する[183]。実際エジプト以外では、彼女は祭祀の中でムーサイたちと結びつけられたことだろう[184]。カリマコスとテオクリトスが遠回しにアルシノエを仄めかす時には決まってヘレネを使ったが、むろんそれはパリスと一緒にトロイへ行ったのでない「良きヘレネ」[185][*39]である。テオクリトス（二二・二一六）がディオスクーロイばかりかヘレネを詩の保護者とするのも、おそらく保護者としての女王を暗示する。テオクリトスの作品におけるプトレマイオス朝の人物の大半が、アルシノエであって弟王でないのは、おそらくアルシノエが彼の個人的な保護者であったことを示している[186]。事実、プトレマイオス朝時代の詩は王よりも王妃たちを称賛しており、特にアルシノエ二世にそれが顕著なのは、彼女がそれだけ広汎な保護活動を行なっていたからであろう[187]。王の妻たちと同じく、王の遊女らのイメージの形成と流布においても詩人たちは重要な役割を果したが[188]、これもまた王妃と遊女の差異が比較的小さかったことの新たな証拠である。もちろん遊女たちよりアルシノエのほうがはるかに傑出した存在であったにしても、遊女たちも保護者として活動することができた。おそらくアルシノエは、アレクサンドリアで活動する詩人たちの学識豊かで技巧を凝らした作品を鑑賞できるだけの教養を身につけていた（第一章参照）。実際ヘレニズム時代の女性たちは一般に、より広く注目を集め、より高い教育を受け、より公的な役割を引き受ける機会があった[189]。明白な証拠はないものの、プトレマイオス二世と同様アルシノエ二世も宮廷芸術家たちを保護したし、宮廷詩に見られる追従的な言辞の少なくとも一部は、女王自身と彼女の趣味を満足させるよう計算されていたと考えるべきだ。

アルシノエの死

アルシノエの死因や、彼女が病床にあった期間については何も知られていない。しかしいみじくもアレクサンドリアの一詩人が、アルシノエの夫や臣下たちの反応について唯一意味のある証言を提供してくれるばかりか、彼女の葬送儀礼が火葬を含むギリシア・マケドニア風であったことを伝えてくれる（葬送儀礼さえギリシア風かつエジプト風であったことを示唆する証言もある）[190]。カリマコスのイアンボス一六は、アルシノエの死と神格化を謳った情念的な詩の断片であるが、民衆が悲嘆にくれ、世界中が彼女の死を嘆くさまを描いている。人々は「崩御された我らが女王」を悼み、プトレマイオス二世は犠牲を捧げ、火葬堆《かそうつい》をたてる。彼女の死の報せは人間世界にも神々の世界にもあまねく広がる。アルシノエの妹ですでに亡くなり神格化されたフィロテラは、レムノス島を発つ時にアルシノエの火葬堆から立ち上る煙を見て、最初はアレクサンドリアの町が燃えているのだと思う。別の女神が燃えているのは町ではないと告げ、自分が耳にしたことを伝える。「葬送の歌が／あなたの町に……平民たちのためのようではなく／……彼らはそなたと同じ胎から生まれた／姉君を思って泣いています。崩御されたのは、かのお方。エジプトの町々は／見わたす限り暗闇に閉ざされています[191]」。

アルシノエの没年は今なお激しい論争の的である。なぜならメンデス碑文では彼女の死はプトレマイオス二世の治世第十五年で、明らかに前二七〇年七月だが[192]、ピトム碑文では弟の治世第十六年にもアルシノエは生きており、その死は第十七年、つまり前二六八年になるからだ。グリュジベクとハザードの主張によると、この食い違いは計算違いによるのでなく、プトレマイオス二世の治世を数えるにあたって二つの碑文が異なる方法を用いたためである。もともと彼は自分の治世を、メンデス碑文のように前二八二年一月の単独統治の開始から数えていたが、後になって父王との共同統治の開始、すなわち前二八五年から数え始めた。修正された記年法に基づくと、彼女が亡くなったのは前二六八年七月初めとなる。(193) 遅い年代のほうがより広く受け入れられてきたが、(194) それでもアルシノエの経歴について重要な結論を下す根拠とするには、あまりに曖昧なことに変わりはない。

この章を通じて証明されたのは、この国王夫妻が君主政について共有されたイメージの中にあまりにも完全に統合されているため、アルシノエの行為と役割を弟王のそれと区別するのは困難だということである。プトレマイオス君主政はマケドニアとエジプトに由来する数多くの要素を残しつつも、新しい型の王権を発展させていった。それは依然として軍事的であるが、マケドニアないしエジプトの原型ほどではなかった(少なくともそれほど直接には)。ファラオ的およびマケドニア的君主政において王族女性は象徴的に軍指揮権を行使したが、今や王族の男女間で役割の相違は小さくなり、区別も曖昧になった。明らかにプトレマイオス朝のイデオロギーを反映した、(195) アポロニオス・ロディオスの叙事詩で展開されているように、王権はマケドニアはもちろんホメロスほど英雄的ではなく、よりいっそう妥協と和解を志向していた。このような君主政において、王族女性は潜在的により大きな役割を果たすことができた。(196)

アポロニオスによるファイアキア人の女王アレテの描写は、アルシノエを暗示していると思われる。アポロニオスのアレテは、ホメロスのものよりずっと平凡だ。確かに彼女の職務上の権威は『オデュッセイア』の場合に劣らないのだが、彼女はホメロスの作中のように直接的に活動するのでなく、舞台の背後にあり説得を通じて活動する。『オデュッセイア』でアレテは公衆の面前でオデュッセウスを弁護するが、『アルゴナウティカ』でメディアを弁護する時は、夫である王に内密に語りかける。[197]もしもアポロニオスのアレテがアルシノエの反映であると同時に理想でもあるならば、ここに描かれた君主政では、男性支配者は公的権力の大半を有するが、すべてというわけではない。非公式には妻の助言を聞き入れるし、彼女が贔屓《ひいき》の人物を擁護するのも容認する。[198]アレテは自身の欲することをしてくれるよう夫を説得するが、語るのはベッドの中だ。これは対等な意思決定ではないものの、共同の意思決定であり、三度目の結婚でアルシノエが果たした役割を示唆する。アレテ／アルシノエは、「性愛的な説得」というアプロディテの力を人格化した。[199]これこそ女王の行動様式と見なされたものに他ならない。[200]さらにアポロニオスの叙事詩は王族女性の宗教的な名誉を強調しているが、それはまさしくアルシノエの公的に広く認められた力が、彼女の生前にも死後にも強調したものである。

　王の権力を男性的および女性的な側面を対にしたものと見なすというこの過程は、プトレマイオス二世が実の姉との結婚を決断した時に始まった。彼女が死ぬまでに、あるいは死後間もない頃にはその過程は十全に発達し、今や王というものは、一部はその姉なる妻によって、すなわち二人が一対になるという公的イメージによって、定義されるようになったのである。[201]

第6章
死後のアルシノエ

「死んでいること」は直接的には、アルシノエの経歴に驚くほどわずかな影響しか及ぼさなかった。だが彼女の没年がいつなのか、彼女個人の祭祀［創設］を死後のものと見るかどうかにかかわりなく、弟王の残りの治世を通じて、アルシノエはプトレマイオス朝エジプトで重要な役割を果たし続けた。王朝の記憶装置としての歴史においても、プトレマイオス君主政における王族女性の役割の発展においても、決定的に重要な人物であることに変わりなかった。プトレマイオス朝が消滅して初めて彼女のイメージは薄らぎ、この王朝で最も有名なクレオパトラ七世と、その異母妹であるもうひとりのアルシノエ（四世）のイメージの中へ、しだいに包摂されていった。

愛弟女神の祭祀

伝統的な見解によれば、プトレマイオス二世がテア・フィラデルフォス（愛弟女神）たるアルシノエのために独自の祭祀を創設し広めたのは、彼女の死後のことである。プトレマイオスはこの祭祀のために女神官（カネフォレ＝籠持ち）を置いたほか[1]、アレクサンドリアに神殿（アルシノエイオン）を、メンフィスにもうひとつの神殿を建て、エジプト中の諸神殿の神々と神殿を共有するという名誉を与え、アルシノエイアの祭典を催し、その他さまざまな栄誉を与えた。彼女の祭祀創設は生前だったかもしれないが、以下においてはそれが死後であったと仮定して論じていく[2]。

この祭祀はプトレマイオス朝の神格化における新たな一歩を成している。王朝の神格化はすでにプトレマイオス二世による救済神の祭祀創設に始まり、王族初の兄弟姉妹婚に踏みきる決定と歩調を合わせ、アルシノエ在世中の二つの祭祀（神なる姉弟およびゼフュリウムにおけるアルシノエ・アプロディテの祭祀）をも含んでいた。新たな祭祀がアルシノエの生前には登場しなかったとしても、彼女はその形成に手を貸したと思われる。世を去るまでに、彼女はすでにこの漸進的な過程に関与していた。彼女の死後すみやかにこの祭祀の最初の段階が現われたことは、祭祀の創設が生前に計画されていたことを強く示唆しており、よって彼女がその形成を助けたことはほぼ確実である[3]。愛弟女神アルシノエの祭祀は、少なくともアレクサンドリアではすぐに現われた。ただし王がその範囲をエジプト全土およびエジプトの諸神殿に広げるのは、ようやく五年後のことである[4]。彼が祭祀のために正規の資金を提供したのは明らかに前二六三年で、宗教税（アポモイラ）の相当部分がアルシノエの祭祀の維持に使われるよう布告した[5]。プトレマイオス二世はその君主政の永続的なイメージの大半を創りあげ、彼の治世が終わるまでには姉にして妻［である女性］がこのイメージのきわめて重要な要素となっていたが、その大きな理由はこの祭祀の確立にある。

この祭祀がもつ二重の性質が、その永続的な成功にとって不可欠だった。アルシノエはエジプトの女神にしてギリシアの女神であった。その二面的な祭祀は、プトレマイオス君主政の二面的な性質を典型的に示している。メンデスの石碑によれば、プトレマイオス愛姉王（二世）はアルシノエを、エジプトのすべての諸神殿において神殿を共有する女神とした。メンフィスでは彼女は都市の主神プタハと空間を共有し、その配偶者となる一方、プターの高位の神官が彼女の神官ともなった。エジプトの女神としては、神殿の浮彫りや石碑に完全にエジプト風の姿で登場した。メンデスの石碑は、アルシノエを含む王族が、これまたアルシノエ自身を含むエジプトの神々を崇拝していることを示している。[6] 生前にはメンデスの羊の女神官として、アルシノエは「羊に愛される」「弟を愛する女神」を意味するエジプト風の祭祀称号を与えられ、また単純に「アルシノエ」との称号も与えられた。[7] エジプト様式の浮彫りでは、フィラエのそれが最も有名だが、プトレマイオス二世自身が、たいてい他のエジプトの女神を伴った新しい女神を崇拝する姿で現われる。プトレマイオス二世はエジプトの女神としてのアルシノエのためだけに、いくつもの神殿を建立した。二枚の浮彫りでは、他のエジプトの神々はおらず、プトレマイオスがアルシノエただひとりを崇めている。[8] アルシノエの新しい祭祀はエジプトに先例があった。ファラオ時代の多くの支配者たちがもっていた独自の祭祀が、プトレマイオス時代にまで続いており（新王国時代の支配者ラムセス二世とアルシノエ二世の両方の神官であったエジプト人がいる）[9]、ファラオ時代には数人の王族女性が同様に独自の祭祀をもっていた（序章参照）。

数枚のヒエログリフ碑文が、数枚のギリシア語碑文と同じく、アルシノエをアプロディテではなくイシスと結びつけているが、[10] それはおそらくイシスが王権と結びつき、兄弟のオシリスと結婚したからである。ファラオ時代にイシスはハトホル神と融合して玉座の女神になり、王の妻とは関連せず、おもに（ホルスの化身たる）王の母と同一視された（序章参照）。プトレマイオス朝は、イシスなるアルシノエという定式が示唆するようにこの関連を変更し、その同化はますます重要なものとなった。ピトムの石碑では、アルシノエは完全にイシスと同じ衣装をまとい、ギリシア様式で表わされた夫のそばに立っている。[11]

愛弟女神というエジプト風の祭祀は、プトレマイオス王朝のエジプト風祭祀の第一段階として効果的に機能した。[12] アルシノエのエジプト風祭祀は、エジプトの神官階級に広く受け入れられた。エジプト人の重要な何人もの神官の家系が、この祭祀とプトレマイオス朝に関係をもった。たとえば彼女の神官職は、二つの家系で九世代以上もたどることができる[13]。メンフィスのエジプト人神官の複数の家系が、娘たちをアルシノエ（またはベレニケ）と名づけたが、これ以外のギリシア風の名前には抵抗があったろう。要するに彼らはエジプトの女神にちなんで娘の名をつけたのだ[14]。アルシノエの祭祀は土着の神官層を王朝に結びつける大切な錨として機能したが、この結びつきはプトレマイオス二世が外交政策を遂行する能力にとってもきわめて重要であった[15]。この祭祀は、エジプトにおけるギリシア人とエジプト人の新しい絆をも創り上げた[16]。エジプトにこの祭祀の痕跡の多いことが、人気のほどを証明している。

アルシノエはギリシアの女神にもなった。カリマコス（断片二二八Pf）はアルシノエがヘレネの双子の兄弟であるディオスクーロイによって天に引き上げられたとし（これはアルシノエをヘレネに結びつける詩作の風潮のもうひとつの例である。第五章参照）、彼女のためにアレクサンドリアに建てられた神殿と祭壇を描写している。プトレマイオス二世は姉にして妻のため、この都市の王宮地区[17]にアルシノエイオンという入り組んだ聖域を建てた[18]。その聖域の前に彼はヒエロポリスから運んできた異様に高い一本のオベリスクを設置したが[19]（プリニウス『博物誌』三六・六七〜六九、三七・一〇八）、それはこの祭祀のためにギリシア風とエジプト風の結合した正面玄関を作るという意思表示であった[20]。大プリニウス（三四・一四八）が伝えるには、プトレマイオス二世と建築家ティモカレスが死んだ時、神殿は未完成だった。結局完成しなかったのかもしれない[21]。大プリニウスによると、祭祀像は鉄で作られ、エジプト式の建築技術であるアーチ型天井[22]は天然磁石で作られていたので、アルシノエの像は天井から吊り下げられ「飛んで」いるように見えた[23]。大プリニウス（三七・一〇八）はまた、橄欖石《かんらんせき》（オリーブのような緑の貴石）でできたもうひとつの像が彼女のために作られ、聖別されたと述べている[24]。アルシノエはエジプトと同様、ギリシアにおいても神殿を共有する神となった[25]。アプロディテへの同化に加え、他のギリシアの女神たちとも同一視された[26]。プトレマイオス朝のどの港町にも、愛弟女神のための祭祀があった[27]。この祭祀はただ押しつけられたのではなく、実際に人気を博した[28]。

アルシノエの祭祀に関連して、アルシノエイアという祭典があった[29]。これらの祭典は農村部でもアレクサンドリアでも開催され、祭祀の人気を高めた。おそらく祭りでは競技会も開かれた。アルシノエイアが催されたのは、エジプトで一年の末、毎年恒例の氾濫が始まる時期である[30]。アレクサンドリアでは、籠持ちの女性が祭りの行列を先導した。アルシノエの像が通る街路では、自発的な熱意によるのか、王朝に対する忠誠心を表明しなくてはという気持ちからかはともかく、住民たちが祭壇を設け犠牲獣を連れてきた[31]。これらの祭典では、女王の姿を描いたオイノコアイ（水差し型の酒器）がひとつの役割を果たしたろう。祭祀の女神官が街路の祭壇に葡萄酒で献酒ができるよう、忠実な臣下にして崇拝者たちがそれらを手渡したと思われる。

こうした酒器に描かれた女王は直立し、杯を持った右手を伸ばして祭壇に神酒を注ぎ、左手には菓子や葡萄で一杯のディケラ（二重の豊穣の角）を持っている。背景には花綱で飾られた聖なる枕がある。ある意味で女王は自分自身に[32]、あるいは自身のある属性に対して神酒を注いでいるのである。銘文には多くの事例が刻まれている。オイノコアイの銘文はアルシノエをアプロディテではなく、イシスまたはアガテ・テュケ（ヘレニズム時代に人気のあった幸運の人格化）に結びつけている[33]。オイノコアイの制作は、アルシノエがまだ生きている間に始まったのかもしれない[34]。酒器は彼女とその祭祀の人気を証明するだけでなく、女王の霊が国内の世界を守る者として理解されていたことを示す[35]。プトレマイオス朝の女王たちの姿が描かれた奉納用の多くのオイノコアイは、エジプトや地中海のいたる所で発見されており、それらが持続的に受け入れられたことを証明する[36]。

アルシノエはギリシア風とエジプト風の別々の祭祀をもっていたが、ファイユーム（エジプトの一地域で、プトレマイオス朝によってめざましく発展し、ギリシア人が定住した）で新しく作られた行政区域たるアルシノエ地区《ノモス》において、彼女はエジプト人とギリシア人両方のための地区女神となった。[37] すでに見たように、アルシノエに対する祭祀は東地中海、とりわけエーゲ海とキプロス島の港町で発展し、[38] はるか遠く黒海沿岸にまで及んだ。[39] このように非常に多様なやり方で、アルシノエの祭祀は彼女の王朝を称えたが、それはまたエジプト本国と同じく地中海世界一帯においても幅広い人気を集めていたのである。アルシノエの祭祀が狙いを定めたのはエジプトの全住民、すなわちエジプト人とギリシア人の両方であったが、それが公的なものとして永続するには、プトレマイオス朝の善行から直接恩恵を受けた数少ない集団に頼っていた。[40]

都市創建の名祖

フィリッポス二世は諸都市を自分にちなんで命名し、息子アレクサンドロスがこれに倣った。大王の死後、後継者たちはこの習慣を模倣したが、同時に新しいやり方を創造した。新しい都市を建設したり既存の都市を再建して自分の名前をつけたのに加えて、家族の女性にちなんで諸都市を命名するようになったのである。[41]*40 いくつもの王朝が競い合う世界、とりわけ二つの王朝がぶつかり合っている地域では、名祖となる都市を創建できるかどうかが、闘いの成功または失敗の印となった。[42] 王たちが名前を選ぶ場合もあれば、都市の側が、恐怖心から、あるいは保護を求めて名前を選ぶ場合もあった。[43] これまでは、王族女性にちなんで諸都市が命名されるのは彼女の男性親族の存在ゆえであり、命名自体は女性による行為ではないと想定されてきた。この想定はおそらく正しいが、いくつかの古代史料は、正確かどうかはともかく、王族女性たちが都市を建設して自分の名前をつけたと述べている（たとえばストラボン一〇・一一・一二一、第二章参照)。名祖をもつ都市はたいてい、命名のもとになった人物の祭祀を維持し、市民は都市創建者たる彼女たちに犠牲を捧げた[44]。

プトレマイオス二世はアレクサンドリアのいくつもの街路をアルシノエにちなんで名づけ、たいていはよく知られた他の女神の形容辞を借りて彼女の名前に結びつけることで、彼女の祭祀のいろいろな側面を強調した[45]。しかしアルシノエの名祖の大半は都市の命名にかかわるもので、その多くはエジプト国内にあり、形容辞をもたなかった。すでに見たように、リュシマコスとの結婚中、すでにいくつかの都市がアルシノエにちなんで命名されたが、多くはプトレマイオス二世と結婚してから名づけられた。多くの場合、都市とアルシノエのつながりは、貨幣の表面《おもて》に彼女の姿を彫ることで強められたり範例とされたりした[46]。アルシノエにちなんで都市を命名あるいは改名するという選択は人気を博した[47]。これらの都市の創建や再創建の年代を特定するのは困難だが、その一定数はクレモニデス戦争に関係すると思われる。この時に命名ないし改名された場所はどれも、プトレマイオス海軍にとって非常に重要な港だったからだ[48]。それゆえ名祖を伴うこれらの創建は、王朝やアルシノエ自身に対する包括的な名誉である以上に、彼女に帰せられる特定の政策に結びついていた[49]。その後プトレマイオス朝の勢力が衰退すると、再創建された都市の多くは元の名前に戻った。しかし新しい都市の場合、アルシノエの名前はたいてい彼女の祭祀と同じように残ったし、プトレマイオス朝勢力の中心地域ではアルシノエにちなんだ名のままだった[50]。実際、アルシノエの記憶は地中海沿岸地域に深く刻み込まれたので、諸都市の名前および祭祀の人気のおかげで、彼女は広大な範囲にわたって変わらぬ存在感をもっていた。アルシノエを名祖とする諸都市は、彼女の力とプトレマイオス海軍の力を体現していた。

彫像

多くの彫像がアルシノエのものとされてきた。彼女の肖像彫刻は一冊の学術書に値するのだが、そのような書物はまだ現われていない[51]。肖像の大半は死後に制作されたと思われ、多くは彼女の祭祀に関連する[52]。本書は彼女の生涯に焦点をあてるので、肖像については短く論じれば十分だろう。

アルシノエの祭祀が二面性をもっていたのとまったく同様に、彼女の身体を表わす彫像も二面的だった。プトレマイオス朝の美術は、プトレマイオス君主政と同じく「分割された人格」をもっていた[53]。アルシノエのエジプト的およびギリシア的な表象は、非常に異なる伝統から生じ、完全にではなくとも別々のままだった。時間がたつにつれて徐々にギリシア美術の伝統が、エジプト様式によるアルシノエおよび他のプトレマイオス王たちの肖像に影響を与えた。ヴァチカンのグレゴリアーノ美術館には、アルシノエの巨像がプトレマイオス二世の揃いの巨像と並び（図6-1）、彼女の名前と形容辞が刻印されている。これはほぼ確実に初期の、おそらく生前の像で[54]、きわめて伝統的なエジプト様式によるアルシノエの表象だ。彼女は三つの部分からなる鬘《かつら》をかぶり、額に二つの蛇形記章（ウラエウス＝君主権を象徴する様式化された直立のコブラ）を付けている。体にぴったりした衣装は数千年にわたってエジプト美術に見られるもので、無表情な顔は個性化されていない。アレクサンドリアの海岸から少し沖のファロス島で発見された三体の巨像（プトレマイオス二世、アルシノエ二世、およびおそらくアンモン）の断片も、プトレマイオス二世の治世に属し、アルシノエの生前と思しい[55]。この三体はアルカイック様式で作られ、新王国第十九王朝の様式に関連しているので、エジプト様式によるプトレマイオス朝の記念物の多くがもっと新しい末期王朝時代の様式であるのとは異なる。他方で、メトロポリタン美術館所蔵でアルシノエの碑銘のある小像（図6-2）は前二世紀のものとされ、さらに後期の、よりヘレニズム

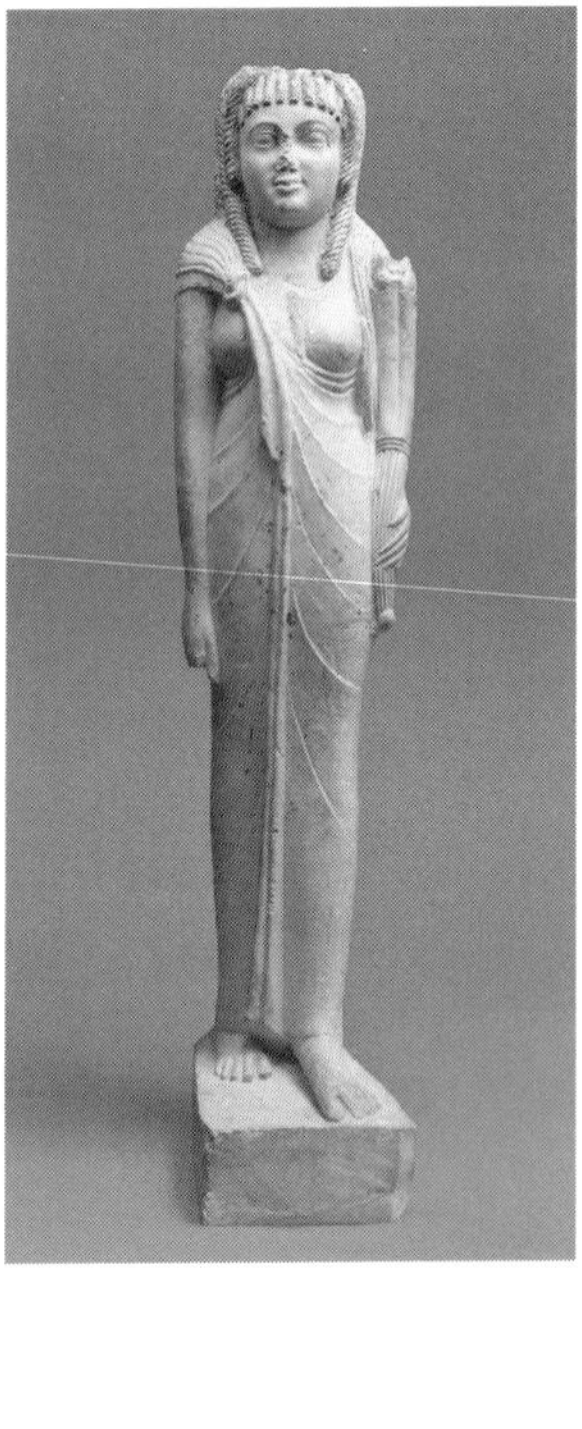

上：図 6-1　エジプト風のアルシノエの像、および特定できていない王女（左）とプトレマイオス二世（右）。ヴァチカン、グレゴリアーノ・エジプト美術館。© 2018. Photo Scala, Florence

下：図 6-2　エジプト風のアルシノエ二世の小像。メトロポリタン美術館。写真：akg-images/アフロ

化されたエジプト様式を表わしており、顔もずっと個性化されている。髪は螺旋状の巻き毛（ギリシア風の髪型）だが、小像は片足を前に出し、伝統的なエジプト風のこわばった姿勢を保っている[56]。

　エジプト様式による彼女の彫像は、いくつかの点でギリシア風の彫像よりはるかに特徴的である[57]。エジプト様式の肖像では、アルシノエは通常二つの特徴的な持物《じぶつ》を有するが、彼女の彫像にたいてい刻文されている称号はさらに意味深い。

　エジプトの多くの王族女性は、彫像でハゲワシの冠および／またはハトホル神の角と円盤を付けた長い羽根飾りを身につけている（序章参照）。これに対してエジプト美術のアルシノエは通常、それ以前には見られない彼女独自の風変わりな冠を、これ見よがしに被っている[58]（図6-3）。それは下エジプトの赤い王冠から冠の螺旋を除いたものに似ているが、新たに付加されたものがいくつもある。すなわち二枚の長い羽根飾り、羊の角、牡牛の角、太陽の円盤である[59]。エジプト美術でアルシノエが被っている冠が、エジプト美術で表現される他の冠と同じく、物理的に実在していたのかどうかは今後の検討課題である[60]。冠を表現する際のさまざまな特徴に変異があることは、芸術家が標準的な持物のイメージではなく、宮廷から送られた一覧から特徴を選んで制作したことを示唆する[61]。この冠はどことなく彼女のエジプト風の祭祀に関連し、しばしば死後の持物と見なされてきた。アルシノエの祭祀を死後のものと信じる論者がその典型である。しかし、冠の年代は彼女の生前であると考える者もいる[62]。アルシノエは、プトレマイオス朝で特別な図像学を伴う最初の女王である[63]。クレオパトラ二世、三世、七世の若干の彫像も、アルシノエの冠を被っている[64]。

　冠とその構成要素の意味については多くの議論がなされてきた。冠の特徴を特定の神格ないし宗教的経験に結びつける試みもなされてきた[65]。さまざまな象徴を確定したり定義したりする試みは、とりわけ象徴の起源があまりに遠い過去にさかのぼる場合には、とうてい厳密な科学とは言えない。冠が暗示す

図6–3　神殿壁面の浮彫り、サン・エル・ハガールのプトレマイオス二世の礼拝所より。© Trustees of the British Museum/amanaimages

るのは、アルシノエを王の諸権力に結びつけようとする、巧緻で神秘的なまでに繊細な試みである。[66] もちろん冠それ自体からは、彼女が弟の共同統治者であったことはほとんど証明できない。[67] ある人物を権力の持物と共に表現したところで、持物が力をもつわけではないし、力をもっていると証明するわけでもない。[68] しかしそうした描写は、特異な性質を与えられた何ものかを意味するはずだ。その目的固有の性質が曖昧なままにしろ、それはある目的のために構築されたのである。

アルシノエにはもうひとつ独特の持物がある。プトレマイオス朝の他の王族女性がコルヌコピア＝豊穣の角を一本だけ持つのに対し、彼女はしばしばディケラ＝二本の角を持つか、それに関連づけられる。[69]この特徴は、エジプト様式とギリシア様式両方のアルシノエ二世の彫像に見られる。アテナイオス（一一・四九七b－c）が言うには、彼女の彫像の持物ないし装飾として豊穣の角を作らせたのは、プトレマイオス二世自身である。[70]この彫像を制作した職人は、それをアマルテイアの山羊〔赤児のゼウスに乳を与えた〕のよく知られた角より豊かなものにしたとアテナイオスが述べているので、この象徴はアルシノエがもたらす何かの豊かさに関連するが、それ以上の意味をもった可能性がある。[71]

特徴的な冠と豊穣の角に加えて、エジプト美術ではアルシノエが額に二重のウラエウス＝蛇形記章を付けるのが通例である。この二重の蛇形記章はファラオとしての男性と女性の両方に先例があり、異なる時代の異なる種類の人々に対して、明らかに異なる意味をもっていた。第二十五王朝の支配者にとって、二重のウラエウスはおそらくクシュとエジプト両方の支配を意味した。[72]ファラオとしての女性の類例は第十八および第十九王朝の女王たちで、全員ではなくともその多くは後継者が玉座につくのを助けたり、摂政として、あるいは息子を支持して活動した。[73]アルシノエの二重のウラエウスは、かつての王族女性たちの政治権力を暗示するかもしれないが、むしろ「神なる姉弟」の祭祀に関連する可能性のほうが高い。[74]

エジプト風のアルシノエの表象において、最も異例で問題となる特徴は称号である。エジプトの王族女性たちの名前は、少なくとも中王国時代以降はカルトゥーシュの中に現われた。そしてかつてはもっぱら男性のものだった王権の他の象徴の多くが、しだいに王族女性にも与えられるようになり、それはエジプト王権に頻繁に見られる権力の二元的な理解の一部となった（序章参照）。しかしこれ以外の王の持物、とりわけ玉座名が与えられたのは、ファラオとなったごくわずかな王族女性、つまり単なる配偶者ではなく実際に統治した女性だけである。[75]アルシノエは他の王族女性と同じく、カルトゥーシュに入った名前をもつばかりか、プトレマイオス朝の王族女性として初めて玉座名がカルトゥーシュに加えられた。彼女は「上下エジプトの王」と表示されたが、これは通常ファラオにつけられる名称である。[76]この称号は彼女の死後に与えられたと思われるが[77]、死後ではあっても彼女を支配者として認めている。たとえ死後のものでも、アルシノエの王の称号は多くの問題を引き起こし、どれも容易には解決できない。宮廷における彼女の実際の力がどうであれ、プトレマイオス二世がなぜアルシノエにエジプト王なる称号を与えたのか疑問である。マネトを始めとするプトレマイオス朝の神官たちは、かつての女王たちの存在をおそらく知っていたろうが、それらの女性はファラオの規範にほとんど当てはまらなかった。[78]ギリシア人・マケドニア人の臣下たちは、これらの称号とその意味について何も知らなかったろうから、プトレマイオスの決断はエジプトの神官階級に向けてなされたに違いない。とはいえ、こうした例外的な称号がこの階級にとって魅力的に見えるだろうと、なぜプトレマイオス二世が考えたのか、その理由はわからない。おそらく彼は、神官たちがともかくも彼女のエジプト風祭祀を支持してくれることを承知していたのだろう。[79]

もうひとつの問題は、この点をめぐるエジプト語とギリシア語の史料のくい違いである。ギリシア語史料には、アルシノエに対するこのエジプト風の称号に類する物は何もない。[80]実際のところ、王族女性による(「状況に応じて」とは正反対の意味で)制度化された支配なるものを、マケドニア人やギリシア人がどうやったら思い描けるのか、想像もつかない。すでに見たように、詩人アポロニオスはファイアキア人の女王アレテの役割を、ホメロス的な共同統治者から、寝物語でわがままを押し通す女性へと変容させた(第五章参照)。ギリシア人著作家たちは、アルシノエの権力が示すものを隠すどころか[81]、彼女の王としての役割について何も知らなかったのだ。ここで我々が直面するのは、文字通り「物を二重に見る」必要性である。我々は二種類の史料の相違を、両方の史料的価値を認めた上で扱う必要がある。[82] 読み書きのできるエジプト人は、ギリシア人・マケドニア人の臣下に比べて、アルシノエをより強力な人物として理解しただろうか、それともギリシア語とエジプト語の史料は、同じ状況を二つの異なる文化特有の表現と文脈で描いているのだと考えるべきなのか。

最後に、彼女の称号が神官階級を喜ばせるだろうとプトレマイオス二世が考えたか否かはともかく、なぜ彼は妻にこれら数々の称号や謎に満ちた王冠を与えたのか。なぜ彼はアルシノエの生前にも死後にも、総じて女性の王権なるものを前例のないほどにまで制度化したのか。彼にとってどういう利益があったのか。これらの施策が確実に意味するのは、王族女性をプトレマイオス君主政に包摂することがますます自分の利益になるのだと、プトレマイオス二世が考えたということだ。

特別な王冠とファラオの称号は、アルシノエがエジプトで実際に王権を行使したことを示すだろうか。もしも王冠と称号のどちらも彼女の死後に与えられたのなら、答えはノーだ。称号や徴表がなくとも権力の行使はできるし、それらをもっていても実際には権力や影響力を行使できない場合もある。他方で王冠や称号から生前のアルシノエの卓越性、生前の彼女の祭祀に至るまで、すべてが彼女の実際の権力を示唆している。[83] 現実問題として、彼女が生きている間も死んだ後でもプトレマイオス二世は、エジプトとマケドニアの女性たちが行使していた一時的な権力を制度化しようとしたのである。

ギリシア美術の伝統において、女性の肖像は異常なまでに類型的である。芸術家たちは実在する個人の明確な特徴を再現することにはほとんど興味を示さず、個々人よりむしろ美徳を表現することに関心を寄せた。[84] そのため人間の女性と女神、一般の女性と王族女性を区別するのはとてつもなく困難である。[85] 件《くだん》の女性が神格化され、女神として彫像に描かれる時、この区別はとりわけ問題となる。[86] ある肖像を同定する際に最も頼りになるのは持物、すなわち衣装やポーズであり、とりわけ像に付随する何らかの銘文である。[87] 多くの頭部像をアルシノエに同定する根拠は、それが彼女の貨幣の肖像に似ていると思

図6-4　女神もしくは王妃の像の頭部。アルシノエ一世または二世の可能性もある。Catharine Page Perkins Fund 96.712 Photograph © 2018 Museum of Fine Arts, Boston. All rights reserved. c/o DNPartcom

われることだ[88]。しかしすぐわかるように、この方法も問題だらけである。世界中の美術館に展示されている美しい女性の頭部像では、添付されたラベルの当座の説明がしばしば矛盾している[89]（たとえば図6-4）。「おそらくプトレマイオス朝の女王、たぶんアルシノエ一世または二世の肖像を意図したもの」[90]（図6-5）だとか、当たり障りのない「プトレマイオス朝の女王」とか[91]、もっと曖昧なのは「女神または女王の頭部」といったふうに。これら頭部像の多くはもともとアルシノエに捧げられた聖域で発見されたのかもしれないが、大半はせいぜい十九世紀の私的な収集品に由来するか、出土地がエジプトだといった曖昧な口伝えによるものでしかない。

　最も重要なのは文脈《コンテキスト》（またはその欠如）である。アルシノエの彫像はたいてい弟と一緒に現われる。大理石や青銅の一対になった彫刻は、直接であれ間接であれ、神なる姉弟の祭祀に関連する。ある意味でアルシノエは、そこにプトレマイオス二世がいるからそうとわかるのだ。ただしどちらの場合にも、二人の同定の本当の決め手となるのは台座に刻まれた碑文である。パウサニアス（一・八・六）は、彼らの影像がアテネのアゴラ、オデイオンの入口近くに立っていると述べている。オリンピアにはカリクラテスが奉納した彫像があった（第五章参照）。別の彫像一対はカラウレイア島のポセイドンに捧げられた。奉納者はアルゴリス地方のメタナ人で、都市の名前がメタナからアルシノエに変わってすぐ、都市名の変更を知らしめたいと思ったのだ[92]。一緒に現われることが多いとはいっても、プトレマイオス二世とアルシノエ二世の一対の彫像が、必ず男性と女性を同じ尺

図6–5　ハリカルナッソスで発見された、おそらくアルシノエ二世とみられる頭部。© The Trustees of the British Museum c/o DNPartcom

図6-6　アルシノエ二世とプトレマイオス二世のブロンズ小像。© Trustees of the British Museum/amanaimages

度で表現したと思い込んではいけない。二体はペアだが、必ずしも等しい大きさのペアではない[93]（図6-6）。それでもアルシノエの像はプトレマイオス二世を同定するのに役立つし、逆もまた同様である[94]。

　アルシノエの祭祀に用いられた安価な大量生産品のオイノコアイに描かれた彼女の像は、一見すると包括的な意味でギリシア風である。そこに刻まれた銘文から彼女の像であると同定でき、同様な酒器で彼女以降の女王の像も同定できる。オイノコアイの像の質は玉石混淆だが（大英博物館AN967226001、図6-7）、多くは個性化され、中には貨幣に刻まれたアルシノエの肖像に酷似したものもある[95]。オイノコアイのアルシノエは、彼女に特徴的な二重の豊穣の角と献酒用の椀を持ち、右側に祭壇を、左側に柱を伴って表わされる。表面上はギリシア風の外観であるにもかかわらず、実は酒器そのものがギリシアとエジプトの伝統の融合らしきものを表現している。ファイアンス（施釉、元来はエジプトの技術）を用いた陶器はエジプトの祭祀で用いられたが、アルシノエの衣装とポーズはギリシア風である（一部の学者はいくつかの、かすかでまちまちなエジプト的な影響を識別しているが、おそらくこれは、そうした作品が制作された作業場は、ギリシア人が経営するがエジプト人を雇っていたからだろう）[96]。オイノコアイのアルシノエ像と密接に関連すると思われるのが、今は大英博物館にある魅力的な小頭部像である。これもファイアンスで、アルシノエの祭祀で使われたと思しき小像の一部であることは明らかだ。頭部には銘文がないが、酒器に彫られた良質のアルシノエ像とは、とりわけ横から眺めた時に非常によく似ているので、ほぼ確実にこれをアルシノエに同定できる[97]（図6-8）。

学者の中には、ギリシア様式によるアルシノエや他の女王の肖像に、エジプトの伝統が影響を及ぼしたと信じる者もいる[98]。アレクサンドリアやエジプトの他の地方の住民たちが、両方の様式による肖像を見たことは確かである。肖像の二つの様式が互いに浸透したか否かはともかく、プトレマイオス王たちの二重のイメージは、住民や見物人も身につけていた文化的習慣の一部であったに違いない。

貨幣の肖像

プトレマイオス一世は前三〇四年頃に王の称号を採用して間もなく[99]、後継者たちの中で初めて貨幣に自分の肖像を刻印し、存命中の人物の肖像を貨幣に印すことによってギリシアの貨幣制度の性格を変えた。彼はプトレマイオス朝の貨幣における肖像表現で独特の永続的な伝統を確立し、アルシノエの貨幣の肖像もその一部をなしている。彼自身の貨幣とそれ以後の貨幣における彼の肖像自体が、ギリシア的な男性の肖像表現の伝統との間に著しい断絶を作りだしている。もっとも女性の肖像表現の伝統に比べれば、男性の肖像には多少なりとも写実的な伝統はあったが。プトレマイオス一世の貨幣の肖像は戯画に近く、新しい「理想」とするには最低レベルだった。鼻は長く、いささかデコボコな鉤鼻で、げじげじ眉、突き出た大きな目。非常に力強い顎は上を向き、顎と鼻が接触しそうなほどだ。彼の肖像は文字通りに写実的なわけではない。プトレマイオスは中年男性として表わされているが、最初の貨幣が登場した時は六十代で、貨幣の肖像は決して年を取らなかった。目標としたのは文字通りの写実主義ではなく、それらしく見えることであった(100)。

この肖像が規範となり、男女を問わずこれ以後のプトレマイオス朝の王たちによって、程度の差はあれ繰り返された(101)。王朝の創設者であるプトレマイオス一世の肖像だけでなく、アルシノエ二世の肖像も、王朝の終焉に至るまで貨幣に現われる。このような事例はプトレマイオス朝の中でもこの二人しかいない(102)。夫であるプトレマイオス二世の治世以後の貨幣に見られるアルシノエの肖像は、鋳造された時の女王の特徴を帯びる傾向があるものの、明らかに彼女は後代の王族女性に対するモデルの役割を果たした(103)。プトレマイオス二世およびそれ以後の支配者たちは、これらの肖像の刻印を踏襲することで過去との連続性を強調し、それによって王朝の統一性を高めた(104)。王たちの肖像を刻印した額面の大きい金貨は、王の死去や即位を記念したものであろう。それはまた権力が交代する時に、忠誠心を確保するという目的で贈り物として配ることができた(105)。

ギリシアの貨幣には、故人の英雄の肖像が登場することはあったが、人間の女性は決して登場しなかった。しかし前四世紀末に初めて、存命中の女性の肖像が貨幣に刻印された。ここでも先鞭をつけたのはプトレマイオス朝の成員である(106)。ベレニケ一世の頭部像がロドスおよびコス（彼女の息子で未来のプトレマイオス二世の生誕地）の、前四世紀末と思われる貨幣に現われる(107)。アルシノエイア-エフェソスの貨幣は明らかにアルシノエとわかる女性の肖像を帯びており、おそらく彼女がリュシマコスと結婚

上：図6-7 オイノコアイ © Trustees of the British Museum/amanaimages

右：図6-8 ファイアンス陶器製の頭部 © Trustees of the British Museum/amanaimages

していた時期のものだ（第二章参照）。エジプトで制作された貨幣に王族女性が現われるのは、プトレマイオス二世の治世からである。エジプト貨幣に描かれたアルシノエの肖像は、[108]様式はギリシア風だが、必ずしもギリシア人住民だけを対象としたのではない。彼女の肖像の図像学的プログラムは、ギリシア人とエジプト人の両方に向けられていたと思われる。[109]

一部の貨幣は表面《おもて》に彼女の頭部だけを表わしている。[110]彼女はヴェールをまとい、王冠《ステファネ》と頭飾り《ディアデーマ》をつけ、髪をメロン型に結い、頭の後ろにはロータスの王笏《おうしゃく》がある。[111]羊の角が[*41]耳を取り巻いているが（図6-9）、これは明らかに彼女をアレクサンドロス大王と結びつけるもので、大王以外にこの持物を伴って表現されたのは彼女ひとりである。[112]アルシノエ単独の肖像をもつこれらの貨幣の裏面には、プトレマイオスの鷲や二重の豊穣の角、あるいは双子神《ディオスクーロイ》がある。銘文は「愛弟王アルシノエの」と読める。オイノコアイの横顔と同じく、貨幣の肖像のアルシノエは、長く鋭くほとんど尖った鼻先と、弓なりの鼻梁をもっている。顎はプトレマイオス一世の顎ほどには目立たないが似通っており、鼻と接触しそうだ。目は大きくて突き出ている。父親と違って彼女の額は後退し、唇はすぼみ、頰はふっくらしている。これらの貨幣のどれかが生前に発行されたかどうかは、とくに「愛弟王」という形容辞の年代が曖昧なために不明である。[113]

他の貨幣は表面に弟にして夫の横顔の背後に彼女を横顔で表わし（「重なり合った」と呼ばれる）、裏面にプトレマイオス一世とベレニケ一世を表わしている[114]（第四章参照、図4-1）。これらペアになった貨幣の肖像はこの王朝のひとつの特徴となり、プトレマイオス二世からは、重なり合ったペアの姿に王朝は自らを投影した。美しい金貨はプトレマイオス二世とアルシノエ二世の二重の像の典型となったばかりか、おそらく特定の出来事を記念した。[115]可能性が高いのは二人の結婚、姉弟神の祭祀の開始、あるいは愛弟女神としてのアルシノエの神格化である。単純に図像学と出来事の合体という観点から見れ

図6–9　アルシノエ二世の8ドラクマ金貨　写真：akg-images/アフロ

ば、二重に重なり合う形象が最もふさわしいのは二人の結婚または姉弟神の開始であり、おそらくそれはアルシノエの存命中に初めて二人が貨幣に描かれたことを意味する[116]。しかし今日の学界の一致した見解は、金貨は彼女の死後、ただしプトレマイオス二世の治世に作られたと考えている[117]。

　貨幣におけるアルシノエの肖像は、写実的だとか、少なくともギリシアまたはエジプトの様式による彫像よりは写実的だと見なされることが多かった。しかし夫婦の図像が互いに、そして反対面の他のペアともそっくりであることは、――突き出た凝視するような目によって――アレクサンドロスを暗示し、さまざまな特徴が実際に似ていることを強調または誇張しているのかもしれない[118]。というのも、その類似が逆に王権の正統性を証明し、過去との連続性を明示するからだ[119]。人は子供が父親に似ることを望む。テオクリトス（一七・六三）は、プトレマイオス二世が「父親によく似て生まれた」と述べている。類似は正統性を証明する。[120] 重なり合った二組のペアの肖像は、ある意味、若いほうが年長のペアの生まれ変わりであることを仄めかす。[121] その上、似ていることはペアになることの力を、兄弟姉妹が支配者であるという二重の形象の力をさらに強化した。王族のペアが両親だけでなく互いも似ているということは、支配権を倍加したのである。

他方で貨幣におけるアルシノエ二世と母ベレニケ一世の肖像は、初期の女性たちの肖像と比較して言うなら、実際より個性化されており、母と娘の肖像は確かに似てはいるものの区別がつく。[122] ある意味でアルシノエとその母の肖像は、プトレマイオス一世のそれと同じく、新しい女性の理想を表現している。[123] それでも、二組のペアの肖像のおそらく最も顕著な特徴は、プトレマイオス一世の肖像が（彼個人の貨幣の場合ほどではなくとも）非常に個性化されているのに、他の三人の個性化の度合いははるかに小さいということだ。さらにこれら三人の横顔はよく似ており、[124] プトレマイオス一世に似るよりもお互い同士のほうがずっと近い。[125]

クレモニデス戦争、アルシノエの記憶、彼女の息子

すでに見たように、クレモニデス戦争（前二六八頃〜二六一年）では、プトレマイオス二世の支援を受けた多くのギリシア諸都市が、マケドニア王アンティゴノス・ゴナタスの権力と対決した。この戦争が始まるまでにアルシノエは亡くなっていたが、アテネはプトレマイオス朝の関与を導いた政策に彼女を結びつけ、プトレマイオス二世とその提督は彼らの主張に対する支持を強めるために、アルシノエの記憶と祭祀を利用した。ほぼ同じ時期（前二六八／七年から二五九年まで）、プトレマイオスの息子でプトレマイオスと呼ばれる人物（歴史家の間ではプトレマイオス・ニオス「息子」として知られる）が、

プトレマイオス二世と共同統治をしたが、彼はプトレマイオス二世の息子でありながらティマルコスと共にアジアで父王から離反したため（トログス『序言』二六）、この地位はおそらく失われた。プトレマイオス二世の共同統治者とは、実はアルシノエがリュシマコスから生んだ息子なのか。あるいはプトレマイオス二世はこの戦争中に、彼をマケドニア王位に即けるため共同統治者に起用したが、彼がこの計画の失敗に不満を抱いて反乱を起こしたため、排除するに至ったのか[126]。

最近復活したこの人物の同定には多くの魅力がある。共同統治と戦争が明らかに同時であったこと[127]、戦争プロパガンダの道具としてのアルシノエの記憶の利用、父の玉座を回復するというリュシマコスの息子の利害とアルシノエの同じ関心、そして言うまでもなく、プトレマイオス二世の謎めいた共同統治者として彼以上にふさわしい候補を見出すのが難しいこと[128]。とはいえ利用できる史料の圧倒的多数はこの同定を否定する。

姉の記憶を称えるためであれ、アンティゴノス・ゴナタスを打倒するためであれ、プトレマイオス二世が自分の甥をマケドニアの玉座に即けようとしたとの結論は、戦争中の行動からは支持できない。プトレマイオス二世の軍は、マケドニア本国はもとより半島部ギリシアのどの地域にも侵攻しなかった。もし彼がリュシマコスの息子に父の玉座を取り戻させるつもりであれば、当然そうした作戦行動が必要だったはずだ[129]。リュシマコスの息子が自らマケドニアを攻撃したとの証拠もない。さらに、プトレマイオス二世がこの甥のマケドニア支配獲得の努力を支援したいと思ったにしても、そのために甥を共同統治者にする必要などなかったのだ。

もうひとつ明白な問題は、事実としてアルシノエの息子はプトレマイオス二世の子ではないことだ。プトレマイオス二世はすでにアルシノエ一世から実の息子を二人得ており、年長の息子はプトレマイオスという名だ（未来のプトレマイオス三世）。さらに他の女性との間にほかにも息子がいた可能性もあるが、プトレマイオス二世が甥を養子にしたという証拠はない。養子に関する唯一の事実は、アルシノエ二世がアルシノエ一世の子供たちを養子にしたことだが、疑いなくこれは弟と結婚した時のことだ（第四章参照）。考えられる可能性は、アルシノエ一世の子どもたちが当初は母親の没落後に父王の寵愛を失ったが、謎めいたプトレマイオス・ニオスの反乱後、ようやくプトレマイオス三世エウエルゲテス（善行王）が本当に父親の継承予定者になったということである。[130] とはいえアルシノエ一世の子供たちが、母親の比較的穏やかな失寵ないしは追放を共にしたと結論するのに十分な根拠はない。未来のプトレマイオス三世は、母親が自ら関与したかもしれない陰謀について、責任を問われるには若すぎた。[131] もしアルシノエ一世の陰謀なるものが実際にはただの虚構だとしたら、冷酷非情とはいえ、プトレマイオス二世が実の息子の相続権を剝奪することはなおさらあり得ない。

アルシノエ二世の息子の最終的な運命については、いくつかの事がわかっている。リュシマコスの息子でプトレマイオスなる者が、二五九年頃からリュキア地方のテルメッソスを支配した。この人物は確かにアルシノエ二世の息子である。[132] リュシマコスの息子プトレマイオスは、前二五八年頃にテルメッソスの碑文に現われ、[133] 彼がこの地域に所領を有するか、もしくはプトレマイオス朝の役人であったことがわかる。これより後、前二四〇／三九年の一碑文（*OGIS* 55=Austin 1981: no.271）は、プトレマイオス三世善行王がリュシマコスの息子にテルメッソスの統治を委ねたことを証明する。彼の子孫は前二世紀までこの地域を支配した。[134] 言い換えると、結局リュシマコスの息子はおそらく母親の影響力および叔父（後には従弟）との関係のおかげで、[135] アナトリアにおける父リュシマコスのかつての領土の一部を支配し、自分の子孫にその地位を受け継がせることができたのだ。[136] 彼はリュキアに来る前にプトレマイオス帝国内で他の官職を持っていたかもしれないが、それについては史料がない。プトレマイオス二世はアルシノエと結婚する時に、彼女の息子に何らかの地位を与えると約束してそれを果たし、彼女の死後も支援し続けたのであろう。

リュシマコスの娘アルシノエ一世の運命が、リュシマコスの息子プトレマイオスという異母兄弟の比較的慎ましい前途について語る上で、ささやかな手がかりとなろう。ヘレニズム時代の権力政治においては、敗北して死んだ父親は大した価値をもたなかった。アルシノエ二世の影響力がある分、息子の前途は異母姉妹よりましだった。しかし父親がコルペディオンで敗死し、自身もケラウノスやアンティゴノス・ゴナタスをマケドニアの王位から放逐できなかった男には、プトレマイオス二世との共同統治などという大それた地位は、単純に言ってとうてい考えられなかった。リュシマコスの息子プトレマイオスは身の程をわきまえ、分の限り最善を尽くし、小君主としての務めを立派に果たして、子孫のために安定した地位を築いたのである。

プトレマイオス二世の非再婚と彼の遊女・愛人の役割

アテナイオス（一三・五七六e–f）はプトレマイオス三世の『回想録』を典拠として、プトレマイオス二世は非常に多くの女性の愛人をもち、アプロディテのお務めにとりわけ熱心だったとコメントし、ビリスティケを含む多くの名前を挙げている。そしてポリュビオス（一四・一一・二）がもうひとり、酒酌み女のクレイノに言及していることを付け加え、アレクサンドリアには下着姿《トゥニカ》で手に角杯《リュトン》を持った彼女の像がたくさん立っていると語っている。プトレマイオス二世はこれらの女たちに、神格化を含む公的役割を与えた[137]。彼の王朝の特徴である贅沢《トリュフェー》は、この文脈では規範から逸脱する側面だけでなく性的側面をも有している。姉との結婚であれ遊女の神格化であれ、王は一般人が従うべき規則を破った[138]。彼の女性関係の少なくとも一部は、アルシノエ二世が死ぬ以前からあったと思われる[139]。しかし王の愛人たちはアルシノエが死去したおかげで、彼女の生前に可能だったよりいっそう注目を浴びることが許された。

王の妻と愛人の間にどんな形であれ明確な境界線を引くことは決して容易でないが[140]、プトレマイオス二世は彫像や記念物の建立ばかりか、アプロディテに関連する祭祀の創設によって、何人もの愛人の地位を高めた。プルタルコス（『モラリア』七五三e−f）は、彼がアプロディテ・ビリスティケにいくつもの神殿と聖域を創設し、アレクサンドリアの住民はそれらをプルタルコス自身の時代（後一世紀後半から二世紀初め）にもまだ維持していたと述べている[141]。このように、アルシノエもビリスティケも同じくアプロディテに関連づけられた。祭祀によって妻と愛人を明らかに等置するのには前例がなくはないが[142]、生まれたのは明らかにアルシノエの祭祀と同時ではなかった。アルシノエや彼女の母ベレニケ一世と同じく、おそらくこのビリスティケもオリンピックに参加し、アルシノエの死後まもなくその勝利を祝ったと思われる[143]。また、よく似た名前の女性がアルシノエの祭祀で籠持ちの役を務めた[144]。ビリスティケの経歴を正確にどう解釈すべきかについては議論がある[145]。その理由はとりわけ、これらすべての言及が同じ女性を指しているのかどうか確実でないからだ。しかしたとえ同一の女性を指すとしても、彼女は目立ちはしたものの女王の称号は帯びていなかったということだろう。現実に王の妻が存在しないため、ビリスティケは「半ば制度上の」役割を獲得したと思われる[146]。

アルシノエが死んだ時、プトレマイオス二世はまだ三十代後半か四十代初めだったにもかかわらず、アルシノエの死後は二度と結婚せず（これはとりわけ彼が後継者を必要としていなかったことを示唆する。第四章参照）、さらに二十年生きた。彼の決断は必然的にアルシノエを際立たせた。彼女は死者でありながら、実際には弟の配偶者のままだった。当然彼は現身《うつしみ》の女王をもつことで、この［アルシノエという」イメージ戦略の力を損なってしまうのを躊躇したであろう。(147) 死後一世紀たってもアルシノエは非常によく記憶されていたので、プトレマイオス二世の架空の宮廷に関する後二世紀の小説めいたお話でさえ、彼女を含めねばならなかったほどだ。(148)

なぜプトレマイオス二世はもうひとりの妻をもとうとせず、愛人たちの地位を高める道を選んだのか。彼がこれらの女性たちに与えた役割は、王権を「二元的なもの」として示したいという望みに関連するのかもしれない。(149) しかしながらプトレマイオス二世の再婚拒否は、愛人たちを公然化したり崇敬したがる性向よりずっと意味深い。古代世界では独身の王は稀であり、非婚のプトレマイオス王はなおさら稀だった。二世とその宮廷は何年もかけて、彼と姉との結婚で初めて可能となったプトレマイオス君主政の二重の未来像《ヴィジョン》を創り上げてきた。プトレマイオス二世は今現在の配偶者やもっと多くの正嫡の子供をもつことより、この未来像にいっそう力を注いでいることを明らかにしたのである。

プトレマイオス朝における死後のアルシノエ

アルシノエは王朝がエジプトを支配している間中、強力な存在であり続けた。彼女の祭祀は少なくとも前一世紀まで存続した。たとえばメンフィスでは、前七五年になっても主神プターと並んで崇拝されている。(150) エジプトの神官階級においても、彼女とプトレマイオス王たちへの忠誠は持続した。メンフィスでは前一世紀を通じて、何人もの神官の家族が娘たちをアルシノエやベレニケと名づけた。(151) アルシノエ二世以降は、プトレマイオス朝のいずれの国王夫妻もほぼ自動的に神格化され、「プトレマイオス家のカリスマ性」を示すと共に、王国に豊穣と繁栄を保証した。(152) すでに見たように、プトレマイオス朝の貨幣には、彼女の肖像がプトレマイオス一世のそれと共に、王朝の終焉まで刻印されていた。一世の肖像が踏襲されたのは彼が王朝の創設者であるからだが、アルシノエ二世の肖像が何世代にもわたって繰り返し現われた理由はそこまで明白ではない。彼女は文字通りには王朝の創設者でないものの、その中心をなす女性的記号として機能した。それは彼女の母親が血縁からいえば創設者であるのに果たせなかった役割である。妹フィロテラの記憶は比べ物にならない。二人の姉妹の崇拝が結び合わされた場合もあるが（*FGrH* 613 F5）、フィロテラ個人の祭祀に対する言及は前二六〇年が最後である。[153]

　アルシノエが文学の上でも造形の上でも象徴となった第一の理由は、彼女が王朝内で王族女性の地位が発展するための基礎だったからである。彼女と実の弟との結婚は、花嫁が花婿の実の姉妹であるか近親者であるかは別として、プトレマイオス朝のすべての結婚の手本となった。兄弟姉妹婚は必ずしも常に実現したわけではないが、理想となった。こうしてカノポス決議（*OGIS* 56）は、プトレマイオス三世とベレニケ二世を、プトレマイオス二世とアルシノエ二世の子供たちだと説明し、ベレニケ二世をプトレマイオス三世の姉妹にして妻であると述べている。ただしこの二人は兄弟姉妹ではなく、アルシノエ二世はどちらの母親でもないのだが。プトレマイオス四世以降は、本当に近親者同士の結婚が王朝を支配した。[154]アルシノエ二世の大成功を収めた祭祀は、プトレマイオス朝の女性たちの重要性を増すことに間違いなく貢献した。[155]当初プトレマイオス二世とアルシノエ二世の最大の特徴であった二人のペアの肖像は、延々と受け継がれた。アルシノエに結びつけられた図像学的プログラムのいくつかの持物（異例な王冠、二重のウラエウス、二重の豊穣の角、彼女の玉座名）を彼女以後に帯びたのは、プトレマイオス朝のごくわずかの王族女性だけである。こうした王と王妃の組み合わせの事例すべてが暗示するのは、プトレマイオス朝では男性のみならず女性もある種の公的権力をもっており、ある点では実際に支配しているのだという観念である。

　ベレニケ二世はアルシノエの手本にならってこの観念を打ち立て、拡大した。アルシノエ二世と同様、彼女も王の称号と個人としての祭祀をもったが、どちらも明らかに存命中のことである[156]。前二世紀にはクレオパトラ一世が夫の早逝後に摂政となり、王族女性が支配に関してより能動的な役割をもち始めた。プトレマイオス朝最後のクレオパトラ七世の経歴でそれは最高潮に達し、最も徹底した形式をとった。彼女は実際にひとりで統治しようとしたし、ある時期には現実にそうしたであろう[157]。すでに見たように、クレオパトラ七世がアルシノエ独特の頭飾りと二重の豊穣の角を借用したのは、偶然ではありえない。これらの象徴がもともと何を意味していたか、何を意味するはずであったかはともかく、クレオパトラがこれらを我が物にしたことは、少なくとも彼女がそれらを支配に結びつけていたことを、まぎれもなく示している。

ローマ時代のアルシノエ

かつてシルヴィア・バルバンターニが述べたように、プトレマイオス朝最後の支配者クレオパトラ七世の名声と形象は、プトレマイオス朝の他のすべての支配者たちの記憶と伝統を吸収してしまう傾向があり、この傾向は古代以降にも続いたばかりか強化された。クレオパトラ七世にはアルシノエ（四世）という名の異母妹がいたために、なおさらそうだった。このアルシノエは言わば反クレオパトラとして注意を惹きつけ、クレオパトラは悪しき妹から不当に扱われた良き姉とされた。アルシノエ四世は初めアレクサンドリアから逃亡したが、最終的にローマ軍の手に落ち、カエサルの勝利の凱旋行進に曳き出された。それからエフェソスのアルテミス神殿の聖域に追放され、マルクス・アントニウスとクレオパトラに処刑された。一九九〇年代にエフェソスで若い女性の遺骨が納められた墓が発見され、アルシノエ四世のものと判明した[158]。おかげでアルシノエといえば四世になり、他のアルシノエの記憶は薄れていく傾向があった。

ローマ皇帝たちは、エジプト様式の美術ではプトレマイオス王たち同様ファラオとして描かれたが、彼らは決してエジプトの伝統の一部にはならず、本当のエジプト風支配者でもなく、エジプトを支配した者というにとどまった。実際彼らはプトレマイオス朝やファラオ時代の多くの記念物を奪い、ローマへ持ち去った。たとえばアルシノエイオンはアウグストゥスの治世に取り壊されたらしく、そのオベリスクは確かに撤去された[159]（プリニウス『博物誌』三六・六四～六九）。アルシノエ二世の祭祀の多くは存続したが、彼女は今では特別な王族女性としてではなく、単なる守護女神として理解された[160]。アレクサンドリアや他の地域の街路は彼女の名前のままで、これもまた彼女の人気が続いたことを証明する[161]。ローマ時代にプトレマイオス王たちへの関心と敬意がいつまでも残ったことは、エジプトのアイデンティティに対する一種の忠誠になりえたし、現にそうなった。ローマの政治家たち、とりわけ皇帝とその家族は、プトレマイオス王権の形象のいくつかを借用した。カリグラ帝はプトレマイオス二世とアルシノエ二世の彫像をローマに運び（それらは今ヴァチカンにある）、女王の像を自分の姉妹に与え、疑いなく彼女を神格化した[162]。ローマ人は一対になった肖像を我が物とした。皮肉なことにマルクス・アントニウスとオクタウィアは、四ドラクマ貨幣でペアになって現われる[163]。これ以後もペアになった肖像をもつ貨幣が発行された。たとえば五五年頃の、ネロとアグリッピナを一対にしたアウレウス金貨がある[164]。ウィーンとサンクト・ペテルブルクにある有名なカメオは、どちらも男女一対の肖像を特徴としている。これらのカメオでペアになった肖像の人物は、オリュンピアスとアレクサンドロス、あるいはプトレマイオス朝のペアかユリウス・クラウディウス朝のペアというように、さまざまに同定され、年代も前三世紀から後一世紀の広い範囲で特定されてきた。どちらのカメオの年代も、ほぼ確実にヘレニズム時代末期ないし帝政初期である。肖像は横顔を二重に重ね合わせ、王族男女の類似性を強調するように作られ、二人の出自が共通でおそらく支配を共有していることを際立たせている[165]。もうひとつよく知られたカメオは八ドラクマ金貨を模倣したもので、その金貨はプトレマイオス一世とベレニケ、およびプトレマイオス二世とアルシノエ二世という二つの王族カップルを表わしている。ゲンマ・クラウディアは、左にクラウディウスと小アグリッピナ、右にゲルマニクスと大アグリッピナを描いている[166]。

古代以後のアルシノエ

古代以降にアルシノエはほぼ姿を消す。十五世紀のユスティヌスの挿絵入り写本（現ボドリアン図書館蔵）には、リュシマコスとアルシノエが穏やかな表情で夕食の席につく一方、アガトクレスが二人に毒を盛られ床に倒れている場面が現われる[167]。ただし全体としては、クレオパトラ七世の記憶が支配し続けた。西洋美術にアルシノエ二世へのはっきりした言及を求めても無駄である。それでも彼女の波乱に富んだ人生におけるいくつかの事件は、十六世紀から十九世紀にかけて人気のあった歴史画には格好の題材となったらしい。十六世紀中頃（一五五五～六〇年頃）、ヤコポ・ティントレットとして知られるヴェネツィア派の画家が、「アルシノエの救済（または救出）」を描いた（現、ドレスデン、アルテ・マイスター絵画館蔵）。しかしそれが描くのは、リュシマコスの死後エフェソスから逃亡するアルシノエ二世というより、アルシノエ四世のアレクサンドリアからの救出である。文学でのアルシノエは、モリエール『人間嫌い』の同名の登場人物と同じく、単なる一般的な古典主義から着想されているようだ。そもそもギリシア神話の多くの女性がこの名前をもっていた[168]。十七世紀末に始まり十八世紀全体を通して、多様な言語による驚くほど多数のオペラと戯曲が、アルシノエという名の主要人物を登場させ、多くは題名にした。ペトロニオ・フランチェスキーニのオペラ『アルシノエ』（一六七六年）、トマソ・スタンツァーニの『アルシノエ』（ボローニャ、一六七六年）、トーマス・クレイトンのオペラ『キプロスの女王アルシノエ』[169]（一七〇五年）、ラインハルト・カイザーのオペラ『偉大なる魂あるいはアルシノエ』（一七一〇年）、アントニオ・カルダーラのオペラ『欺瞞の中の真実すなわちアルシノエ』（一七二七年）、アントニオ・ビオーニの音楽劇『アッタラまたはアルシノエ』（一七二八年）、アンドルー・ヘンダーソンの『アルシノエまたは近親婚――一篇の悲劇』（一七五二年）、ヴィンツェンツォ・レグレンツィオ・チャンピのオペラ・セリア『アルシノエ』（一七五八年）、ガエターノ・アンドレオッチのオペラ・セリア『アルシノエ』（一七九五年）。これらのオペラの多くは古典的な筋書きと主題をもち、女性の登場人物とその情事に焦点をあてている。[170] アルシノエ二世のメロドラマ的な生涯の物語は、オペラにとって既製品のように見える。しかしティントレットの絵画とまったく同様に、これらの劇作品もたいていは「間違った」アルシノエを扱っている。すなわちその名の人物の多くは王族の女性であり、筋書きの中心は宮廷での陰謀にあるけれども、アルシノエ二世に基づいていないのだ。いくつかの劇は歴史上のまったく別の人物から着想を得ているらしく、他の劇には歴史との明確なかかわりがない。カイザーのアルシノエはベレニケ二世の母アパマに基づき、カルダーラのアルシノエはアッシリアの玉座の後継者で、ビテュニアの陰謀に巻き込まれる。クレイトンのアルシノエはキプロスを支配している。事実としてプトレマイオス朝の王たちはおおむねキプロスと関係をもったし、アルシノエは特にそうだったのだが、王家の企み[171]はプトレマイオス朝の陰謀を連想させるものの、その筋書きはプトレマイオス朝の特定の女性に適合しない。さらにアンドレオッチのアルシノエはホメロス風である。

例外は十八世紀中頃のアンドルー・ヘンダーソンによる『アルシノエまたは近親婚――一篇の悲劇』である。上演されたことがあるかどうかはともかく、書かれたのは一七五二年。驚くことに、件の近親婚はアルシノエ二世とプトレマイオス・ケラウノスであって、彼女とプトレマイオス二世ではない。ヘンダーソンの筋書きはユスティヌスによる結婚と殺人の叙述に大きく依拠しており、当然ながら彼はアルシノエを被害者に、ケラウノスを悪役に仕立てている。ヘンダーソンはユスティヌスの手本に従って、新郎新婦の両方に政治的動機があったとする一方、実際には双方が互いに性的関心を抱いていた、ただしケラウノスの関心のほうがアルシノエよりも強かった、というふうに描いている。ヘンダーソンは近親相姦の願望は度が過ぎるゆえに間違っていることを示唆し、思慮節制《ソーフロシユネ》の智慧を延々と説く。ヘンダーソンのアルシノエは邪悪ではないが、愛情と息子のための野心によって惑わされている。ヘンダーソンが二人の侍女をヘレン、オリュンピアスと名づけているのは意味深い。

　古代の神話や歴史における他の数多《あまた》の人物たちと異なり、アルシノエ二世が近世から十九世紀までの文学と美術に対して、ほとんど着想を与えられなかったのはなぜか。その理由は憶測するしかないが、彼女がアガトクレスの誘惑を試みたという物語（パウサニアス一・一〇・三）に関連する場合、特に問題となったのは間違いなく近親婚であろう。それもアガトクレスだけが相手なら、最も有名な女王と同じく、アルシノエを好奇心をそそる悪女にするだけで済んだであろう。しかし実の弟との結婚はキリスト教の伝統に真っ向から逆らうものだった。十九世紀において兄弟姉妹婚は、アルシノエが数々の陰謀を操る悪辣な女であることの証明となった。権力に飢えた女は病的な女であり、女の反対物だ。こうして彼女は、弟に自分との結婚を説得ないし強要する者となるのである。[172]

　現代において物事や人物をアルシノエと名づけることは、たいていは漠然と古典古代やエジプトに言及することでしかないと思われる。一八九五年に発見された小惑星アルシノエ、オーストラリアに生息し美しいマスタード色に輝く蝶ヴィンドゥラ・アルシノエ（その色はおそらく王族を暗示する）、グーグルで見られるたくさんの猫。さらにエロチックな漫画本シリーズでは、カバーに起用された若い女性が、どことなくエジプト風の宝石を何点か身につける以外はたいていヌードであったり、全裸の場合には背景にピラミッド群が現われる。こういったものがみな、この一般的範疇に当てはまるだろう。

アルシノエという名の人物が登場する歴史小説も、その大半は予想通りクレオパトラ七世の妹に焦点をあてている。だが例外が二、三ある。十九世紀ドイツのエジプト学者ゲオルク・エーベルスは、エジプトを舞台とする一連の歴史小説を刊行したが、そのひとつ、『アラクネ——歴史物語』（英語版は一八九八年刊）にはアルシノエ二世が登場する。エーベルスのアルシノエ一世は夫プトレマイオス二世を殺そうとして実際に陰謀を企てるが、その理由は夫が自分の姉のほうを好んだからだ。二人とも厳格な支配者ながら、アルシノエ二世は支配における忠実で有能な協力者である。ダンカン・スプロットの最近の二つの小説、『小説　プトレマイオス王たち』（二〇〇五年）と『クロコダイルの娘』（二〇〇七年）は、アルシノエ二世を主要人物としている。スプロットのアルシノエは、女性にはお馴染みのあらゆる紋切型を完全に満たしている。彼女は骨の髄まで悪人で、女性と政治権力についての毒薬と魔術を用いて、大勢の犠牲者たちに暗殺の陰謀を企て、アガトクレスとプトレマイオス・ケラウノスの両方への欲望に懊悩するが、政治への関心ゆえに男性的で例外的とされる（女性のふるまいに対するスプロットのモデルは、マケドニア風というよりアテネ風に思えるが）。これらの小説作品に加えて、アルシノエ二世についてギリシア語で一般向けの短い伝記が最近出版された[173]。

現代世界において、アルシノエ二世に関する何かを思い起こさせる、おそらく唯一の痕跡は、キプロスのレメソス近くにあるアルシノエ・ビーチホテルである。キプロスにはアルシノエにちなんで名づけられた多くの都市があったが、このホテルはそのいずれにも特に近いわけではない。だからこそ名づけられたのだろう。

主要人物一覧

アガトクレス　リュシマコスが最初の妻ニカイアから得た息子。明らかに王位継承者であったが、リュシマコスは彼の死を命じたか、黙認した。

アルシノエ一世　リュシマコスの娘でプトレマイオス二世の最初の妻。二人の間に生まれた子供たちには、未来のプトレマイオス三世が含まれる。コプトスへ追放された。

アンティゴノス・ゴナタス　攻城者デメトリオスの息子。マケドニアの玉座をプトレマイオス・ケラウノスから取り戻そうとし、当初は失敗したが、侵入したガリア人の撃破に成功してマケドニア王となった。彼の子孫はローマに征服されるまで王国を支配した。プトレマイオス二世の主要な敵であった。

エウリュディケ　アンティパトロスの娘でプトレマイオス一世の妻。彼との間に六人の子供を生み、その中にはリュサンドラとプトレマイオス・ケラウノスが含まれる。ベレニケ一世の母の従姉妹。

カリクラテス　プトレマイオス二世の提督で、アルシノエ二世のためにアルシノエ・アプロディテの祭祀をゼフュリウムに創設した。「神なる姉弟」の祭祀の最初の神官でもある。

セレウコス一世ニカトル（勝利王）　アレクサンドロス大王の将校で、大王の後継者のひとり。セレウコス朝の創始者で、その帝国は旧ペルシア帝国の大半を含む。前二八一年にリュシマコスを破ったが、プトレマイオス・ケラウノスによって殺害された。

デメトリオス一世ポリオルケテス（攻城者）　アレクサンドロス大王の後継者アンティゴノスの息子。カリスマ的な将軍であるが、王としては数々の勝利も領土の支配力も維持することができなかった。

フィロテラ　プトレマイオス一世とベレニケ一世の娘、プトレマイオス二世とアルシノエ二世の実の妹。一度も結婚しなかったが、おそらくアルシノエ二世死去の少し前に死後神化を受けた。

プトレマイオス一世ソテル（救済王）　アレクサンドロス大王の側近護衛官のひとりで、大王の後継者のひとり。エジプトに王国を樹立。エウリュディケやベレニケ一世を含む多くの女性と結婚し、数多くの子供たちの父親となる。子供にはプトレマイオス二世、アルシノエ二世、プトレマイオス・ケラウノスが含まれる。彼の王朝は後継王たちの下で独立した支配を続け、最後の王クレオパトラ七世の敗北と自殺によって終わる。

プトレマイオス二世フィラデルフォス（愛姉王）　プトレマイオス一世とベレニケ一世の息子、アルシノエ二世の実の弟。父王と共同統治し、それから単独で支配。最初にアルシノエ一世と結婚して子供を得るが、後に彼女を追放し、実の姉アルシノエ二世と結婚。両親および自分自身とアルシノエ二世のための祭祀を創設し、彼女の死後にはアルシノエ二世だけの祭祀を創設した。

プトレマイオス・ケラウノス（雷）　プトレマイオス一世とエウリュディケの息子。父王の後継者となることを長らく期待していたが、前二八五年、プトレマイオス二世を支持する父によって拒否される。実の姉妹リュサンドラがアガトクレスと結婚していたリュシマコスの宮廷へ行く。アガトクレスの死後、姉妹と共にセレウコスの宮廷へ行き、彼に仕えるが、セレウコスを殺害してマケドニア王位を要求した。アルシノエ二世と結婚し、彼女の息子たちを後継者にすることを約束するが、二人の息子を殺害。その後まもなく侵入したガリア人に敗れて戦死。

プトレマイオス（リュシマコスの息子）　リュシマコスとアルシノエ二世の息子。プトレマイオス・ケラウノスによる異母弟殺害の唯一の生存者。マケドニアの支配を取り戻そうとしたが失敗。おそらくテルメッソスで地方領主として生涯を終え、子孫が跡を継ぐ。一部の学者は彼を「プトレマイオス・ニオス

（息子）」と見なすが、同意できない。

プトレマイオス・ニオス（息子）　プトレマイオス二世の謎めいた共同統治者（前二六八／七～二五九年）。プトレマイオスの息子プトレマイオスとして言及される。一部の学者は、彼はアルシノエ二世とリュシマコスの息子で、その後叔父の養子になったと信じている。私見では、彼は間違いなくプトレマイオス二世と別の女性との間に生まれた息子。

ベレニケ一世　プトレマイオス一世の妻のひとりで、アルシノエ二世、プトレマイオス二世、フィロテラを生んだ。これ以前の結婚からも子供を得ている。

リュサンドラ　プトレマイオス一世とエウリュディケの娘、プトレマイオス・ケラウノスの実の姉妹。アガトクレスの妻で、後に未亡人となる。

リュシマコス　アレクサンドロス大王の側近護衛官のひとりで、大王の後継者のひとり。後にトラキアおよびアナトリアとマケドニアの一部の王となる。何人もの妻をもち、前三〇〇年頃、アルシノエ二世と結婚。

年表

＊年代はすべて紀元前。
＊原著の年表に後継者戦争期の事件を補って作成した。著者が注記するように、アルシノエにかかわる出来事の事実上すべてがおよその年代であり、大半が論争の的である。

三二三年六月　アレクサンドロス大王がバビロンで死去
　大王の弟フィリッポス三世と嬰児アレクサンドロス四世が即位
　大王の側近が帝国領を分配し、プトレマイオスはエジプトを、リュシマコスはトラキアを得る
三二一　後継者戦争が勃発し、摂政ペルディッカスがエジプトで殺害される
　アンティパトロスが後継摂政となり、王族を連れてマケドニアへ帰国
　後継将軍による婚姻同盟が結ばれ、プトレマイオスはアンティパトロスの娘エウリュディケと結婚
三一八～一四　アルシノエ二世、プトレマイオス一世とベレニケの娘として生まれる
三一七　マケドニアで王権が分裂し、大王の母オリュンピアスがフィリッポス三世夫妻を殺害
三一六　カッサンドロスがオリュンピアスを殺害し、マケドニアで支配を確立
三一〇頃　カッサンドロスがアレクサンドロス四世とロクサネの母子を殺害し、マケドニア王家が断絶する

三〇六～〇四	後継将軍たちが王を名のる
三〇一	イプソスの会戦でアンティゴノスが戦死、後継者戦争の第一段階が終わる
三〇〇	アルシノエがリュシマコスと結婚する
二九八～九三	アルシノエが三人の息子を生む
二九三	アルシノエの異母姉妹リュサンドラがリュシマコスの息子アガトクレスと結婚する
二八五	リュシマコスがマケドニア王となる
	アルシノエの実の弟プトレマイオス二世が同一世の共治王となる
二八三／二	アガトクレスが殺害される
二八一年二月	リュシマコスがコルペディオンの会戦でセレウコスと戦い、戦死
	アルシノエはマケドニアに帰る
秋	セレウコスがトラキアに侵攻する
	プトレマイオス・ケラウノスがセレウコスを殺害し、王位を宣言
二八一／八〇	アルシノエが異母兄弟のケラウノスと結婚する
	ケラウノスが彼女の下の息子二人を殺害
	アルシノエはサモトラケ島に逃れる
	長男プトレマイオスがケラウノスと戦う
二八〇／七九～二七七／六	アルシノエがエジプトに帰国
二七九春	ガリア人がマケドニアに侵入
	ケラウノスがガリア人との戦闘で戦死
二七七／六	アンティゴノス・ゴナタスがガリア人を破り、マケドニア王となる
二七六～二七三／二	アルシノエ二世がプトレマイオス二世と結婚する（おそらく二七五年）

二七二／一　「神なる姉弟」の祭祀を創設
？　ゼフュリウムにおいてアルシノエ・アプロディテの祭祀を創設
二七〇（六八）　アルシノエ死去
二六八／七　「愛弟女神」の祭祀を創設
アテネでクレモニデスの決議が成立し、クレモニデス戦争が始まる
プトレマイオス朝はギリシア諸国を支援し、マケドニアと対決
二六二／一　クレモニデス戦争がマケドニアの勝利で終結
二六八／七〜二五九　プトレマイオス・ニオスがプトレマイオス二世の共治王を務める
二五九　リュシマコスの子プトレマイオスが小アジアのテルメッソスに現われる

補論　アルシノエ二世の経歴に関する史料とその評価

アルシノエ二世の人生に関する史料は、わずかな重なりはあるものの、きっちり二つの種類に分けられる。前二七九年から少し後にエジプトに帰国する以前に関するものと、帰国後の彼女の人生を扱ったものである。アルシノエ二世についての証拠は、どちらの時期についても十分とは言えない。

彼女の人生の第一期に関する史料の多くはギリシア語だが、ラテン語で重要なものがひとつある。ユスティヌス（マルクス・ユニアヌス・ユスティヌス）は、後一世紀末（または後一世紀初め）にポンペイウス・トログスがラテン語で執筆した世界史の摘要（短縮版）を作成した。各巻に対するトログスの序言は残っているが、叙述の文体を支配するのはトログスでなくユスティヌスである。[1] その上、単純に何を含め何を省略するかを決めることで、必然的に彼はトログスとは異なる種類の歴史叙述を作り上げた。ユスティヌスの記述は多くの誤りを含んでいるが、ヘレニズム史のいくつかの時期に関する唯一現存する叙述である。

リュシマコスの治世におけるアルシノエの行動についてのユスティヌスの描き方は、ケラウノスとの短い結婚に関する彼の報告とは劇的なまでに違っているが、[2] それはこれら二つの場面に彼女が置かれた時の状況の違いを反映している。第一の状況でユスティヌスが描くアルシノエは、明らかに夫から命じられるまま継子を毒殺するのを厭わないが（一七・一・一〜一二）、第二の状況では（一七・二・六〜八、二四・二・一〜三・一〇）、彼女と息子たちは悲劇的な犠牲者である。ユスティヌスの叙述は、アルシノエを迫害者として描いてから犠牲者としての彼女に焦点を当てるという視点の交替を、まったく意識していない。彼女の二度目の結婚を説明する時には、あたかもそれまで一度も彼女に言及したことがないかのようである。この見かけの奇妙さのひとつの理由は、ユスティヌスがアガトクレスの死を説明する時にはアルシノエは脇役なのに対し、プトレマイオス・ケラウノスに関わる事件の記述ははるかに詳細で、こちらでは彼女が主役だということにある。しかしながらもっと矛盾しているのは、前の時期ではユスティヌスは彼女を邪悪な夫（彼の動機は説明されない）の単なる道具としてついでに言及するだけなのに、後の個所ではアルシノエに焦点を当て、彼女がとった行動の理由を詳細に述べていることだ。ユスティヌスは、アルシノエには悲劇的な女主人公の役を、ケラウノスには当然の報いを受ける悪漢の役を割り当てている。[3] ユスティヌスの叙述は別の面でも問題をはらんでいる。すなわちケラウノスがアルシノエと結婚した動機についての矛盾した説明である（一七・二・六〜八、二四・二・一〜三・一〇）。ある節では彼は当初は善意でやっているのだが、別の節では初めから残虐である。この問題の機械的な原因は、ほぼ確実にユスティヌス（あるいはトログス）が二つの伝承を合体させたことだが、[4] おそらくもっと重要なのは、彼の叙述の優先度すなわち作劇法にとって、矛盾など問題ではなかったということである。

ヘラクレア・ポンティカ（黒海南岸のギリシア都市）出身のメムノンは、おそらく前一世紀に活動し、ニュンフィスを典拠として自分の都市の歴史を執筆した。ニュンフィスもヘラクレアの出身で、前三世紀に生きた。[5] メムノンによるアルシノエの記述は、ユスティヌスとは別の叙述史料として唯一現存するものだが、一貫して手厳しい（『ギリシア歴史家断片集』四三四、五・六、八・四〜六）。曰く、彼女はリュシマコスと、彼のペルシア人の妻で一時ヘラクレアの支配者であったアマストリスの仲を裂いた。

リュシマコスの老齢を利用した。キュメ出身のヘラクレイダスを代理人としてヘラクレアに悪政を敷いた。リュシマコスが息子のアガトクレスに反感を抱くよう仕向け、偽りの告訴によってアガトクレスを死に追いやった、等々。メムノン／ニュンフィスの記述は、おそらくヘラクレアに存在したリュシマコスとアルシノエ（とりわけ後者）に敵対的な伝承を反映するもので、小アジアにおけるリュシマコスの領域での二人の不人気を証明している。[6] メムノンはアンティゴノス・ゴナタスに関する記述でも同様に敵対的であったかもしれない。[7] おそらくその理由は、ヘラクレアの愛国者たる彼が、自分の都市の独立を制限しようとする王は誰であろうと嫌ったことにあるのだろう。もっともメムノンが非常に特異な視点から党派的な歴史を書いたことを念頭におけば、現存する彼の叙述の断片は有益なものとなる。

これに加えて他の三人のギリシア人著作家が、アルシノエの生涯について批判的な叙述の断片を提供してくれる。リュシマコスの生涯についてのかなり公平な叙述としては、パウサニアス（一・一〇・三〜五）が、アルシノエはリュシマコスが死んだらアガトクレスが自分の息子たちに何をするかを恐れた、それゆえアガトクレスに陰謀を企てた、と詳しく述べている。しかしそこから明らかに別の史料を用いてこう語る。彼女はアガトクレスを性的に誘惑しようとし拒絶されたので殺させた。リュシマコスは、（おそらく）アルシノエが自分の息子を殺害するまで、彼女が何を企んでいるのか知らなかった。実際リュシマコスは息子が殺されるまでにすべての友人を失っていたので、なす術がなかった。それからパウサニアスは、リュサンドラの逃亡、小アジアでの出来事、リュシマコスの死をもってこの記述をしめくくる。ユスティヌスと同じくパウサニアスも、典拠の矛盾には無頓着だったらしい。加えて彼は、アルシノエがリュシマコスと結婚したのが、彼女の異母姉妹リュサンドラとアガトクレスの結婚のずっと前ではなく、後だったと信じているようだ。パウサニアスはギリシアとその記念物に関する大作を執筆し、しばしばそれらの広汎な歴史的背景を記述した。歴史的な正確さについて彼の評判はあまり良くないし、全体としてマケドニア人には敵対的だと思われる（ギリシアの衰退を彼らのせいにしたせいだろう）。それでも彼はリュシマコス宮廷の出来事について、おそらく同時代の史料にさかのぼるいくつもの異なる伝承を保存している[8]。

後一世紀の地理学者ストラボンは、彼が知りえた限りの世界について浩瀚な地理書を執筆した。パウサニアスと同じくストラボンも、広範囲にわたる歴史的背景をそこに含めた。彼はリュシマコスが家庭内の紛争に打ちのめされて、アガトクレスの殺害を余儀なくされたと述べている（一三・四・一）。この短い言及は興味をそそる。というのも、彼が王朝の政治学をよく理解しているのを示唆すると同時に、関係者の誰ひとりとして悪者扱いしていないからだ。

後二世紀アレクサンドリアのアッピアノスは、ローマ帝国に含まれる諸国や諸地域について、それらの初期から始めてローマへの併合に至るまでの歴史を書いた。シリア戦争（前六二～六四）に関する彼の記述は、リュシマコスとセレウコスの死について若干の素材をつけ加えると共に、ケラウノスが恐怖心からエジプトを去ったという興味深い観察を含んでいる。彼はまた、エフェソスの都市がアルシノエ二世にちなんで改名されたことを裏づける（一四・一・二一）。

ポリュアイノス（八・五七）は、前二八一年にリュシマコスがコルペディオンで敗死した後、アルシノエが計略を用いてエフェソスから脱出したとされる事件について、唯一の史料である。ポリュアイノスは歴史家ではなく修辞学者で、彼による戦術の蒐集［『戦術書』］は風変わりだが、必ずしも読んで無益というわけではない[9]。彼は、アルシノエが侍女に自分の衣装を着せたおかげで捕縛を逃れたと主張する。侍女は殺され、アルシノエは生き残った。この逸話はフュラルコスの物語（アテナイオス一三・五九三a）だけでなく、ポリュアイノスが語る他の逸話（八・六一、五二・七～九）にもよく似ている。たとえこの筋書きがある種のトポス（定型）に合致するとしても[10]、その核心部分は正確かもしれない。

類似した状況は類似した叙述を生みだすことがある。(11) 侍女が王族女性と衣装を交換したとの細部は創作だろうが、アルシノエは何らかの手段でエフェソスを脱出したのであり、その際リュシマコスの妻に見えないような格好をしていたことはまず間違いない。車での追跡《カー・チェイス》は確かにアメリカ映画の定番だが、それは実際に起きるのだ。定型は現実の行為から派生する。女性が顔の特徴よりもむしろ衣服（ヴェールや担ぎ籠の使用）によって認識されていた世界では、変装して逃亡するのは理にかなっている。その上多くの王族女性たちが、そうした逃亡を余儀なくされる運命の突然の逆転を被ったのだ。

以上の文献史料に加えて、アルシノエ二世の生涯に関連する若干の碑文と貨幣が残っている。貨幣史料はエフェソスに対するアルシノエの支配（第二章参照）について、文献史料が与える情報の一部を裏づけるように思われる。碑文史料（*SIG*^{3} 381）は、少なくともギリシアの一都市がアルシノエをあたかもリュシマコスの唯一の妻にしてバシリッサ＝女王であるかのように扱ったことを示すと同時に、アルシノエの息子が自分が後継者になれるよう試みたとの情報を与えてくれる。最も重要なのは、アルシノエがサモトラケ島にロトンダを奉納したことは、ひとつの碑文（*OGIS*15=*IG* XII 227）によってのみわかるということだ。ただし碑文の欠損のため、どの王と結婚していた時なのかははっきりしない。

アルシノエがエジプトに帰国した後の時期については、現存するどの文献史料にも歴史叙述はないが、ギリシア人作家によるいくつかの面白い小話が少しばかり明かしてくれる。テオクリトス一七・一二八への古註によると、プトレマイオス二世はアルシノエ一世が自分に陰謀を企てたがゆえに彼女を追放し、自分の姉と結婚して、アルシノエ一世の子供たちを養子にさせた。ただしこれらの出来事の年代決定ができる手がかりは何も述べていない。パウサニアス（一・七・一〜三）には、プトレマイオス二世が姉に恋をし、それでエジプトの慣習に従って結婚したという、誤りだが面白い主張が含まれている。しかし彼はまた、プトレマイオス二世の子どもたちは最初の妻から生まれ、アルシノエは子供を生むことなく（プトレマイオス二世の子供という意味かもしれないが、おそらくそうではない）クレモニデス戦争の前に死に、ある行政区《ノモス》が彼女にちなんで名づけられた、と述べている。アルシノエと実の弟との結婚に対する同時代の反応については、プルタルコスの作品に二か所（『モラリア』一一a、七三六e–f）、アテナイオスに一か所（六二一a）言及がある。

貨幣に表わされたアルシノエの肖像や、浮彫、オイノコアイ（酒器）、ギリシア・エジプト両方の様式による丸彫りの彫像は、相当な数が現存するが、この種の大半はおそらく彼女の死後のものである。一部の学者は、彼女独特の冠や上下エジプトの王という称号は、彼女が共同統治したことを示し、生前に作られたものもあると信じている。しかしこの見解が通説になったことはない（第六章参照）。

プトレマイオス二世と結婚していた時期のアルシノエに関する主要な史料は、エジプト語の碑文およびプトレマイオス二世の治世にアレクサンドリアの宮廷で作られた詩作品で、数篇の詩は、アテネの重要な決議であるクレモニデスの決議と同じく、アルシノエ自身の存命中に作られた。エジプトの神聖文字で書かれた重要な文書は、ピトムとメンデスの石碑である[12]。ピトムの石碑（CCG 22183）は、プトレマイオス二世の第六年から第二十一年の間の多くの出来事を記録している。そこにはアルシノエ二世がプトレマイオス二世に同伴してエジプト東部国境を視察したとの情報が含まれ、この時までに彼女が弟と結婚していたことがわかる。プトレマイオス二世の単独統治の開始に伴う記年法の変更がいつなのかが不明なため、この文書は二人の結婚の絶対年代を教えてくれるものの、その年代が確実というわけではない[13]。メンデスの石碑もピトムと同じく一連の出来事を記録しているが、最初の出来事、すなわちメンデスの聖なる羊を王が訪問した件については統治年が破損している。メンデスの石碑は王が姉と結婚したことを記録し[14]（新たな年代は含んでいないが）、それから第十五年のアルシノエの死を記し、彼女に対するエジプト風の葬送儀礼に言及する。続いて神官団が承認した王の勅令が刻まれ、それは彼女の彫像がメンデス神の像と共にあるべきこと、彼女の祭祀像がその祭祀名とともにエジプトのすべての行政区に置かれるべきことを命じている。その後にも多くの出来事が続く。クレモニデスの決議（*SIG*³ 434-5　第五章参照）は、プトレマイオス二世が祖先たちと姉の政策に歩調を合わせて行動していると述べることで、ひとりの女性が公的政策を有していたことを初めて公式に承認している。

弟の治世にアレクサンドリアで作られた詩の中に、アルシノエ二世はくっきりと姿を現わす。だが歴史上の事件の証拠として詩を用いるのは、ひと筋縄ではいかない。詩のテキストは誤読や単純化をしやすいからだ。かつての学者たちはこの時代の詩の大半を、臆病な追従者たちが作った政治宣伝として扱ったが、今では詩の特質と複雑な性格が大いに尊重されるようになった。ただしそれはあくまでもアレクサンドリア宮廷という環境の産物であり、作者たちはみな何らかの形でプトレマイオス朝の庇護下にあった。それゆえアルシノエに言及する詩は、彼女と彼女の行為がどう理解されることを宮廷が望んだかを示す指標とみるのが最もよいことがわかってきた。たとえばテオクリトス（一七・一三一～四）は、プトレマイオス二世への賛辞を締めくくるにあたり、彼とアルシノエとの結婚をゼウスとヘラの姉弟神の「聖なる結婚」に比較しているが、これは実際の結婚式で朗誦されたとプルタルコス（『モラリア』七三六e–f）が主張していることだ。テオクリトスはまた（一五）、アルシノエの保護下に宮廷で開かれたアドニア祭における二人の女性の経験を語っている。アルシノエの死とその神格化についてのカリマコスの一断片（二二八Pf）は、民衆の反応や、彼女の神格化がどうイメージされたか、またその葬送儀礼が（少なくともギリシア人詩人によれば）ギリシア風であったことを伝えている。アポロニオス・ロディオスの叙事詩『アルゴナウティカ（アルゴ船物語）』第三巻におけるアルキノオスとアレテの宮廷の描写は、おそらくプトレマイオス二世とアルシノエの宮廷を暗示している。プトレマイオス二世の治世に活躍したもうひとりの詩人ポセイディッポスは、一九九二年に発見されたミラノ・パピルスの中の一一二編のエピグラム（P.Mil.Vogl.VIII 309）の作者と思われるが、それらの一篇（AB七八）は競馬競走におけるプトレマイオス朝の勝利全般について語りつつ、一年間に「アルシノエは三度の馬の競技すべてで優勝した」と述べている[15]。カリクラテスが創作したアルシノエ・アプロディテ祭祀について知られていることのほぼすべては、詩の中での言及に由来する（ポセイディッポスAB三九・二、一一六・六〜七、一一九・二、カリマコス［断片五Pf］、ベレニケの鍵［断片一一〇Pf］）。

全体としてアルシノエ二世に関する史料で際立つのは、その乏しさよりもむしろ特異性、とりわけ彼女の生涯の二つの時期で史料の性格が分かれることである。彼女の生涯の第二期におけるギリシア語・エジプト語のさまざまな声から、統一された全体像を作り上げることの困難さの他に、顕著な史料上の問題がもうひとつある。それは、ほぼすべてのギリシア語の散文史料が第二次ソフィスト運動の時代（後二〜三世紀のギリシア文化復興期）に由来するということだ。この時期の多くの作家は、アテネを中心とする高度な古典文化を理解することに傾倒し、ギリシアの過去について、ちょうどヴィクトリア時代の古典古代の解釈が前五〜四世紀のアテネに焦点を定めて節制・中庸を力説したのと似たような幻想を作り上げ、その結果としてマケドニアとマケドニア人、ヘレニズム時代の文化と慣習への不快感、過剰さを特徴とする人々、中でもことさら女性に対する不快感なるものを生み出したのである。これらの史料の多くは同時代の有益な情報を含んではいるが、その情報は異なる時代の価値観を通して見たものであることを忘れてはならない。

最後に、現存する史料、とりわけアルシノエのエジプト帰国後の時期に関する史料には、年代決定をめぐって複雑に絡みあう問題がある。プトレマイオス朝の歴史は、文書史料と宮廷詩は豊富だが歴史叙述に乏しいため、深刻でおそらく解決不能な年代上の諸問題に充ちている。アルシノエの経歴は、その死を含めて、ほとんどすべての年代が不明確であるか論争の的であり、事件の順序すらわからないことが多い。彼女の人生を専門的な難問の連続にするまいとして、これらの入り組んだ諸問題を解決しようとするのでなく、私は彼女の生涯の諸事件を長い視野でとらえ、ただひとつの年代や事件の順序に依存しすぎない形で彼女の人生を理解する途を見いだそうと務めてきた。

　アルシノエについての学術研究[16]は、たいてい一般読者向けの出版物に反映されているが、一世紀ほど前に奇妙な展開があり、その反響は今なお消えていない。二十世紀初頭、一九一三年のW・W・ターンの研究[17]に始まり、さまざまな理由（彼女に敵対的な古代史料の無批判な読解、フェミニズムの第一の波の登場が支持者と中傷者の双方を伴っていたこと、プトレマイオス二世を女々しいとする認識、兄弟姉妹婚という考えに対する不快感[18]）から、アルシノエを万能にしてほとんど全知の、異常なほど暴力的なエジプト（およびマケドニア）の支配者とする人物像が現れた。この見解では彼女の夫たち、少なくともリュシマコスとプトレマイオス二世は、彼女の意志に従順で本質的にとるに足りない人物であり、アルシノエが実際に王国を支配した。時にはアルシノエが事を起こさなければ何事も起きなかったように見える。バルバンターニが言うように、この学派はアルシノエ二世を事実上、地中海沿岸全域の発展に対する「機械仕掛けの神《デウス・エクス・マキナ》」のごときものにした[19]。このような見解は、たいてい型にはまった人物像に基づいて、何の証拠もないままアルシノエを事件に結びつけてしまう（なぜか彼女はいつも比類ないほど人を巧みに操り、残虐で、周囲に誰もいない時でも有能だった。ゆえにこうした表現で描かれる事件が起きたなら、彼女がそれを行なったに違いない、というのである[20]）。

　学者たちは長い間、娯楽性に富んだ派手な文体を駆使して彼女の生涯を描き、このいかがわしいアルシノエ像を賞味し続けてきた。六〇年代半ばになっても、エレノア・ヒューザーは彼女を「ヘレニズム時代の典型的に残忍な女王」と評したが、これは「かなり残忍なマケドニアの王女」という一九二七年のベヴァンの評価を反映している[21]。男をかしずかせるSの女王様というイメージは、いささか皮肉なことに、フェミニズムの第二の波のわりと早い時期まで続いた。ようやく一九八一年にスタンレー・バースタインが、怖いが力強いアルシノエというイメージを支持する証拠がいかにわずかであるかを指摘して、この虚構を支える学問的な土台を取り払った[22]。

それから反動が始まり、たいていは不幸なことに、アルシノエは王のもうひとりの妻にすぎないという対極に走った（奇妙なことに彼女はなおも、実際に陰謀を企てた残虐な人物だがなぜか強力ではないと解釈された）。この方向での極論は、アルシノエ自身は権力をもたなかったというだけでなく、プトレマイオス朝の女性たちの政治権力がしだいに増大したのは、たまたまプトレマイオス二世が王家の政治宣伝に妻を利用したことのみに基づいていたと主張する[23]。彼女の経歴について精緻な考察が進むと同時に困難も続いた。彼女に関する議論は、相対立する分析のどちらにも展開できる。もしアルシノエが王国を統治しなかったのなら、彼女はいわば王家の専業主婦に違いない。だからといって、アルシノエが多少とも権力をもっていたと結論する学者たちは彼女が弟を支配したと主張している、などと決めつける役には立たない[24]。その上彼女が統治者と共同統治者のどちらであったにせよ、舞台から姿を消すことはなかった[25]。一部の論者は今なお、彼女の生前に起きたどんな陰謀も計画も、彼女自身がきっかけか、またはその影響力の結果であると信じ続けている[26]。

アルシノエの生涯に関するこのような論じ方は、ある程度は他の王族女性たちの学問的な扱い方に似ている。政治的女性に対するこうした分析を特徴づけて、ヴィキャンダーは「魅入られたがゆえの激しい嫌悪感と、彼女らを積極的に貶めようとする無意識の願望との結合」と言っている[27]。しかし他の王族女性たちの学問的な扱い方と比べてさえ、アルシノエについての研究や作品は不思議なほど個人攻撃的であったし、今なおそうである。この長くしかも奇妙なまでに感情的な学術論争の帰結は、たいてい専門的議論の文脈以外ではほとんど意味をなさないような解釈、とるに足りない学説の展開であった。

たとえばバースタインの主張では、アルシノエがリュシマコスから生んだ息子を彼女の弟にして夫がエジプト王位につけるのに失敗したこと（これ自体も定かでないが）は、夫に対するアルシノエの影響力の欠如を証明するという。[28]この論法の問題点は、プトレマイオス二世が実の息子を少なくとも二人もっているのに、アルシノエが自分の弟にそうさせるよう試みたという証拠はないことだ。もしも彼女がそれを試みて失敗したとすれば、確かにこれは夫に対する影響力に限界があったことを意味するだろう。しかしだからといって、彼女がまったく影響力をもたなかったとは言いがたい。そもそもこんな問題が生じるのは、ずっと以前に一部の学者が、彼女がそう試みたと想像したからにすぎない。

以上の議論が導き出すのは、プトレマイオス二世の共治王、いわゆるプトレマイオス・ニオス（息子）（第六章参照）は彼の生物学上の息子ではなく、アルシノエの子であったという考えである。最初にこの可能性を提起したのは一九一三年のターンで、それを含む彼のシナリオは、全権力を握ったアルシノエが弟の治世の舞台監督を務めるというものだ。[29]この考え方は、世界の女王というアルシノエ像と共にとっくに支持を失った。リュシマコスの子プトレマイオスがリュキアのテルメッソスで支配者になったという、その後の学問的知見がこうした展開に寄与した。[30]しかし一九九八年にフスが、リュシマコスの息子がプトレマイオスの共治王であるとの旧説を復活させ、しかもこの同定を支持する際に、ターンよりはるかに優れた論拠を提出したのである。[31]フスの見解は新たな支持者を獲得したが、[32]その理由は、彼の論拠がリュシマコスの息子に有利であることよりも、プトレマイオスの共治王について可能なこれ以外の人物同定を、彼が強烈に批判したことにある。すでに見たようにフスの主張にはいくつかの利点があるけれども（たとえばこのアルシノエの息子が、二七七／七六年頃にマケドニアを離れてから二五九年頃に初めてテルメッソスに現れるまで、ほぼ二十年間の少なくともある時期にどこにいたか、フスの主張なら説明できる）、多くの根拠により納得できるものではない。[33]

アルシノエの息子をプトレマイオス二世の共同統治者に同定する学説が、なぜ執拗に展開されてきたのか、その理由を思い起こす必要がある。この学説は、アルシノエがエジプトの本当の支配者だったという、今では一般に拒否されている人物像から生じた。愛姉王の共同支配者を明確に特定することがこれほど困難なのは、確かに残念なことだ。しかしだからと言って、問題を単純に解決したいがために彼をアルシノエの息子だと結論するのは正当化できない。もしもプトレマイオス・ニオスをリュシマコスの息子に同定する説が、優に一世紀に及ぶ研究の中で一度も存在しなかったとしても、なぜ今になってそれが提起されるのか不思議である[34]。他のヘレニズム諸王国で共治王を置いた先例は晩年を迎えた高齢の支配者であるのに、三十代末か四十代初めの年齢で、さらに二十年以上も完璧に統治する能力のある男が共治王を起用するのがどれほど奇妙なことか、この点はほとんど注意されてこなかった。プトレマイオス二世の健康状態が悪かったか、死を予期していたと推測することは可能だが、そんな証拠はなく、彼の比較的長い寿命は、逆に共治王を置かなかったことを示唆する[35]。アルシノエの息子を単にマケドニア王位の候補者として後援するだけなら、彼を共同摂政にする必要などなかった（第六章参照）。現時点での証拠に基づくと、プトレマイオス二世は王朝の統一にあれほど精力を投入してきたにもかかわらず、この謎めいた男を共治王とすることで後継問題を複雑にし、それから彼を排除することでまた問題を複雑にしたことになる。こうした彼の行動について本当に納得のいく理由を思いついた者は誰もいない[36]、しかしだからといって時代遅れの学説に戻る必要もないのである。

用語集

エピゴノイ　ディアドコイの息子たち、ヘレニズム王の第二世代。
オイコス　家、家庭、また王の家族という意味での王室。
オイノコアイ　葡萄酒を注ぐための水差し型の酒器。
ソテル（複数形ソテレス）　救済者（たち）。プトレマイオス一世や他のさまざまなヘレニズム支配者たちに用いられた形容辞で、諸個人や諸都市を救い恩恵を与える王の能力を暗示する。
ディアドコイ　後継者たち。アレクサンドロス大王のかつての将軍たちで、大王の死後、帝国をめぐって争った。そのうち数人が自身の王国を樹立した。
ディケラ　二重の豊穣の角。ギリシア様式とエジプト様式で表されたアルシノエ二世の顕著な持物《じぶつ》。
バシリッサ　王族の女性。前三〇六年頃に初めて称号として用いられた。
バシレイア　支配、王国、君主政。
バシレウス　王。
フィロス（複数形フィロイ）　友人（たち）。ヘレニズム時代には王（および女王／王妃）の仲間に対して使われることが多かった。実際ヘレニズム時代にはフィロイがヘタイロイにとって代わった。
ヘタイラ（複数形ヘタイライ）　女性の仲間（たち）。普通は遊女に用いられる言葉。
ヘタイロス（複数形ヘタイロイ）　王の男性仲間（たち）。マケドニアでは、騎乗し王のそばで共に戦った者たちの集団。

古王国　ファラオ時代の第三〜第六王朝。

中王国　ファラオ時代の第十二〜十三王朝。

新王国　ファラオ時代の第十八〜二十王朝。

末期王朝　ファラオ時代の第二十五〜三十一王朝。

謝辞

誰よりもお礼を申し上げるべきは、「古代の女性たち」シリーズの編集者で、私がアルシノエの主題に戻るよう励ましてくれた、ロニー・アンコーナとサラ・ポメロイである。オックスフォード大学出版局の古典、古代史、考古学部門の編集者ステファン・ヴランカは元の原稿を丹念に読み、多くの有益な示唆を与えてくれた。彼の編集助手サラ・ピロヴィッツは何度も何度も有能ぶりを発揮してくれた。

私は研究時間の大半を古代マケドニアに費やしたところに、プトレマイオス朝エジプトに関するプロジェクトもかかえて、人々と出来事について新たに知り理解する必要がのしかかってきた。助けてくださった多くの人々に感謝する。最初にお名前を挙げたいのは、本書を献呈したジョン・フランシス・オーツ、敬愛するわが師（学位論文の主査）で、最初に私にアルシノエ二世のことを教えてくれた。彼との最後の会話もアルシノエについてだった。というのも、当時私はもう一度彼女に焦点をあて、二〇〇六年の第一回エジンバラ・ヘレニズム学会のために、彼女と他の王族女性たちを扱った研究報告を書いていたのである。もちろんこの学会の主宰者、アンドルー・アースキンとロイド・ルウェリン＝ジョーンズの有益なご意見に（ステファニー・ウィンダーのそれと共に）、とりわけ感謝申し上げる。ヘレニズム時代の宮廷に関する第二回エジンバラ学会（二〇一一年）は、私がアルシノエの宮廷生活を以前よりもっとよく理解するのを助けてくれたし、この機会にそれまで著作だけを通じて知っていた多くの研究者に出会うことができた。シルヴィア・バルバンターニは、キャスリン・ガッツウィラーと共に、私がアレクサンドリアの詩作品に関する研究を知るのに大いに手助けしてくれた。ザビーネ・ミュラーとブランコ・フォン・オッペンハイムは、年代学上の混乱から私を救い、プトレマイオス朝エジプトの多くの側面を明らかにしてくれた。ウォータールー大学へレニズム研究所のためのプログラムの一環として同大学を訪問したおかげで、そこのあらゆる知恵をお借りすることができた。とりわけクレイグ・ハーディマンとシーラ・エイジャーにご支援いただだいた。ダニエル・オグデンは息子プトレマイオスの問題についての多くの不平に耳を傾け、本書の表題を思いつくのを手助けしてくれた。スタン・バースタイン、ジェニー・ロバーツとオルガ・パラギアとの会話は、本書の完成に貢献してくれた。

いつものように、私の同僚と、そしてとりわけ夫のビル・アーンズと娘のエマ・アーンズに感謝したい。夫と娘のどちらもプトレマイオス朝の年代についての私のうるさい苦情を聞いてくれたし、二人とも著作家であるゆえに、この特別な王族女性の物語に私が集中できるよう努めてくれた。

訳者あとがき

本書は、Women in Antiquity シリーズの一冊として刊行された、エリザベス・D・カーニーの *Arsinoë of Egypt and Macedon: A Royal Life*, Oxford, 2013 の全訳である。著者のカーニーは現在クレムソン大学の教授。アレクサンドロス大王の研究者として出発し、一九八〇年代後半から古代マケドニアの王族女性に関する論文を次々に発表して学界の注目を集めた。二〇〇〇年代に入ってからは、女性史に加えてマケドニアの社会史・文化史の方面にも研究対象を広げている。アレクサンドロス大王と古代マケドニア王国の分野において、彼女は今日最も生産的な研究者の一人と言ってよい。

カーニーがこれまでに刊行した単著書は次の通りである。

① *Women and Monarchy in Macedonia*, Norman, 2000
② *Olympias: Mother of Alexander the Great*, London and New York, 2006
③ *King and Court in Ancient Macedonia; Rivalry, Treason and Conspiracy*, Swansea, 2015

①はフィリッポス二世の母エウリュディケを始めとして、ヘレニズム時代に至るマケドニアの王族女性を網羅的に取り上げ、君主政の中に女性を正当に位置づけようとする。②は大王の母オリュンピアスの伝記的研究で、古代以来悪評にさらされてきたオリュンピアスを再評価し、その人物像を塗り替える。③は既発表

論文を集めた論文集だが、各論文の末尾にはそれぞれの主題に関する最新の研究状況がまとめられており、研究案内としても有意義である。

本書の主人公アルシノエ二世は、日本では西洋古代史に関心のある読者の中でも知る人は限られる。大王の母オリュンピアスほども知られておらず、かのクレオパトラ女王とは、同じプトレマイオス朝エジプトの女王／王妃でありながら、知名度には天と地の開きがある。だがひとたびアルシノエに正面から向き合うと、アレクサンドロス大王没後の苛烈な世界を生き抜いたその姿には驚嘆せざるを得ない。波乱万丈、有為転変という表現でも足りないほど、彼女の人生は運命の急展開に満ちている。

前三二三年にアレクサンドロス大王がバビロンで急死すると、残された側近たちは帝国領を分配し合ったが、互いに抗争して後継者戦争に突入する。その渦中で多くの側近が命を落とし、マケドニア王家も途絶えてしまう。生き残った後継将軍たちはやがて王を名のり、ここに五つのヘレニズム王国と六人の王が現われた。アルシノエ二世の父プトレマイオスも、最初の夫リュシマコスも、そうした新興の王であった。エジプトで生まれたアルシノエ二世は、十代の時に六十過ぎのリュシマコスと政略結婚をし、三人の息子の母となる。夫の戦死後は異母兄弟と結婚するが、裏切られ、二人の息子を目の前で殺される。すべてを失い悄然と故郷へ帰るが、エジプト王となっていた実の弟プトレマイオス二世と三度目の結婚をし、女王の栄光に包まれて崇拝され、その名声は死後も長く続いた。

カーニーはこれまでの研究成果を存分に活用し、彼女が生きた初期ヘレニズム時代の比類ない特徴を包括的に描き出している。本書のキーワードは二つある。

第一に王の一夫多妻。複数の妻とその子供たちのいる宮廷は、王位継承をめぐる緊張と恐怖心に満ちていた。それはすべての王族メンバーの内面に深く刻まれ、彼らの人格と生き方に決定的な影響を与えた。アルシノエ自身も被害者であると同時に、加害者だった可能性も否定できない。王位継承争いに巻き込まれた当事者たちの心理的な葛藤を、史料の許すかぎり綿密に考察していく著者の力量は見事である。

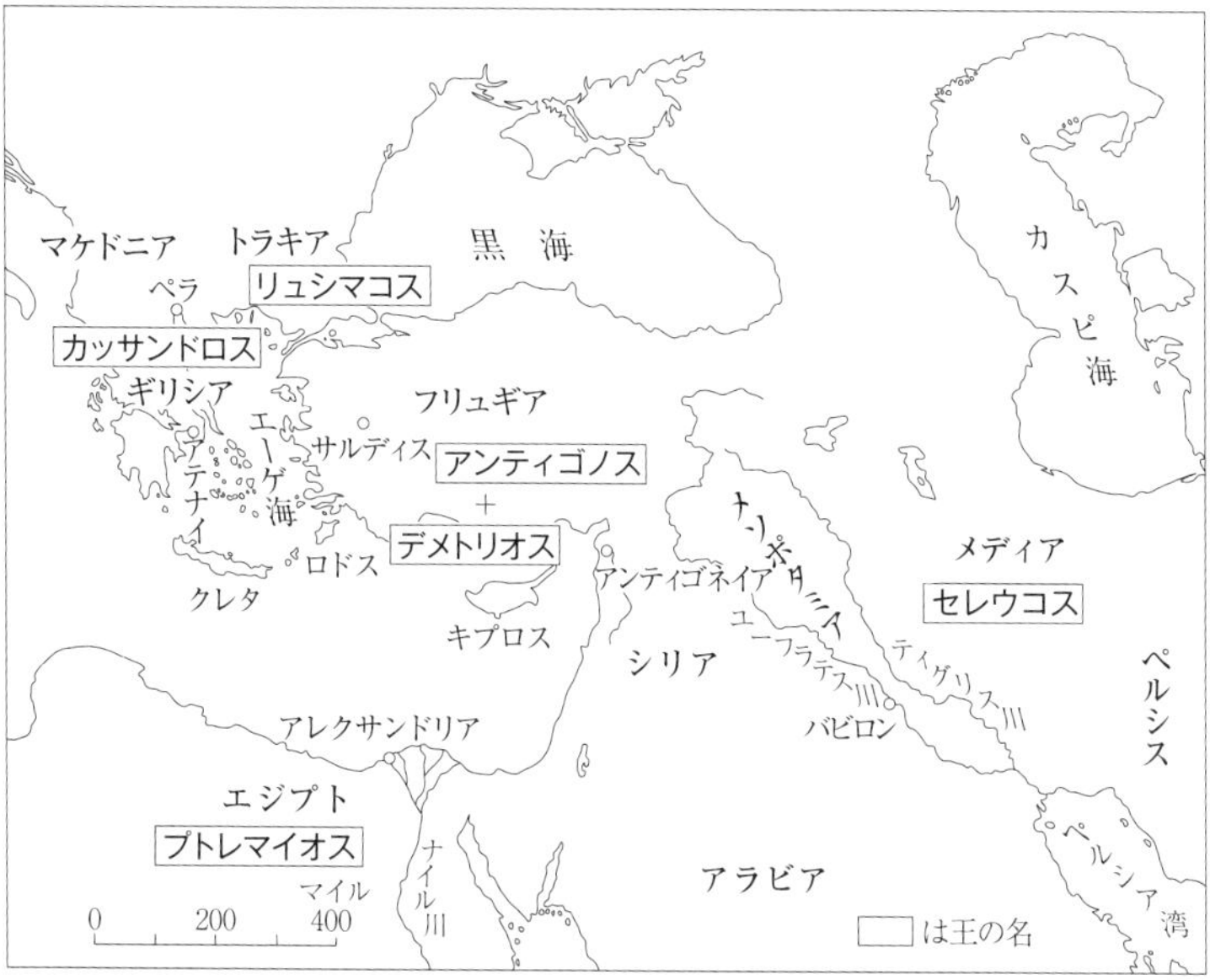

ヘレニズム諸王国の出現

第二に兄弟姉妹婚。帰国後のアルシノエ二世とプトレマイオス二世が初めて行なったが、それはこの王家の理想となり、以降の王たちに受け継がれる。二人はなぜこの特異な結婚にふみ切ったのか。著者は倫理的偏見を排した上で、これをアルシノエ二世の生存戦略という観点から解明していく。

第三に君主崇拝。アルシノエ二世と弟王は両親を神格化した上、自分たちをも生前に神格化し、王朝祭祀を作り上げた。神なる国王夫妻の崇拝が連綿と続き、王家の一体性はより強固なものとなった。彼女の祭祀はプトレマイオス朝の対外政策とも結びつき、地中海世界でとりわけ人気を博した。

こうしてアルシノエ二世は一夫多妻から兄弟姉妹婚への変遷、君主の神格化と王朝祭祀の創出のすべてを目撃し、身をもって経験した。アレクサンドロス大王死後の激動と転変の中からヘレニズム世界が創造されるありさまを女性の目で見つめるのに、彼女よりふさわしい人物は他にいない。しかもこれらの制度がエジプト最後の女王クレオパトラまで続くことを思えば、アルシノエ二世はまさにクレオパトラの先駆的存在と言っていいだろう。

原著は先の『オリュンピアス』と同様、本文一五〇頁弱にすぎないが、不釣り合いなほど多数の註がつけられて、学術的な信頼性を高めている。個々の事件を多面的に考察するだけでなく、史料解釈のあらゆる可能性を探りながら主要人物たちの内面を深く洞察する叙述は、ノンフィクション作品のような印象を与え、本書をいっそう読み応えのあるものにしている。

ところで本書に登場する都市の多くは、アレクサンドリア以外は現在のギリシアとトルコにある。どちらも日本人旅行者に人気の国だが、古代史で重要なマケドニアの古都ヴェルギナ、サモトラケ島、トルコのサルディスなどには、日本人はあまり訪れない。そこで簡単な紹介をしておこう。

ヴェルギナはマケドニア王国発祥の地にあり、最初の都だった。ここへ行くには、テッサロニキ（この都市名はマケドニア王カッサンドロスの妻で大王の異母姉妹テッサロニケに由来する）郊外のバスターミナルから長距離バスでヴェリアへ行き、地元のバスに乗り換える。博物館には未盗掘の王墓で発見された黄金の冠や銀製品、王墓の実物正面が展示され、マケドニア文化の豊かさと水準の高さが味わえる。そこから山道を一キロ近く歩くと、宮殿跡に出る。ただし現在は修復中で中には入れない。オリュンポス山に連なる山裾からは、広大な平原が見渡せる。ここで育った馬こそが、強力なマケドニア騎兵部隊を生み出したのだ。

サモトラケ島へは、フェリーで片道二時間半ほど。一日に往復一便なので、島には二泊することになる。港町から聖域（パレオポリス）までは車で五分ほど。遺構はゆるやかな丘の上に散らばっている。アルシノエイオンは円型の基礎が残るだけだが、その形といい規模といい、ひときわ大きな存在感を放つ。秘儀が行なわれたヒエロンでは、白い五本の柱が復元され、そこから真っ青な海を眺めることができる。昼食を用意し、何時間もかけてゆっくり見学したい。

サルディスは、エーゲ海沿岸の都市イズミールからサリフリ行きのバスで約一時間。途中から広大な平野が現われ、北にゲディズ川（古代のヘルモス川）が流れている。ちょうどそのあたりが、リュシマコスがセレウコスに敗れて戦死したコルペディオンの戦場だ。今も見わたす限りの耕作地で、この土地の豊かさがよくわかる。サルディスの遺跡のうち、現在の幹線道路のそばにあるのはローマ時代の遺構だ。そこから八〇〇メートルほど離れた場所に、ギリシア時代のアルテミス神殿の巨大な遺構がある。柱の太さは半端ない。その先に、かつて城砦のあった岩山が青空を背景にすっくとそびえている。

これらの遺跡の詳細は、周藤芳幸・澤田典子『古代ギリシア遺跡事典』（東京堂出版、二〇〇四年）を参照されたい。また拙著『図説アレクサンドロス大王』（河出書房新社、二〇一三年）には、私の研究協力者である写真家の鈴木革氏が撮影した写真を多数掲載している。

私がアレクサンドロス大王の研究を始めた一九九〇年代中頃は、古代マケドニア史自体がまだ黎明期にあり、古代ギリシア史研究の中では傍流にすぎなかった。そんな中、マケドニアの王族女性に関するカーニーの研究は異彩を放っていた。中でも印象的だったのは、一夫多妻制を古代ギリシア人の偏見から解き放ち、悪評紛々たる大王の母オリュンピアスを、王家存続のために闘った女性として再評価したことだ。私の最初の著書『王妃オリュンピアス』（ちくま新書、一九九八年）は、まさしく彼女の論文に刺激されて書いた。それ以来常にカーニーの研究に注目し、大いに啓発されてきた。

ヘレニズム時代を扱った本書は彼女の研究にさらなる地平を開くもので、刊行されてすぐに通読し、あまりの面白さに感激して、出版社も決めないまま勝手に翻訳を始めた。西洋古代史関係で多くの翻訳書を出しておられる白水社からこれが刊行できたのは、本当に幸いなことである。編集担当の糟谷泰子さんは原稿にくまなく目を通し、懇切丁寧な助言を与えてくださった。心からお礼を申し上げたい。

二〇一八年十一月二十日　　森谷公俊

訳者略歴

一九五六年生まれ。帝京大学文学部教授。専門は古代ギリシア・マケドニア史。著書に『アレクサンドロス大王　東征路の謎を解く』『図説アレクサンドロス大王』（以上、河出書房新社）、『アレクサンドロスの征服と神話』（講談社学術文庫）など多数、訳書にプルタルコス『新訳アレクサンドロス大王伝』（河出書房新社）がある。

アルシノエ二世
ヘレニズム世界の王族女性と結婚

二〇一八年一二月一五日　印刷
二〇一九年一月一〇日　発行

著者　エリザベス・ドネリー・カーニー
訳者 ©　森《もり》谷《たに》公《きみ》俊《とし》
発行者　及川直志
印刷所　株式会社理想社
発行所　株式会社白水社

東京都千代田区神田小川町三の二四
電話　営業部〇三（三二九一）七八一一
　　　編集部〇三（三二九一）七八二一
振替　〇〇一九〇‐五‐三三二二八
　　　郵便番号　一〇一‐〇〇五二
www.hakusuisha.co.jp

乱丁・落丁本は、送料小社負担にて
お取り替えいたします。

株式会社 松岳社

ISBN978-4-560-09667-3

Printed in Japan

索引

「アルシノエ二世」のみでは項目をたてていないが下位項目がある。
「アルシノエ二世」を参照のこと。

あ行

か行

さ行

た行

な行

は行

ま行

や行

ら行

原註

序章

(1) Romm 2011 を参照。Waterfield 2011; and Erskine 2003.
(2) O'Neil 2000; Carney 2000a: 203–33.
(3) 第 1 章参照。
(4) Hammond and Griffith 1979; Hammond 1988a: 1–196; Borza 1992; King 2010: 5.
(5) Ogden 2011a: 96; Greenwalt 1989.
(6) Ogden 2011a: 94–95 が、アルゲアダイ時代とヘレニズム時代におけるこうした紛争の一覧を提示している
(7) Carney 2000a: 34–35 を参照。
(8) Carney 1991; 2000a: 225.
(9) Mooren 1983; Walbank 1984; Ma 2003; Austin 1986. なお Erskine 2003: 103–74 がおもなヘレニズム諸王朝について概観している。
(10) Walbank 1984: 87.
(11) Müller 2011.
(12) Schmitt 1991: 82–83.
(13) Bingen 1988: 37–38.
(14) Pomeroy 1984: 3–40; Savalli-Lestrade 1997 and 2003; Bielman Sánchez 2002 and 2003; Carney 2000a: 203–33 and 2011. Barbantani 2008: 104–5.
(15) Billows 1995a; Sherwin-White and Kuhrt 1993: 23–25.
(16) Carney 2000a: 225–28.
(17) *OGIS* 35; *OGIS* 56.1.47ff; *OGIS* 745. Vatin 1970: 74f.; Ritter 1965: 116; Tarn 1913: 351, n. 27; Brosius 1996: 18 を参照。反対説に Bikerman 1938: 27.
(18) Carney 2000a: 232–33; Carney 1995. なお Roy 1998: 121 の議論は行き過ぎである。
(19) Kosmetatou 2004a; Carney 2007.
(20) Savalli-Lestrade 1997: 417. 反対説に Pomeroy 1984: 11.
(21) Savalli-Lestrade 1994: 419; 2003: 65.
(22) Savalli-Lestrade 1997: 423. 第 5 章参照。
(23) Savalli-Lestrade 2003: 68 は、アルシノエ二世をその一例としている。
(24) ディオドロス（119.59.4–6）によるフィラの描写は、明らかに理想化されているが、男性の君主やその助言者たちが王族女性に何を求めていたかを語っている。Carney 2000a: 165–69.
(25) Robins 1993b: 21–55; Forgeau 2008: 3–24.
(26) Delia 1993: 199–200 は、プトレマイオス朝の王たちにも同様な状況があり得たこと

を示唆している。

（27）O'Connor and Silverman 1994.

（28）Pillonel 2008: 3–4.

（29）Pillonel 2008: 3–4.

（30）Pillonel 2008: 3.

（31）Robins 1993b: 23–27.

（32）中王国時代までは、王の母親は神によって懐妊したと信じられた（Forgeau 2008: 6–7）。

（33）Troy 1986: 3–25; Forgeau 2008: 5.

（34）Forgeau 2008: 8.

（35）Troy 1986: 106.

（36）Tyldesley 2012: 5–24.

（37）第 4 章参照。また Forgeau 2008: 11–12 も参照。

（38）Minas 2005: 128–33. 時には女王が自ら犠牲を捧げた。

（39）ハゲワシの神聖文字は母親を意味し、帽子はホルスの母としてのイシスを指す。よって帽子は未来の王の母としての女王を意味する。Stanwick 2002: 35 を参照。

（40）Forgeau 2008: 9–10.

（41）Troy 1986: 131–39.

（42）Forgeau 2008: 16–20.

（43）Carney 2001: 37–40.

（44）Troy 1986: 70; Forgeau 2008: 22.

第 1 章　アルシノエの背景と少女時代

（1）Blundel 1995: 119; Greenwalt 1988 は、何人かの王族の花嫁たちの結婚は、間違いなく政治的理由からもっと遅れたと指摘する。

（2）Berve 1926: 2: 329–35; Heckel 1992: 222–27, and 2006: 235–38; and Ellis 1993.

（3）Huss 2001: 90–91.

（4）Satyrus *FGrH* 631 F 2; Curt. 9.8.22; Theoc. 17.26; *OGIS* I 54, l. 6. Gow 1952: 331; Ogden 1999: 67–68. 反対説に Cameron 1995: 245.

（5）Errington 1976: 155–57; Heckel 1992: 222. 反対説に Ellis 1993: 3; Collins 1997.

（6）Heckel 1992: 207, 22006: 235. 反対説に Huss 2001: 90.

（7）Reames 2008.

（8）Heckel 1992: 207; 2006: 236. Ellis 1993: 10.

（9）Heckel 2006: 237–38.

（10）Meeus 2008 を参照。

（11）Seibert 1969: 27–38; Ellis 1993: ix, 26; Bosworth 2002: 57; Meeus 2008: 27–38.

（12）Hölbl 2001: 14–34; Huss 2001: 97–250.

（13）Casson 2001: 32.

（14）反対説に Ogden 1999: 68.

(15) 前 311 年の総督の石碑は、アレクサンドリアへの遷都がこの年までに完了していたことを証明する。Hölbl 2001: 113, n.20 を参照。また Fraser 1972: 2: 11–12, n.28; Ellis 1993: 54 も参照。
(16) パウサニアス（1.8.6）は、これがロドス人によって彼に与えられたと述べている。Johnson 2000、反対説に Hazzard 1992。
(17) *Suda s.v. "basileia."*
(18) Erskine 1995: 38.
(19) *FGrH* 239 B 19; Austin 2006: 40.
(20) 彼はタイスから生まれた息子をラゴスと名づけた（Ath.13.576e）。しかしこの息子が生まれたのはアレクサンドロス大王が死ぬ前で（Ogden 2008: 353–54）、よって王位の望みは持てなかった。
(21) Hölbl 2001: 94.
(22) Tac. *Hist*. 4.83. また Mckenzie 2008: 40–41 を参照。
(23) Empereur 1998: 20.
(24) Erskine 1995: 40.
(25) Ellis 1993: 55; Casson 2001: 31, 34. また Strab.9.1.20; Diog. Laert.5.78 を参照。
(26) Hölbl 2001: 26; McKenzie 2008: 41.
(27) Erskine 1995: 40.
(28) Theoc. 17.112–16; Erskine 1995: 45; Hunter 2011: 51, Bingen 1988: 46–51.
(29) Ferrario 1962 は、*OGIS* 14 が彼女の少女時代について有効な史料ではないことを証明している。
(30) Clarysse 2000: 29.
(31) Errington 1969; Meeus 2008: 46.
(32) Pomeroy 1977 は、王族女性の教育は広く普及していたと主張し、さらに明確に、マケドニアの王族女性には勉学の「長い伝統」があったと断言する。Cole 1981 はもう少し慎重だが、やはり王族女性は読み書きができたと見る（Cole 1981: 230）。また Carney 2000a: 28–29 も参照。
(33) Empereur 1998: 308.
(34) Alonso Troncoso 2005a.
(35) Pomeroy 1984: 112; Alonso Troncoso 2005a: 101. Suda s.v."Zenodotus" は、ゼノドトスがプトレマイオスの子どもたち（paidas）を教えたとし、Diogenes Laertius 5.60 は、彼が一人の王女を教えたと述べている。
(36) Ogden 1999: 68–69, 2008: 253–55 を参照。
(37) Bennett s.v. "Lagus," Leontiscus," and "Eirene"; Ogden 2008: 354–55.
(38) Ogden 1999: 69.
(39) Ogden 1999: 66 を参照。
(40) Wheatley 2003; Ogden 2008: 355.
(41) Brosius 1996: 78, 184–85.
(42) たとえば Berve 1926, 2: 52; Brosius 1996: 78.
(43) Ogden 1999: 69.

(44) Tarn 1929: 138–39; Stephens 2003: 14.
(45) Macurdy 1932: 102–4; Heckel 1989 and 2006: 122.
(46) Baynham 1994; Heckel 2006: 35–38.
(47) Macurdy 1932: 55–58, 104, 114; Ogden 1999: 58–61, 68–73; Carney 2000a: 160–61.
(48) Macurdy 1932: 56, 58, 64–65, 103–4; Ogden 1999: 68–73, 173–77; Carney 2000a: 167.
(49) Porphyry *FGrH* 260 F 3 10; s.v. Bennett "Meleager"; Heckel 1989: 33, n. 10.
(50) Ogden 1999: 69.
(51) Heckel 1989: 34.
(52) Macurdy 1932: 104–9; Heckel 1989; Ogden 1999: 68–73; Heckel 2006: 71.
(53) Schol. for Theoc. 17.34. また Maas 1927: 68–70 を参照。
(54) Theoc.17.34 への古註は、彼女を Baga の娘と呼んでいる。Bücheler 1875: 59 は、この名前を Lagus と校訂してベレニケがプトレマイオス朝で最初の姉妹の花嫁であったとするのでなく、これを Maga とする校訂を提案し、これは彼女の息子の名前から証明されるとする。Ogden 1999; 70 を参照。反対説に Longega 1968: 116; Bengtson 1975; and Green 1990: 190; Hazzard 2000: 90.
(55) Ogden 2008: 355. 反対説に Nisetich 2005: 36, 59.
(56) Bennet s.v. "Magas."
(57) Plut. Pyrrh. 4; Schol. Theoc. 17.61; Just. 23.2.6. Heckel 1989: 33, n. 10; Beloch 1928: 4^2 2.179; Seibert 1967: 73; Ogden 1999: 70.
(58) Macurdy 1932: 105.
(59) Griffith 1979: 54 は、このことをプトレマイオスの母親に関連して提示するが、どちらの母親にもあてはまる。
(60) OGIS 14 ca.299 は、彼女を basilissa と呼んでいるが、これは王の娘か妻だけに用いられる称号である。Carney 1991: 161, n.45; Ogden 1999: 70.
(61) 古い学説は、王の複数婚は単婚の繰り返しであると見なし、ゆえにベレニケが正妻となったのは息子が共同摂政になった後で、そのためにはエウリュディケがまず離縁されねばならなかったと信じた。Hölbl 2001: 24 はこの旧説を引き継いでいる。
(62) Pomeroy 1984: 13.
(63) タイスと違って彼女は遊女ではなかった。反対説に Kosmetatou 2004b; Ogden 2008. パウサニアス 1.6.8 は、アンティパトロスが自分の娘にベレニケを同伴させたと述べているが、ベレニケが遊女ならあり得ないことである。
(64) Bennett s.v."Philotera" は、彼女の生まれは姉より後で兄弟より前であり、プトレマイオス一世とベレニケの関係は 317 年以前に始まったはずがないと想定する。いずれの論点についても証拠はない。Regner 1941; Wikander 2002: 188. 第 5、6 章参照。
(65) *Parian Marble 120*（デメトリオスがアルコンの年）= *FGrH* 239 B.19; Austin 2006: 40 (21.19).
(66) Ogden 1999: 70.
(67) Heckel 1989: 34.
(68) 彼女の父アンティパトロスが 319 年に死んでから、兄弟のカッサンドロスが 297 年頃に死ぬまでの間は、ずっとそうした状況だったろう。

(69) Mitchell 2007: 67–73.
(70) Herman 1980–81; 第 5 章参照。
(71) Heckel 1989: 35.
(72) Carney 1994: 123–24; Heckel 1989: 34–36.
(73) Carney 1992; 2000: 23–27.
(74) Cohen 1974: 177–79.
(75) 反対説に Heckel 1989: 34–35.
(76) Carney 1999.
(77) 後に彼はある都市に義理の母の名前をつけた。s.v. Steph. Byz.“Berenikai.” Hazzard 2000: 106 は、プトレマイオス一世の妻の誰一人として「王妃としてのいかなる権力」も持たなかったと主張する。彼は、プルタルコスがそうした権力を積極的に想定していることよりも、ディオドロスがそれに言及していないこと、ないしはディオドロスにそれが欠如していることのほうを重視している。
(78) Adams 2880: 94–95. 彼はこの結婚を、プトレマイオス二世に対しても続くことになる philia 関係の確立を示すものと見なす。ピュロスの立場からは、この結婚は重要な一歩であった。
(79) ただし Müller 2009: 25 が指摘するように、ファレロンのデメトリオスの支援は、[彼のように] 非常に重要な宮廷人でさえケラウノスにまだチャンスがあると考えていたことを示唆する。
(80) Buraselis 2005. また序章も参照。
(81) 反対説に Billows 1995: 4. 彼が追放されたことは知られていない。
(82) Ogden 1999: 72. 反対説に Macurdy 1932: 103; Mori 2008: 95. 286 年の娘プトレマイスとデメトリオスの結婚式のためにエウリュディケがミレトスに滞在したこと (Plut. *Demetr*.46) とは関係ない (反対説に Bevan 1927: 54; Macurdy 1932: 103; Vatin 1970: 63)。
(83) Diog. Laert. 5.89. Green 1990: 87–88; Ellis 1993: 59–60.
(84) Ogden 1999: 71.
(85) Fantuzzi 2005 の随所、とりわけ 249–50.
(86) Golden 2008: 6–8.
(87) Barbantani 2010: 228, 230.
(88) Fantuzzi 2005: 251–52,258 は、プトレマイオス朝の勝利者たちがマケドニアの民族的出自を強調したのは、ギリシア本土に対する彼らの野心に関連することを示している。
(89) Adams 2003; Kertész 1999, 2003, 2005.
(90) *SIG* ^{3} 314; Paus. 6.15.9–10, 16.2,9. 17.3, 7–8. Fantuzzi 2005: 251; Bennett 2005: 91. 王の philoi (友人) については、Thompson 2005: 279–80 を参照。ビリスティケの勝利については第 6 章参照。
(91) 1992 年に明るみに出た P. Mil. Vogl. VIII 309. これは 112 篇のエピグラムを含み、これらの詩の集成は一般に彼のものとされてきた。Gutzwiller 2005.
(92) Posidippus AB 87–88. ひょっとして 87 は別人のベレニケの勝利に言及しているのかもしれないが (反対説に Cameron 1995: 244)、88 は明らかにベレニケ一世を指している。

(93) Bing 2002–3: 253, n.23 はベレニケの勝利と、プトレマイオス一世および同二世の勝利の年代を同じ第 284 オリンピック会期としている。Bennett 2005: 93 はそれほど確かでないとするが、他方でプトレマイオス朝の多くの勝利は、ベレニケの息子を共治王に選ぶといった王朝の重要な出来事に結びつけられたと指摘する。

(94) Paus. 5.6.7, 6.20.9. また Pomeroy 2002: 22, n.79 を参照。

(95) ［碑文を含む］考古学史料は、マケドニア上流階級の女性たちを馬に結びつけていない。ただし記述史料は一部の女性が騎乗したことを示唆する。Carney 2000a 69–70, 129–31, and 132–37; Pillonel 2008: 126–28.

(96) Hodkinson 2000: 321–23; Pomeroy 2002: 21–23; Palagia 2009: 34–36; Kyle 2007b: 188–96.

(97) Nisetich 2005: 59.

(98) 彼女はオリンピアに自身の勝利を祝う 2 つの記念物を奉納することができた。(Paus. 5.12.5; 6.1.6); Palagia 2009: 34–35.

(99) Fantuzzi 2005: 263–64 は、オリンピックにおけるもう一人のスパルタ人女性の優勝者エウリュレオニスは王家の一員ではなく、彼女への言及がないのはこのためだと考える。Golden 2008: 22 は、ベレニケも王の娘でも姉妹でもないが、王の妻であり母であることによって、キュニスカを一段上回っているとする。

(100) Mantas 1995: 128–29.

(101) Nicholson 2005: 2; Fantuzzi 2005: 264–66.

(102) 関連文献は Pomeroy 2002: 22, n.82.

(103) これとは反対の記述に Plut. *Ages*. 20.1, Xen. *Ages*. 9.6–7. 以下を参照。Mantas 1995: 128; Kyle 2007a: 141–45; 2007b: 189–96; Golden 2008; 11–12; Nicholson 2005: 3; Hodkinson 2007: 327; Fantuzzi 2004a: 397. プトレマイオス朝の王たちは明らかに、アゲシラオスのものとされる見解を共有しなかった。

(104) 翻訳は Nisetich 2005: 36.

(105) Pomeroy 2002: 21 は、キュニスカの女性親族で馬にかかわる名前をいくつか指摘している。アリストファネスは『雲』(60–64 行) で、馬という語を含む貴族の名前を嘲笑している。意味深いことに、ストレプシアデスの貴族出身の妻は、自分の息子にそうした名前のひとつを望んでいる。

(106) Savalli-Lestrade 2003: 62.

第 2 章　リュシマコスの妻アルシノエ

(1) Hieronymus *FGrH* 154 F 10; Just. 17.10; Appian *Syr*. 64. なお Ogden 1999: 58, n. 61. Heckel 1978: 224–28, 1992: 273–74, 2006: 153 を参照。

(2) 翻訳は Yardley 1994: 123–24.

(3) Yardley 1994: 149.

(4) Heckel 1992: 270–71; Lund 1992 および註 5 を参照。

(5) Berve 1926: 2: 239–41; Saitta 1955; Merker 1979; Heckel 1992: 26775; Landucci Gattinoni 1992: Lund 1992.

(6) Porphyry *FGrH* 260 F3.8. パウサニアス (1.9.49) とユスティヌス (15.3.1) は、彼はマ

ケドニア人だったと述べている。

(7) Lund 1992: 2–5; Heckel 2006: 153.

(8) Heckel 1992: 270; Lund 1992: 10–12.

(9) Lund 1992: 158–60; Hadley 1974: 55, 63.

(10) Lund 1992: 54; Heckel 2006: 155.

(11) Paus. 1.9.8; Diod. 20.29.1; Appian (*Syr*. 1.1). Will 1979: 76, 98; Lund 1992: 64. 少なくとも他の2つの都市が彼にちなんで名づけられたが、彼が創設したかどうかは明らかでない (G.M. Cohen 1995: 114–15,167)。

(12) Will 1979: 97–103; Burstein 1986; Lund 1992: 8–206.

(13) Geyer 1930: 29; Seibert 1967: 93–96; Lund 1992: 10, 88, 185. なお Müller 2009: 33 は、彼はアマストリスをヘラクレアに送り返した時から単婚を繰り返すようになったと提唱する。

(14) Cohen 1973.

(15) Ogden 1999: 57–58.

(16) Diod. 20.109.6–7; Strabo 12.3.10; Memnon *FGrH* 434 F. 4.4.

(17) Memnon *FGrH* 434 F. 4.9. リュシマコスがアマストリスの実家との関係を続けたことについては、Lund 1992: 88 を参照。Ogden 1999: 57–58 は、メムノンは二人が別れたと述べているが、アマストリスは再婚しなかったと指摘する。

(18) Burstein 1976: 83–85; Carney 2000a: 229–32. 反対説に Dmitriev 2007: 142–46.

(19) Ogden 1999: 59.

(20) Ogden 1999: 58–59.

(21) ユスティヌス (24.3.5) は、彼女の下の2人の息子は280年頃に殺害された時、16歳と13歳だったと述べているので、長男は少なくとも17歳だったことになる。

(22) G. M. Cohen 1995: 41, 45, 177–80; Longega 1968: 31 and n. 88. このことが、彼女がこの都市で政治的役割を持っていたことを意味するかどうかは不明である。

(23) 反対説に Rigsby 2005: 111, n. 14.

(24) Burstein 1982: 198–99, n. 6. 反対説 G. M. Cohen 1995: 177 も参照。

(25) G. M. Cohen 1995: 41.

(26) G. M. Cohen 1995: 65.

(27) Kahrstedt 1910: 266; Koch 1924: 85; Longega 1968: 31; Mørkholm 1991: 81; Davesne 1991: 21–22; Müller 2009: 345–48; Parente 2002: 263–65. 貨幣には ARSI と刻まれている。しかし Kahrstedt 1910: 266 は、この刻印は「アルシノエの」ではなく「アルシノエイオン人の」の短縮形であると指摘する。

(28) ストラボン 10.2.22 は彼女自身に責任があると述べている。Lund 1992: 251, n.74; Mueller 2006: 57 を参照。

(29) Homolle 1896: 508–9; Longega 1968: 27–29 は早い年代を唱えるが、Burstein 1982: 209; Lund 1992: 194 は遅い年代を唱える。

(30) Lund 1992: 194 を参照。反対説に Longega 1968: 27–30.

(31) Carney 1988a: 134–42, and 2000a: 207–9.

(32) 反対説に Lund 1992: 194–95.

(33) Carney 2004: 190, n. 31. 第 3 章参照。
(34) Fraser 1960: 48–50; Burstein 1982: 199 を参照。
(35) Carney 2000a: 226–27, とりわけ n. 125; Müller 2009: 66–67.
(36) この奉納がなされたのは彼女がリュシマコスと結婚していた時期であるとの見解は、Fraser 1960: 51; Burstein 1982: 199; Cole 1984: 22; Lund 1992: 168 を参照。反対説に Roux 1981: 231–39; Frazer 1990: 232–33.
(37) Carney 2006: 88–103.
(38) Roux 1981: 236, n.15.
(39) Kron 1996: 171.
(40) Lund 1992: 10–12.
(41) Hazzard 2000: 82, n. 10. なお Müller 2009: 46–57 は、暴君的な支配者と蠱惑的で人を籠絡する王妃という 2 つの主題は結びつけられる傾向があったと指摘する。
(42) Hazzard 2000: 83.
(43) この逸話の変種は何人かの作家に現われる（プルタルコス『モラリア』606b, 634b、セネカ『怒りについて』3.17）。Lund 1992: 7 は、これらは単なる文学上の主題の繰り返しにすぎないと見なす。反対説に Cameron 1995: 98.
(44) Carney 2000a: 223–25. また第 5、6 章参照。
(45) Pomeroy 1984: 18–19 はアルシノエを範例として用いながら、次のように主張する。古代世界における女性は、王族女性でさえ「声が抑制された集団」であり、古代史料が女性についてどれほど多くのことを我々に直接語ろうとも限度があるということを、歴史家は認識しなければならない。
(46) デロスの決議は、その年代がいつであれ、割り引いて受け取るべきである。Lund 1992: 194 を参照。反対説に Longega 1968: 27–29.
(47) Carney 2000a: 160–61.
(48) Heckel 1989: 34; Carney 2000a: 159–60.
(49) Heckel 1989: 34; Ogden 1999: 59; Dmitriev 2007: 138–41. 反対説に Pausanias (1.10).
(50) Macurdy 1932: 56–57; Seibert 1967: 75–76.
(51) Seibert 1967: 97, n.20 は、リュシマコスが自分の娘と義理の息子をこのように扱ったのは、アレクサンドロスの寡婦リュサンドラの「請求権」をマケドニア支配の根拠として用いようと望んでいたからだとする。Heckel 1989: 35; Ogden 1999: 59 も参照。
(52) Ogden 1999: 58.
(53) Lund 1992: 45–49 を参照。
(54) 反対説をとる Dmitriev 2007: 146–49 は、ベレニケの息子の成功は突然のことであり、リュシマコスが後継者を取り換えたのは、単純に一方が他方よりもプトレマイオス朝の後継者とより密接な関係を持っていたからであろうと想定する。
(55) 互いに矛盾する史料と年代上の問題については以下を参照。Paus. 1.16.2; Heinen 1972: 4; Errington 1990: 157. 反対説に Memnon F 8.2, App. Syr 62. Tarn 1913: 125.
(56) Lund 1992: Ogden 1999: 61.
(57) 反対説に Dmitriev 2007: 135.
(58) Lund 1992: 196–97.

(59) Robert 1933; Longega 1968: 44; Heinen 1972: 10; Lund 1992: 197–98.
(60) Holleaux 1921: 194–95; Robert 1933: 490; Longega 1968: 44; Heinen 1972, 10, 82, n.314; Bringmann 2000: 88; Müller 2007d: 278.
(61) 反対説に Hölbl 2001: 35.
(62) Heinen 1972: 4–19; Lund 1992: 184–206; Landucci Gattinoni 1991; Carney 1994: 125–27. 年代については Walbank 1988: 239 を参照。
(63) もしメムノンが真正な証拠を持っていたか、宮廷力学を理解していたなら、プトレマイオスを別のプトレマイオスと取り違えることはなかったろう（事実彼は、プトレマイオス・ケラウノスがリュシマコスによる殺害命令を実際に遂行したと述べている）。多くの歴史家が考えるのは、もしもこの言明にいくらかの真実があるとすれば、メムノンはプトレマイオス・ケラウノスをリュシマコスの息子プトレマイオスと混同したということだ（Heinen 1972: 10–16; Will 1979: 103–5; Walbank 1988: 297; Lund 1992: 188; Landucci Gattinoni 1992: 210, n. 149; Carney 1994: 126; Ogden 1999: 61; Müller 2009: 39. 反対説に Tarn 1913: 124,135; Mori 2008: 95, n. 14）。
(64) Ogden 1999: 61 は、自分の年老いた夫をその時点での後継者と目される人物と取り換えようというアルシノエの計画を、パウサニアスは誤解したと考える。
(65) Lund 1992: 193–95.
(66) 反対説に Longega 1968: 45.
(67) Landucci Gattinoni 1992: 211–13 は、史料からは、アガトクレスがフィレタイロスおよびセレウコスと共謀した可能性が出てくると主張する。
(68) Lund 1992: 198.
(69) Lund 1992: 196–98: Ogden 1999: 62 は、アガトクレスのいくつかの行為が不信を生み出したかもしれないと指摘する。
(70) Lund 1992: 196–98.
(71) Will 1979: 100 は、リュシマコスの息子アレクサンドロスは、セレウコスが敢行する遠征によって彼自身の王国が得られることを希望したと信じている。
(72) Landucci Gattinoni 1990: 111–26; 1992: 214–21 を参照。
(73) Müller 2009: 42–43.
(74) Will 1979: 101.
(75) Lund 1992: 199–206.
(76) この戦闘の確実な年代は、つまるところバビロニア年代記に依拠している（Lund 1992: 201–2 を参照）。
(77) Landucci Gattinoni 1990.
(78) Hazzard 2000: 83 も同様である。
(79) 引用は Hazzard 2000: 83.
(80) これ以上については Lund 1992: 199–206.
(81) Heinen 1972: 38 は、これをアルシノエに対する憎しみととる。
(82) Hazzard 2000: 83 は、この物語を「差し障りがある」と評する。しかしポリュアイノスの記述にこの見解を支持するものはない。
(83) Ritter 1965: 117, n.3,172–73 はこの逸話の史実性を疑う。その理由は、セレウコス二

世の遊女ミュスタに帰せられる逸話（フュラルコス ap. Ath.13.593e とポリュアイノス 8.61 が伝えている）とあまりによく似ていると考えるからだ。

(84) Hazzard 2000: 83 は、単純に息子たちは母親と一緒だったと想定する。ポリュアイノスは息子たちに何も言及しない。

第３章　アルシノエとプトレマイオス・ケラウノス

(1) これらの事件については、Heinen 1972: 37–91; Walbank 1988: 241–58; Errington 1990: 156–61 を参照。

(2) リュサンドラとその子供たちについては、これ以上何も知られていない。Heinen 1972: 52, n.192.

(3) Müller 2009: 68–69.

(4) Walbank 1988: 244. メムノン（*FGrH* 434 F 8.2）は、セレウコスがケラウノスに対し、プトレマイオス一世の死後にエジプトでの支配を回復させることを約束していたという。ただしこの時点までに救済王はすでに死去していた（Heinen 1972: 4–9）。

(5) Walbank 1988: 243–44.

(6) Walbank 1988: 244.

(7) Hammond 1988b.

(8) Heinen 1972: 76–77; Walbank 1988: 247.

(9) Lund 1992: 173; Burton 1995: 124.

(10) Carney 2004: 190–93. また Schaps 1982; Loman 2004; Pillonel 2008 も参照。

(11) Ritter 1965: 112. 反対説に Heinen 1972: 78.

(12) Walbank 1988: 241–42. 反対説に Heinen 1972: 79. ユスティヌス 24.2.2 は、王国ないし王権はリュシマコスの息子たちに帰属していたと述べるのみ。

(13) 反対説に Collins 1997: 464–72.

(14) その例は、パルメニオン（ディオドロス 17.5.2；クルティウス 7.1.3）とクレアンドロス（アッリアノス 3.26.3）の経歴に見られる。

(15) Müller 2009: 72.

(16) Ogden 1999: 77 の議論を参照。

(17) Müller 2009: 80.

(18) 反対説に Heinen 1972: 81–83; Ogden 1999: 77; Müller 2009: 75. なお Heinen と Müller は、当初の合意が反古になったがゆえに、長男プトレマイオスの出発が、ケラウノスにより残虐な計画を採用させることになったと考える。しかしながらケラウノスは年下の兄弟たちを捕えて人質にすることで、プトレマイオスに対抗することが十分できたであろう。

(19) ケラウノスの結婚については何の言及もない。彼がエジプト王位の望みを持っていた時でさえ、王になる前に結婚することは彼にとって尋常ならざることであったろう。ユスティヌス 17.2.14, 24.1.8 が言及するのは、おそらく別のプトレマイオスの娘である（Hammond 1988b: 407）。

(20) Memnon *FGrH* 434 F.5.6 は、プトレマイオスなる人物がリュシマコスの命令で実際

にアガトクレスと殺害したと主張する。すでに指摘したように（第2章註64を参照）、メムノンはこれをプトレマイオス・ケラウノスと明記しているが、多くの論者は、これは誤りであり、実際にはリュシマコスの息子のプトレマイオスであったと結論している。Heinen 1972: 81–83; Will 1979: 103–5; Roux 1981: 237は、リュシマコスの息子はケラウノスを、若き殺人者と思われていたから恐れたと考える。しかしメムノンの混同は彼の信憑性を損なうものであり、アルシノエとその息子の間に区別をつけるのは難しい。間違いなく二人のどちらにもケラウノスの報復を恐れる理由があった。

(21) Carney 2000a: 123–28, 129–31, 188–89, 229.

(22) 反対説に Heinen 1972: 81–83; Errington 1990: 159.

(23) Longega 1968: 65ff; Heinen 1972: 81. 反対説に Ritter 1965: 121f. なお Longega 1968: 66は、彼女がカッサンドリアを支配したゆえにこの称号を獲得したと唱えるが、これは信じがたい。

(24) Müller 2009: 76–81; Carney 2000a: 232–33.

(25) Ritter 1965: 114. これを批判して Granier 1931: 120は、称号は彼女がケラウノスと共同統治したことを意味しないとする。

(26) Philo *On Spec. Laws* 3.22; Sen. Apocol. 8; Plut. *Them.* 32; Nep. *Cim.* 1.2; Ar. *Nub.*1372. Karabélias 1989; Modrzejewski 1964: 59–60; Vérilhac and Vial 1998: 91–101; Buraselis 2008: 292; Rowlandson and Takahashi 2009: 106–9.

(27) Ogden 1999: 9–10, 14–15.

(28) Ogden 1999: 78, 124–25.

(29) ユスティヌス（24.3.3）は、結婚式がカッサンドリアでなされたのでないこと（反対説に Hazzard 2000: 84）、アルシノエは結婚式の後にカッサンドリアへ戻り、祝賀行列の準備をしたことをはっきり示している。Müller 2009: 76, n.371を参照。

(30) Arslan and Özen 2000は、トラキア出土の埋蔵物の中で、Basileos Ptolemaiouの銘が刻印された貨幣はプトレマイオス・ケラウノスによって鋳造され、何枚かは裏面にアルシノエを表わしていると提案した。反対説は Müller 2009: 3 48–53を参照。この貨幣は別のプトレマイオスのものである可能性が高い。デロス島の奉納物も同様に考えられる（Heinen 1972: 83–84）。

(31) 母親の腕の中で子供たちを殺すのは、トポス（文学上の定型）である。とりわけユスティヌス（9.7.2, 38.8.4）。Roux 1981: 237.

(32) Chaniotis 1997; Spawforth 2007: 91. 第5章も参照。

(33) Carney 2000a: 203–7.

(34) Walbank 1988: 248; Carney 2000a: 188–89, 206.

(35) A. Cohen 1995.

(36) Carney 2006a: 85–87.

(37) Carney 2006a: 84–85.

(38) Polyaen. 6.7.2. Carney 2004: 190, n. 31; Müller 2009: 73, n.352. 反対説に Macurdy 1932: 103; Loman 2004: 45.

(39) Macurdy 1932: 115; Heinen 1972: 12.

(40) Burton 1995: 140は、テオクリトス（15.139）におけるヘクバへの言及は、事情通に

とっては、アルシノエの生涯のいろいろな側面を思い起こさせたかもしれないと述べている。

（41）Lund 1992: 173.

（42）Müller 2009: 58–67. 反対説に Cole 1984: 22, n. 179.

（43）Walbank 1988: 248, n. 4.

（44）Burstein 1982: 200.

（45）Walbank 1988: 248–49. 反対説に Heinen 1972: 82.

（46）Tarn 1926: 161; Rice 1983: 41. 反対説に Walbank 1988: 248, n. 4, 254, n. 2, ただし Walbank 1988: 258 も参照。

（47）Walbank 1988: 252.

（48）Strootman 2005, とりわけ 105–7, 112–13; Tarn 1913: 139–66; Walbank 1988: 51–58; Gabbert 1997: 26–28.

（49）反対説に Hazzard 2000: 98.

第４章　エジプト帰国とプトレマイオス二世との結婚

（1）Müller 2009: 89.

（2）ベレニケは、299 年頃にピュロスがアンティゴネと結婚した時には生きており、もしオリンピックでの彼女の優勝年代が 284 年なら（第 1 章参照）、この年にも存命していた。さらに息子が 283/82 年に単独統治を始めた時にも、おそらく存命だったろう（Bennet s.v. “Berenice I”）。「神なる弟姉」の祭祀は通常 279 年の最初のプトレマイエイア祭に結びつけられるので、多くの学者はベレニケが 279 年までに死去したと推測する（たとえば Hölbl 2001: 94）。

（3）Foertmeyer 1988: 91 は、大祭典行列（Callixeinus *FGrH* 627 F 2 34）の時までにベレニケは死去して祭祀用建物を持っていたと主張する。しかしこの行列の年代は論争になっている（第 5 章も参照）。Theoc. *Id*. 17.123–24 はベレニケをよみがえらせ、女神に変えている。Gutzwiller 1992a: 363–65 とりわけ n.20 は、ベレニケ一世の生前神化はあり得るけれども確実ではないと考える。Tondriau 1948b: 2–3 and 1948a: 14; Fraser 1972: 1: 197 も参照。

（4）第 3 章および Huss 2001: 307, n. 22 を参照。

（5）彼の治世については Huss 2001: 251–331; Hölbl 2001: 35–45, 54–76; McKechnie and Guillaume 2008 を参照。Hazzard 2000 は極端に偏っている。

（6）Ager 2003: 37.

（7）Samuel 1993: 183; Barbantani 2007: 71–72. 反対説に Hazzard 2000: 1. また第 5 章も参照。

（8）Tunny 2001: 132–33.

（9）Errington 2008: 120.

（10）Barbantani 2010: 238–39.

（11）Rice 1983: 39; Ogden 1999: 74; Bennett 2003 は、285 年または 284 年の初めであろうと考える。

（12）*P. Brit. Mus*. Inv. 589; Vatin 1970: 78 を参照。

（13）ペルシア人のアマストリスがリュシマコスと結婚したのは、ちょうどアルシノエ一世の年齢の子供を産める頃である（第2章参照）。これに対して Bennett 2003: 66 は、アマストリスはおそらく母親ではないとする。
（14）理論的にはアルシノエ二世も彼女の母親であり得るが、これは到底信じがたい。Macurdy 1932: 109; Bennett s.v. "Arsinoë I."
（15）Müller 2009: 92.
（16）Ogden 1999: 74.
（17）Fraser 1972: 1: 347, 369; Rice 1983: 39; Tunney 2000: 83.
（18）Müller 2009: 94 はこの可能性を真剣に考慮する。Bennett s.v. "Arsinoe I." も参照。
（19）Bennett s.v. "Ptolemy III" は 285–75 年という幅広い年代を提示するが、283–79 年のほうがより筋が通る。
（20）Ager 2005: 6.
（21）Burstein 1982.
（22）たとえば Macurdy 1932: 110.
（23）Rice 1983: 39.
（24）Rice 1983: 39 は、ピトムの石碑が語っているのは愛姉王が治世第6年にピトムに旅したことで、おそらく彼に配偶者がいなかったことを意味すると指摘する。もしプトレマイオス二世の大行列がプトレマイエイア祭の最初の祝典で、よって 279 年の祭典時だとすれば、この時彼には妻がいなかった。これが示唆するのは、彼はすでにアルシノエ一世を退けていたが、アルシノエ二世とはまだ結婚していなかったということである（第5章参照）。
（25）これに対して Bennett s.v. "Arsinoë I" and 2003: 68–70 は、275/74 年に年代づけられるキプロス碑文 KAI 43 はアルシノエ一世を指しており、それゆえ彼女がこの時点で退けられていたはずがないと主張する。
（26）オリュンピアス、その娘クレオパトラ、フィリッポス二世の最後の妻クレオパトラ、アレクサンドロス大王の姉妹キュンナネ（Carney 2000a: 123, 127, 74, and 131）。ペルディッカスの姉妹アタランテも殺害された（Diod.18.37.2）。
（27）Macurdy 1932: 110.
（28）Macurdy 1932: 121; Burstein 1982: 202, n.25. なお Ogden 1999: 78 は、古註家が用いた語句がこれを示唆するとして、Harrison 1968–71: 83–84 を引用している。Wikander 2002: 187 は、これがアルシノエの生前になされた決断で、王族の結束を固める目的でなされたいわば反一夫多妻制的な動きと見ているようだ。Buraselis 2005: 96 は、これはアルシノエが死ぬ前になされたと言う。
（29）CCG 70031 は、コプトスにおける女王アルシノエ一世の執事であった Senu-sher または Seneshepsu の石碑で（Lloyd 2002: 123）、亡命中のアルシノエ一世を指すものと長らく考えられてきた（Petrie 1896: 20–22）。しかし Quaegebeur 1970: 212, 215–6 and 1978: 249 と Lloyd 2002: 123–35 が、アルシノエ二世を意味すると、きわめて説得的に論証した。これに対する批判は Taunecker 1992: 256 を参照。
（30）Ogden 1999: 74. ただし彼は、コプトス碑文はアルシノエ一世を指すと想定している。
（31）Carney 1987; Ager 2005, 2006, 2007; Carney 2010.

（32）CCG 22183（ピトムの石碑）を根拠にして Ager 2003: 39 は 273 年初めとするが、Bennett s.v. "Arsinoë II": n.14 はプトレマイオス二世の治世年を数えることの困難を指摘して、年代は 274 年または 272 年の 11 月であろうと結論する。

（33）プトレマイオス二世の異母兄弟でキュレネの支配者マガスの反乱とこの結婚との間には、おそらく関連がある。しかし、どちらがどちらを引き起こしたかを言うのは難しい。Will 1979: 149; Tarn 1913: 26.

（34）Rowlandson and Takahashi 2009: 106 は、近親相姦という言葉の使用を、その道徳的含意のゆえに拒否する。私は、誰か他人によるこの行為の解釈を説明するためなら、「近親相姦的な」または「近親相姦」を用いてよいと思う。

（35）Ogden 2011a: 99 が、プトレマイオス朝の近親婚すべての一覧を提供している。

（36）学説状況は Ager 2005. また Buraselis 2008; Rowlandson and Takahashi 2009: 110 を参照。

（37）Carney 1987: 435; Ager 2005: 16.

（38）Cérny 1954: 23; Hopkins 1980: 311–13.

（39）Frandsen 2009: 9; Rowlandson and Takahashi 2009: 110.

（40）Carney 1987: 423, n. 8; Shaw 1992: 283; Buraselis 2008: 296–97.（ごく一部の論者は王族のいかなる実の兄弟姉妹婚の存在も疑った。Buraselis 2008: 24, n.14 を参照）。Buraselis は、ファラオ時代の慣行がマネトを通じてプトレマイオス二世に知られたと考える。

（41）Hawass et al. 2010.

（42）Robins 1993a: 70.

（43）Forgeau 2008: 11–12.

（44）Hölbl 2001: 95; Quaegebeur 1998: 93; Huss 2001: 309; Buraselis 2008: 298. 第 6 章も参照。

（45）これに対して Hazzard 2000: 88 は、この節はそうした結婚を非難しているのでなく、単に前例がないと指摘しているであるとする。

（46）Ager 2005: 2.

（47）事例は Buraselis 2008: 292.

（48）Ager 2005: 2.

（49）Ager 2005: 2–3.

（50）Fraser 1972: 1: 117–18; Carney 1987: 428; Ager 2005: 27. 反対説に Buraselis 2008: 292. なお Hazzard 2000: 40 は誤って、これら後世の見解は同時代の敵対的な伝承に依拠しているに違いないと考えている。

（51）プルタルコスの受動態の動詞は、プトレマイオス二世時代の意見を指すものであり得るし、あるいはもっと一般的な意見だったかもしれないが、Hazzard 2000: 39 とは逆に、明らかにアテネとは関係ない。

（52）カリマコスの断片はソダテスの詩を暗示しているかもしれない（Ogden 2008: 381）。

（53）プルタルコス『モラリア』11a は、彼は投獄されたと言うのみ。Luaney 1945: 44 を参照。

（54）Launey 1945; Fraser 1972: 1: 117–18; Cameron 1990; Weber 1998–99: 162–65; Kosmetatou 2004b: 31. 反対説に Ogden 2008: 373.

（55）Longega 1968: 74; Fraser 1972: 1: 117–18; Carney 1987: 428; Cameron 1995: 98; Ager

2005: 27 らは、彼の言明を真面目に受け取ることには懐疑的である。

(56) Weber 1998–99: 162–65, 173. なお Weber は、王に殺された芸術家たちは皆「悪名高い不平分子」、一匹狼であって、民衆の代弁者ではなかったと指摘する。

(57) Diod. 1.27.1–2; Paus. 1.7.1; Memnon *FGrH* 434 F8.7; Philo *On Spec. Laws* 3.23–25; Seneca *Apocol*. 8.3; Sextus Empiricus *Pyr*. I. 152, III.205, 234.

(58) Kornemann 1923: 17–45; Bengtson 1975: 117 は、プトレマイオス朝の兄弟姉妹婚のモデルはペルシアであったと主張した。これに対する批判は Ogden 1999: 108, n.59 を参照。

(59) Huebner 2007: 24. Rowlandson and Takahashi 2009: 112. これに対して Murray 1970: 166 はヘカタイオスを提唱する。

(60) Remijsen and Clarysse 2008: 55–56; Rowlandson and Takahashi 2009: 113–14.

(61) Modrzejewski 1964; Hopkins 1980. 最近の解釈は Huebner 2007; Fischer 2007; Remijsen and Clarysse 2008. および Rowlandson and Takahashi 2009. なお Huebner 2007 は兄弟姉妹婚の存在を否定する。これの反対説は Remijsen and Clarysse 2008; Rowlandson and Takahashi 2009.

(62) Hazzard 2000: 93 は、一部のギリシア語史料はアルシノエを王の妻と呼ぶのを避けるため、王の姉と呼んでいると主張する。しかしそれらは単に結婚以前の二人の関係をより重要と考えただけなのかもしれない。

(63) Fraser 1972: 1: 118.

(64) Carney 1987: 429.

(65) 反対説に Bevan 1927: 60; Seibert 1967: 82. 閉経は 40 代と 50 代の間に起きた（Amundsen and Diers 1970）。

(66) Ogden 1999: 74.

(67) Theoc.17. 129 への古註。

(68) Longega 1968: 73 は、これは姉妹との結婚が恋愛結婚ではありえなかったことを意味するという、面白い推測をしている。

(69) Wilcken 1896: 1283; Kornemann 1923: 20; Bengston 1975: 117.

(70) Carney 1987: 424, n. 11.

(71) Ager 2005: 15, とりわけ n. 80.

(72) Tarn 1913: 262; Beloch 1928: 4, 1, 242, 582; Bevan 1927: 60–61; Macurdy 1932: 118; Vatin 1970; Thompson 1973: 120; Pomeroy 1984: 7.

(73) Burstein 1982.

(74) Tarn 1926: 161; Will 1979: I, 149 がこれを試みている。たとえばベレニケの子マガスはプトレマイオス王権の結束にとって脅威であった。以下を参照。Buraselis 2008: 300; Ogden 2011a: 100. Droysen 1878: 3: 265. Hazzard 2000: 87. 反対説に Macurdy 1932: 118.

(75) Carney 1987: 433–34; Hauben 1983: 106. 私自身は（Ager 2005: 19 とは逆に）彼が姉と結婚せねばならなかったと唱えるつもりはない。むしろ、もし彼が結婚を望んだとすれば、当時の外交情勢がセレウコス朝の女性よりアルシノエと結婚するのを有利なものにしたと言いたい。

(76) Burstein 1982: 211–12; Ogden 1999: 75. 反対説に Hazzard 2000: 88–89. プトレマイオス

二世は、エウリュディケの息子の一人をキプロスで反乱を起こそうとしたとの科で処刑し、エウリュディケのもう一人の息子アルガイオスを陰謀の科で処刑した。

(77) Ogden 1999: 79. 詳しくは第5章を参照。

(78) Carney 1994: 130–31; 2000: 228–32.

(79) 反対説に Modrzejewski 1964: 270–73; 1993; 1998: 573–76.

(80) Ogden 1999: 73–116.

(81) Ogden 2011a: 100.

(82) Ager 2005: 17. 反対説に Carney 1987: 432.

(83) Carney 1987: 430 は、プトレマイオス朝におけるイメージ作りの連続性の重要さを強調している。

(84) Griffiths 1979: 77.

(85) Ager 2005: 18.

(86) Kosmetatou 2002: 109–10 は、宮廷詩がプトレマイオス家の生者と死者のつながり、それもたいていは夫婦のつながりを強調したことを指摘する。

(87) Hauben 1989: 447.

(88) Müller 2009: 130–31. 反対説に Hazzard 2000: 90.

(89) Hazzard 2000: 93.

(90) これに対して Carney 1987: 432 は、プトレマイオス2世とアルシノエはエジプト人とギリシア人の両方にアピールすることを望んだかもしれないと考える（Ager 2005: 17）。

(91) Ager 2005: 17, n.95.

(92) Buraselis 2008: 292, n. 4 は、詩の末尾における彼らの結婚に関する一節を、プトレマイオス二世の神的性格の一種の「完成」と見なす。

(93) Callimachus Fr.392 Pf. おそらくポセイディッポスによる別の断片的な詩 AB114（Gutzwiller 2005: 5–6, n.17 の議論を参照）は、アルシノエの結婚をヘラの結婚の文脈に置いているように思われる。とある詠み人知らずの詩も同様（Stephens 2005: 243–44; Griffiths 1979: 54–55）。

(94) *OGIS* 26, 27. また Hauben 1970: 34–36 も参照。

(95) Kosmetatou 2004b: 24.

(96) テオクリトスはこれを強調するために、この結婚を王朝祭祀に結びつけている（Griffiths 1979: 61–62）。Stephens 2003: 168–69 は、ヘカタイオスが彼らは共に協調して支配していると語っていることを指摘する。

(97) Fraser 1972: 1: 216–17, 2: 367; Longega 1968: 98–99; Anastassiades 1998: 135–37; Burstein 1982: 201, n. 21; Koenen 1994: 51; Buraselis 2008: 291, n. 2; Wallenstein and Pakkanen 2009: 159 らは、Theocritus *Id.*17.128–30 に基づいて、アルシノエは結婚した頃にこの形容辞を得たと考える。Thompson 1973: 55–57 は、この形容辞を adelphoi（兄弟姉妹）の祭祀に関連づける。Sauneron 1966: 97 はそれを彼女の死後祭祀に結びつけるほうを選ぶ。この形容辞がまた、ゼウスとヘラのような神々の結婚との関係をも示唆するかどうかは明確でない（Criscuolo 1990; Muccioli 1994）。それがいつプトレマイオス二世に適用され始めたかはさらに不明。最初の証拠は前2世紀のものである（Müller 2009: 208, n.808）。

(98) Müller 2008: 281 は、Soter（救済王）の形容辞との類似性を唱えている。

(99) Kosmetatou 2004b: 24 は、正当化としての神的側面を見るが、Hazzard 2000: 85–90 はそれをプトレマイオスが決断した単なる理由と見る。

(100) Carney 1987: 434; Ager 2005: 20.

(101) Ager 2005: 22–27, とりわけ ns. 139, 140.

(102) Ager 2005: 23–24.

(103) Ager 2005: 25–26. 反対説に Hazzard 2000: 67.

(104) Ager 2005: 26–27 を参照。

(105) Ager 2005: 1.

(106) Ogden 1999: 77; Ogden 2011a: 100. なお Ager 2005: 20 は、もしも弟が自身とアルシノエとの結婚を申し出なかったなら、彼女はキュレネの支配者で自分のおじであるマガスに結婚を申し込んだかもしれないと憶測している。

(107) Carney 1994: 130, n.29.

(108) Golden 1981: 324–25.

第５章　プトレマイオス二世の妻

(1) Pomeroy 1984: 19.

(2) Herman 1997; Weber 1997.

(3) Chaniotis 1997. 第 3 章参照。

(4) Nielsen 1994: 19–20.

(5) Nielsen 1994: 16.

(6) Kuttner 1999; Nielsen 1994: 15–16.

(7) Barbantani 2007: 68–69.

(8) McKenzie 2008: 41–55. 第 1 章参照。

(9) Nielsen 1994: 14–24; 130–54, 280–82. 証拠といっても、考古学的遺物（大半は水中にある）と、エジプト以外のプトレマイオス朝支配者たちの宮殿から出土した比較可能な素材、それに文学的な描写（その多くは、たとえば「アリステアスの書簡」のようにプトレマイオス二世の治世以後のもの。第 6 章および Hunter 2011 を参照。反対説に Nielsen 1994: 19–24）のわずかな混合物である。アポロニオスの『アルゴナウティカ』（3.164.ff.）におけるコルキスのアイエテス王の宮殿の描写は、プトレマイオス二世の宮殿に影響されたものであろう（Nielsen 1994: 133,179; Pfrommer 1996: 136,140）。

(10) Erskine 1995: 38; Hoepfner 1996: 6.

(11) Ashton 2004: 15.

(12) 庭園は列席者や饗宴のために使われたのであろう（Pfrommer 1996: 136,140）。

(13) Diod. 3.36.3–37.8; *P. Cair. Zen*. I 59075. なお Fraser 1972: 2: 782, n.200 を参照。McKenzie 2008: 49 は、どこかに王族の遊技場があったと推測する。

(14) Strab. 17.8（793–94）; Ath. 14.654c. Nielsen 1994: 24.

(15) Hoepfner 1996: 93–94.

(16) Müller 2009: 156–384, とりわけ 156–75.

（17）Nielsen 1994: 18.

（18）Herman 1997: 207, 223.

（19）Barbantani 2008: 131.

（20）McKenzie 2008: 32–34, 37, 48.

（21）Empereur 1998: 76–77; Pfeiffer 2008: 293; Ashton 2004: 26–27.

（22）Stephens 1998: 167.

（23）Quaegebeur 1971; 1988; Pomeroy 1984: 19.

（24）Troy 1986: 139; Grzybek 2008. ファラオ時代にはときどき女性が統治した。典型的なのは成人男性がほとんどいなかった時である。

（25）後 3 世紀の作家であるアテナイオスは、プトレマイオス朝の文書庫で発見された素材に依拠して、（前 3 世紀末に執筆した）カリクセイノスの数節分を詳しく記述している。Goukowsky 1995: 79 を参照。

（26）Dunand 1981: 16. Walbank 1996: 121. Wikander 1992: 147. なお Wikander（1992: 148–49）は、この祭典をある程度は双方向的なものと見なす。すなわちプトレマイオス二世が王権理念を提示し、観衆が応答した。

（27）Walbank 1996: 1123; Wikander 1992: 148.

（28）Goukowsky 1995: 79.

（29）Walbank 1996: 124.

（30）Wikander 1992: 149; Erskine 1995: 44.

（31）279/78 年または 275/74 年とする説に Fraser 1972: 1: 231; Huss 2001: 321–23; Buraselis 2008: 300. 279/78 年説に Rice 1983: 38–43; Walbank 1996: 121; Thompson 2000: 367–81; Kosmetatou 2004b: 121; Marquaille 2008: 54–55. 275/74 年説に Foertmeyer 1998; Hölbl 2001: 39. 271/70 年説に Dunand 1981: 13; Goukowsky 1995: 80. 唯一 Hazard2000: 68 だけは 262 年説を主張する。

（32）Thompson 2000: 381; Müller 2009: 203.「支配者たち」とはプトレマイオス二世とアルシノエであり得るし、プトレマイオス一世と同二世でもあり得る。

（33）Rice 1983: 38–43; Müller 2009: 203–4. なお Foertmeyer 1988: 102–4 は、カリクセイノスまたはアテナイオスが単純にアルシノエを省略したかどうか疑わしいとする。

（34）McKenzie 2008: 48.

（35）Ath. 196a–197cl; Nielsen 1994: 22–23; McKenzie 2008: 49.

（36）Mooren 1975: 53–60; Hölbl 2001: 58.

（37）Fantuzzi 2004a: 390, 394–95.

（38）Savalli-Lestrade 2003: 61–65.

（39）Nielsen 1994: 23–24 は、プトレマイオス四世の王族用ナイル航行船を論じた際に、男性と女性の領域が物理的に区分されていたと想定する。しかし Carney 2020; 51 を参照。

（40）Savalli-Lestrade 1997: 430.

（41）Wikander 2002: 185–91.

（42）Burstein 1982: 212; Troxell 1983: 59.

（43）Burton 1995: 7–40; Selden 1998.

(44) Selden 1998: 312, 353; Burton 1995: 3.
(45) Schmitt 1991: 79–83, 86.
(46) Burton 1995: 140.
(47) Bing 2002–3: 242, 253 は、可能なのは 272 年（第 127 オリンピック会期）と 276 年（第 126 オリンピック会期）であると結論する。しかしすでに見たように、彼女の結婚は 276 年より前ではなかったかもしれない。
(48) Golden 2008: 9–10.
(49) Carney 2004. また Schaps 1982; Loman 2004, とりわけ 45–48; Stephens 2005: 240–41; Pillonel 2008 も参照。
(50) 王墓に埋葬された人々の特定はなおも論争の的である。Carney 2004: 187, n.15 を参照。
(51) Carney 2001: 27–33; Dodson and Hilton 2004: 140.
(52) 関連文献は Carney 2001: 33–35 を参照。
(53) Pillonel 2008: 129.
(54) この旅行の史料であるピトムの石碑は、防衛における女王の公的役割を是認している。ただし Nilsson 2010: 286 が考えるように共同統治であるとは必ずしもいえない。
(55) Stephens 2005: 241–42.
(56) Hölbl 2001: 145.
(57) Nisetich 2005: 25. また Stephens 2004: 163–70 and 2005: 236–43; Barbantani 2005; 2007; 2008 を参照。
(58) Bing 2002–3: 257; Stephens 2004: 167.
(59) Stephens 2004: 168; Bing 2002–3: 258–60.
(60) Stephens 2004; 167–68. 反対説に Barbantani 2008: 117.
(61) Bing 2002–3: 260; Barbantani 2005: 149.
(62) Fantuzzi 2004a: 379; Austin et al. 2002. また Stephens 2004: 163–70, 2005: 236–43; Barbantani 2005: 149, 2008: 116–19 も参照。
(63) Lelli 2002 and Stephens 2005: 238–41 は、アルシノエのイメージはエジプトを「槍で勝ち取った領土」として要求しているのかもしれないとする。反論は Bing 2002–3: 259–60 を参照。
(64) Kuttner 1999: 110–13 は次のように主張する。Thmuis のモザイクで、共に軍艦の形をした冠を戴いた年長の女性と若い女性の像は、アルシノエ二世とベレニケ二世を表わし、プトレマイオス朝の海軍力に結びつけられ、おそらく水夫と船乗りの守護女神であるアルシノエ・アプロディテ・エウプロイアに結びつけられた。
(65) Carney 2006: 50–52; 2011: 197–98 を参照。
(66) Moran 1992: 91; Robins 1993b: 32–34; Arnold 1996: 12.
(67) Carney 2000a: 135–36.
(68) Macurdy 1932: 119; Pomeroy 1984: 18.
(69) *SIG*[3] 4334–35. 268/67 年説をとるのは Austin 2006: 130–33; Barbantani 2008: 111–13; Heinen 1972: 213; Habicht 1992: 71–73 and 1997: 365. 265/64 年説をとるのは Meritt 1981: 78–99; Gabbert 1987: 230–35; Dreyer 1999: 331–51.

(70) Hauben 1992: 162; O'Neil 2008: 68–71 は、たとえ彼女が 269/68 年に死んだとしても (Grzybek 1990: 103–7)、おそらく戦争時までには死去していた、ただしわずか 1、2 か月前にすぎないと結論する。Habicht 1992: 72–73 は、彼女が死んだことをクレモニデスが知っていたかは疑問だとする。第 6 章参照。

(71) Habicht 1992.

(72) Gauthier 1985: 49; Barbantani 2008: 111.

(73) ヘレニズム時代の王たちを顕彰する決議で、王の妻たちにも言及する決議は類例がない。Longega 1968: 27ff.; Barbantani 2008: 111 を参照。

(74) Burstein 1982 と Hauben 1983 の対照的な議論が最も有益である。

(75) Müller 2009: 150–52.

(76) Hauben 1992: 162.

(77) 反対説に Burstein 1982: 210.

(78) 反対説に Will 1979, 1: 222; Heinen 1972: 97–100, 132–39; Hazzard 2000: 39.

(79) Wallenstein and Pakkanen 2009: 157–64 および第 6 章を参照。

(80) Fantuzzi 2004a: 282–83.

(81) Habicht 1992: 143.

(82) O'Neil 2008: 66.

(83) Habicht 1992: 72.

(84) Fantuzzi 2004a: 281.

(85) Fraser 1990、とりわけ 227–33 を参照。アルシノエの奉納物の建設が 280 年代に始まり、プトレマイオス二世のそれがようやく 270 年代に始まったとしても、二つの建物の建築時期は重なり合っていたかもしれない。

(86) 同様な見解に Tarn 1913; 1926; Macurdy 1932: 11–20; Longega 1968: 93–95; Anastassiades 1998: 130.

(87) Walbank 1988: 279.

(88) Carney 2000a: 209–25, 2000b: 21–24; Mirón-Pérez 1998a and 1998b.

(89) Tondriau 1948a: 14.

(90) Carney 2000b: 30–31; Müller 2006: 79–94.

(91) Müller 2006: 76–79. なお Ogden 2011a: 98–99 は、おそらくアルゲアス朝に先例があったとする。

(92) Carney 2000b: 31, n.53. スケプシスについて *OGIS* 61 は、同じペアに対するもっと早い時期、おそらく 311 年の都市の祭祀の証拠を提供する。

(93) フィラに対する都市の祭祀が出現したのは、デメトリオスのアテネ解放と遠征出発の間の時期である。彼の遊女たちの祭祀はおそらく 304–3 年頃 (Wheatley 2003; Müller 2010)。

(94) Carney 2000a: 325, n. 117.

(95) Carney 2000b: 32–33.

(96) Fraser 1972: 1: 236–37, 246.

(97) Price 1984a; 1984b. なお Müller 2010 は、攻城者デメトリオスの祭祀および彼につながる女性たちの祭祀を、傑出した王のイメージを作ろうとする彼の試みの一環と見な

す。

(98) Carney 2000b: 34. それはアプロディテとしての一個の女性なのか、それとも女性の形をしたアプロディテなのか？　Ogden 2011a: 97 は、女神の名前が先に現われる場合は後者、後に現われる場合は前者であると考える。

(99) Loraux 1992. また Mirón-Pérez 1998b: 230–35; Tondriau 1948a: 1–2, 12–13, 20–21 も参照。アテナイオス 13.566c は美を支配に関連づけている。

(100) Neumer-Pflau 1982: 55–60.

(101) Carney 2000b: 36–40. プトレマイオス二世の遊女たちの祭祀については第 6 章を参照。

(102) Gutzwiller 1992a: 263–68.

(103) Wikander 2002: 188.

(104) P. Hibeh II 199. Ii 12,15–17 は、祭祀がプトレマイオス二世の治世第 14 年に創設されたと述べる。これがどの絶対年代にあたるのかは、彼の治世年の数え方が変更されたために論争の的である。今日合意されているのは 273 年または 272/71 年。Fraser 1972: 1: 21; Hauben 1983: 113, n.57; Grzybek 1990: 160; Koenen 1994: 51f; Hazzard 2000: 89–90 は、彼らの共同の神格化と結婚とは同じ 273 年に起きたと主張する。Huss 2001: 323–25; Bing 2002–3: 244; Buraselis 2008: 298–99 は、祭祀を 272/71 年に置く。Longega 1968: 95–102; Cadell 1998: 3; Thompson 2005: 271 は皆、それは生前であると結論する。また Samuel 1962: 25–28; Sauneron 1966: 83–109; Burstein 1982: 201, n.21 を参照。

(105) Pfeiffer 2008: 400–402 は、彼らがより早い時期に祭祀を持っていた可能性について考察している。

(106) Hauben 1992: 161.

(107) Koenen 1994: 62–63.

(108) Fraser 1972: 1: 228; Grimm 1998: 73; Pfeiffer 2008: 398.

(109) Fantuzzi 2004a: 389. Bing 2002–3: 248–49. Fantuzzi 2004b: 35 は、この奉納が、競技での成功は王家の特権であるという主題を裏づけると主張する。

(110) Hauben 1970 40–41.

(111) Hoepfner 1971: 45–49.

(112) Barbantani 2008: 131. また Hauben 1970: 37–40 も参照。

(113) Barbantani 2008: 132.

(114) Callimachus F 228 はフィロテラを、アルシノエ二世の死去と神格化の時すでに神格化されていたと描いている。Pfeiffer 1922: 14–37 も参照。Thompson 1988: 127,131 は、フィロテラの祭祀がアルシノエのそれより前に始まったと理解しているようだ（第 6 章を参照）。しかし Hölbl 2001: 103 は、彼女の祭祀はアルシノエの祭祀に続いたと考える。

(115) 第 1 章参照。Schol. Theocritus 17.121–3d; Macurdy 1932: 127–28; Ogden 1999: 79; Wikander 2002: 188–89; Müller 2009: 299.

(116) Reymond 1981: 60–70; Hölbl 2001: 103.

(117) Regner 1941: 1287. なお Wikander 2002: 188 は、この奉納は彼女が 279/78 年にもまだ生きていたことを意味すると考える。Wallenstein and Pakkanen 2009: 157, n.6 は 270 年

代初めとする。
(118) Wikander 2002: 191, n. 16 を参照。
(119) Reymond 1981: 60–70; Hölbl 2001: 120, n. 159.
(120) これに対して Wikander 2002: 188–89 は、未婚という彼女の立場は確かに彼女の父親および/または兄弟の決断によるとする。
(121) PP VI 14574; Strab.16.4.5. 彼女の弟によって創設され、彼女にちなんで命名された都市が紅海の近くにあった (Fraser 1972: 1: 177 and 2: 299)。またファイユームには彼女を名祖とする 2 つの村が、プトレマイスにはフィロテレイオス区があった (Regner 1941: 1293)。
(122) Hölbl 2001: 103.
(123) Wikander 2002: 189.
(124) プトレマイオス三世の 9 歳の娘ベレニケもまた神格化された。Wikander 2002: 187–88 を参照。
(125) McKenzie 2008: 52.
(126) Bing 2002–3: 260–66 は、Posidippus AB 37 と Hedyllus のエピグラム (Ath.11.497d = 4 G-P) を追加する。
(127) Stephens 2005: 246. 反対説に Fantuzzi 2004a: 385–86.
(128) Bing 2002–3: 257–57.
(129) Hauben 1983: 113, n.59. Hölbl 2001: 104 を参照。
(130) Gutzwiller 1992a: 366 and 1992b: 198–209; Burton 1995: 134. なお Barbantani 2005 は、アプロディテを海の守護女神かつ結婚の女神として称えるヘレニズム時代の賛歌について考察している。そして仲睦まじい結婚と王朝の正統性および安定性との関連を強調する。Gutzwiller 1992b: 199–202 は、海の守護女神と結婚の女神という 2 つの側面は「愛の海なるイメージ」によって結ばれており、穏やかな海と性的節制の結合であると見る。
(131) Savalli-Lestrade 1997: 43.
(132) Müller 2009: 268.
(133) Pomeroy 1984: 30–38; Burton 1995: 133–34. また Fraser 1972: 1: 197 も参照。イシスとアプロディテの結合については第 6 章を参照。
(134) Hauben 1983: 111–14.
(135) Savalli-Lestrade 2003: 68.
(136) Walbank 1984: 96–97.
(137) かつての議論はこの特異な祭祀の年代に関する証拠のみを考察し、友人によって確立された終生の私的祭祀という、より広い類型を考察してこなかった。Robert 1966 は、ゼフュリウムの祭祀は彼女の個別の祭祀に先立つに違いないことを示した (第 6 章参照)。この祭祀に対する詩の言及を証拠とすることには問題が多く (Posidippus AB 39.3; AB 116)、どのみち祭祀の年代ではなく詩の年代に関連するのかもしれない (Hauben 1970: 44–45; Bing 2002–3: 257)。Neumer-Pflau 1982: 57; Gutzwiller 1992a: 365; McKenzie 2008: 52 は、この祭祀を彼女の生前に発展したものと考える。
(138) Hauben 1970; Bing 2002–3.

(139) Tarn 1926: 158; Mitford 1938: 32; Fraser 1967: 40 は、カリクラテスの主要な縁故関係の相手はアルシノエだったという考えに賛同する。Ferguson 1911: 175, n.2 は、プトレマイオス朝のもう一人の提督パトロクロスは、その経歴をアルシノエに負っているとの説を唱えた。

(140) Hauben 1970: 63. Beloch 1928: 4: 244, 582–84, 586 は、リュシマコスの死後サモスはアルシノエの支配下にあり、後に彼女は島を自分の弟に譲渡したと主張したが、これは信じがたい。

(141) Hauben 1970: 67.

(142) Bing 2002–3: 246.

(143) Stephens 2005: 248. なお Gutzwiller 1992b: 209 は、アルシノエが祭祀の真の創設者であるとする。

(144) Kosmetatou 2004a: 227 の文献リストを参照。

(145) Robert 1966: 201–2.

(146) Burton 1995: 147.

(147) Hauben 1983: 114.

(148) Gutzwiller 1992a: 366; Thompson 1973: 120. これ以上については第 6 章を参照。

(149) Burton 1995: 3; Foster 2006: 143.

(150) これに対して Hazzard 2000: 39 は、この種の庇護関係は取るに足りないと考える。

(151) Foster 2006 を参照。年代は定かでない。この祭典が行なわれた時期は、彼女のさまざまな祭祀のどれかが確立した前と後、どちらでも可能。Gow 1952: 2.265; Skinner 2001: 203–6; Foster 2006: 143, n.33 は 272 年説を支持する。Griffiths 1979: 119; Reed 2000: 319 は、これをベレニケ一世の死去と神格化に関連させるが、これらの出来事の年代もまた不明確である。

(152) Reed 2000: 324; Stephens 2003: 246. なお Reed 2000: 340 は、これが国家祭祀の一部であった可能性を提起する。

(153) Fraser 1972: 1: 207. なお Griffiths 1979: 119 は、この祭典は「女性の権力と自給自足というファンタジーを祝っている」と述べる。Whitehorne 1995 は詩の全体を、兄弟姉妹婚に対する一種の正当化と見なす。

(154) Reed 2000: 321–33; Stephens 2003: 155.

(155) Von Hesberg 1996: 94; Whitehorne 1995: 74; Reed 2000: 324.

(156) Pomeroy 1984: 34; Gutzwiller 1992a: 365 は彼女を、「性的な情熱にもえる」妻の保護者として語っている。Griffiths 1979: 65–66 は、神話の諸側面はプトレマイオス王のイメージに訴えるものがあったろうと結論する。すなわちエジプトでは、死に対する勝利と、聖婚に結びついた再生の観念とは、明らかにイシスとオシリスを思い起こさせた。

(157) Whitehorne 1995; Skinner 2001: 13–14. 織物は、とりわけ女性にとって、地位と身分の印として機能した。

(158) Foster 2006: 135.

(159) Whitehorne 1995: 74–75.

(160) Griffiths 1981: 247–73; Gutzwiller 1992a: 364.

（161）Cameron 1995: 434. また Fraser 1972: 1: 207; Thompson 1973: 66–67 も参照。

（162）Fraser 1972: 1: 207. なお Hunter 1995: 20 は、プトレマイオス朝の王たちがサモトラケの祭祀を広めたのかもしれないと考える。

（163）Hölbl 2001: 101.

（164）Barbantani 2008: 132–34; Bertazzoli 2002; Müller 2009: 238–42.

（165）Pomeroy 1977: 61 は、アルシノエがテオクリトスの保護者の役割を果たしたと想定する立場から、この先例を指摘している。

（166）Gow 1952: 2: 291–92. Hunter 1996b: 123–24.

（167）Bousquet 1949: 110–12; Cameron 1995: 211–12.

（168）Nielsen 1994: 16, 131.

（169）Goldhill 1991: 272–73; Hunter 1993: 152.

（170）Barbantani 2008: 133–34 がこの可能性を持ちだしている。

（171）Hunter 1993: 161.

（172）Barbantani 2008: 110.

（173）Lelli 2002 がその多くを収集している。

（174）Fantuzzi 2004a: 377.

（175）Barbantani 2008: 122.

（176）Barbantani 2010: 227–28.

（177）Griffiths 1981: 25–89 はテオクリトスに言及するが、この見解はアポロニオスにも当てはまる。

（178）Hunter 1993: 152–69 を参照。

（179）反対説に Mori 2008: 128–39.

（180）Foster 2006: 137–44.

（181）Mori（2001: 90, n.17; 2008: 97）は、古註家の考えでは、ヘシオドスはアレテを彼女の夫アルキノオスの姉妹だと見なしていたと指摘する。しかし Hunter 1993: 161 が言うように、アポロニオスはこれについて何も述べておらず、ホメロス（『オデュッセイア』7.54–68）はアレテをアルキノオスの姪にしている。

（182）Bertazzoli 2002; Müller 2009: 239 は、これを保護関係の証拠と見る。Barbantani 2008: 132–24 はこれを疑う。

（183）この読みは一行分の復元と古註家の註釈による。Cameron 1995: 141–42; Stephens 2005: 244, n.61; Mori 2008: 29, n.56 を参照。

（184）Cameron 1995: 142. パウサニアス（9.31.1）は、ヘリコン山にある彼女の像は彼女をムーサとして表わしていると報告している。

（185）船乗りの守護者としてのヘレネについては、Griffiths 1979: 52,88; Basta Donzelli 1984、とりわけ 311–12 を参照。模範としての「刷新された」結婚についての言及は、Gutzwiller: 1992a: 367、とりわけ n.26 を参照。

（186）Griffiths 1981: 251 は、女性の経験に対するテオクリトスの共感に満ちた読解を、彼の女性保護者に帰している。Foster 2006: 147 は、テオクリトスがアルシノエをアレテ、キルケ、ヘレネになぞらえることによって、いかに彼女を称賛したかを論じている。

(187) Mori 2008: 27.

(188) Ogden 2008: 358.

(189) 関連文献は Burton 1995: 4. テオクリトスの詩作品は、女性とその世界に対する相当な関心を反映している。Skinner 2001; Reed 2000 を参照。

(190) Quack 2008: 277 は、メンデスの石碑はアルシノエがエジプト風に口を開ける儀式を描いていると指摘する。もしもカリマコス［の描写］が文字通りに正しければ、これはあり得ないが、儀式がたとえば（ときどきあったように）石棺に対して行なわれたのなら、あり得ることである。

(191) Pfeiffer 1926: 1 71. これらの断片の翻訳は Nisetich 2001: 123–27.

(192) Pfeiffer は、アルシノエの神格化を満月に関連づけるカリマコスの断片（228.6）から、7 月 9 日の日付を推定する（Grzybek 1990: 109–12 を参照）。7 月の正確な日どりについては、さらに Cameron 1995: 160–61; Koenen 1994: 51–52、とりわけ n.61 を参照。

(193) Hazzard 1987 は次のように結論する。記年法の変更は、彼がこの地位についた直後にマケドニア暦に従って行なわれたが、それがエジプトの記年法に導入されたのは 267 年頃以降である、よって文書の年代には 2 年の隔たりが生じる。

(194) 関連文献および最近の議論については von Oppen 2000（遅い年代を支持する）を参照。新しい年代を拒否する説に Criscuolo 1991; Hölbl 2001: 38, 40, 288, n.29; Cadell 1998; Huss 2001: 310, n.41; Ager 2003: 40; Austin 2006: 59. 新しい年代を支持する説に Hazard 1987; Grzybek 1990; Hauben: 160–62; Koenen 1994: 51–52; Cameron 1995: 160–161. なお Habicht 1992: 72 もこれを受け入れているようだ。

(195) Mori 2008: 8–18.

(196) Mori 2008: 52–59, 140–86 を参照。

(197) Knight 1995: 247–51; Mori 2001 の随所、とりわけ 88. なお Mori 2001: 91; 2008: 127–39 はアレテがメディアを弁護するのは、アルシノエが自分の個人的なお気に入りたちを弁護することに対するいささかの批判であると唱えるが、あまり説得的でない。テキストには直接であれ間接であれアレテへの批判はない。

(198) Mori 2008: 91 は、『アルゴナウティカ』が一貫して描くのは、女性からの支援を積極的に受け入れる男性と、そうした支援を公的名誉に値するものとして提供する女性たちであると結論する。

(199) Gutzwiller 1992a: 364.

(200) Mori 2008: 92; Hunter 1995: 22.

(201) ヘレニズム時代の王と男性性については Roy 1998; Mori 2008: 101 を参照。

第 6 章　死後のアルシノエ

(1) Pomeroy 1984: 55–59; Minas 1998; Bailey 1999.

(2) アルシノエの死を早い年代に置くか遅い年代に置くかの選択（第 5 章参照）は、彼女の祭祀〔の創設〕が生前だったか死後であったかについての見解に必ずしも影響を与えるわけではない。Thompson（1973: 71）は祭祀を 267/66 年とするので、いずれにしても彼女の死後である。Hauben 1992: 161 は、死去については遅い年代を支持するが、

祭祀および頭に籠をいただく女性の先導は死の翌年に創設されたと推定する。Bing 2002–3: 257 は、Hauben 1970: 161 を引用しつつ祭祀を 268/67 年に置く一方、Hölbl 2001: 103 は Cadel 1998: 3 に従って死を 269 年 3 月とするが、アルシノエが 268 年に死んだ場合、祭祀は死後ではなかった可能性を残している。Müller 2009: 366 は、メンデスの石碑とカリマコス（断片 228 Pf）の両方を、祭祀が死後であったことの証拠と見る。しかし Van Oppen 2010: 7–9 は、祭祀が確立されたのは彼女自身の存命中、おそらく「神なる弟姉」の祭祀と同時であったと主張する。

(3) Thompson 1973: 120; Gutzwiller 1992a: 366.

(4) Collombert 2008.

(5) Koenen 1994: 66–69; Clarysse and Vandorpe 1998; Hölbl 2001: 103, n. 163.

(6) メンデスの石碑 Z 行 12–14. 関連文献は Hölbl 2001: 113, n.23 を参照。これらは神格化されたファラオたちを、自らを崇拝する姿で示したファラオ時代の例である（Hölbl 2001: 101, n.146）。

(7) Hölbl 2001: 101.

(8) Hölbl 2001: 102; Quaegebeur 1970: 191 and 1971: 262–70.

(9) Hölbl 2001: 101.

(10) Thompson 1973: 58.

(11) Quaegebeur 1988: 45–46.

(12) Quaegebeur 1998: 83.

(13) Thompson 1988: 127–32.

(14) Thompson 1988: 132.

(15) Peremans 1987: 340–43 を参照。

(16) Thompson 1988: 132.

(17) Ronchi 1968; Burstein 1982: 211 は、もともと彼女はこの神殿を神格化された両親と共有していたと考える。

(18) Fraser 1972: 2: 75, n. 173; Ghisellini 1998.

(19) Ronchi 1968 は、おそらくオベリスクの土台に刻まれていた詩の断片について論じている。

(20) Hölbl 2001: 103; McKenzie 2008: 50.

(21) Fraser 1972: 1: 25 and 2: 72–73.

(22) McKenzie 2008: 51.

(23) Pfrommer 2002: 55–75 が、計画された建造物の復元を提示している。ただし彼は、これが実際には建設されなかったと考える。

(24) McKenzie 2008: 386, n. 147 を参照。

(25) Pfeiffer 2008: 399 を参照。

(26) Minas 1998: 45–56; Hölbl 2001: 104.

(27) Barbantani 2005: 147.

(28) Hauben 1989: 460; Quaegebeur 1988: 41.

(29) この祭典のおもな史料は、祝典の公的側面を規定した都市の決議（残存するのはその一部）である（Satyrus *FGrH* 631 = P. Oxy.2465, fr. 2, col. I.1–9）。Robert 1966: 206–8;

Fraser 1972: 1: 229–32; Thompson 1973: 71–77,118–19; Pollit 1986: 273; Müller 2009: 280–300 を参照。祭典についての以下の記述はおもに、トンプソンの広く受け入れられている復元に基づく。これに対する批判は Plantzos 1991–92: 120.

(30) Thompson 1973: 73–74 は、この年代はおそらくイシスに、あるいはもしかしてアルシノエの死に関連すると考える。

(31) Thompson 1973: 120 は、これらの酒器は市民たちがプトレマイオス二世の弟姉婚を受け入れるための方策だったとするが、説得力に欠ける。Hölbl 2001: 103 は祭典における「強制」の要素を想像する。

(32) Thompson 1973: 74.

(33) Plantzos 1991–92: 120; Ashton 2001a: 51.

(34) Thompson 1973: 52, Fraser 1972: 1: 241–43 は、プトレマイオス朝の女王たちの祭祀は最終的にはテュケーの祭祀に吸収されたとする。

(35) Thompson 1973: 53–54.

(36) Savalli-Lestrade 2003: 70.

(37) Hölbl 2001: 103, n. 155.

(38) Hölbl 2001: 104.

(39) Plantzos 1991–92: 129–31.

(40) Savalli-Lestrade 2003: 72.

(41) Carney 2000a: 207–9 を参照。

(42) Mueller 2006: 36.

(43) G. M. Cohen 1995: 28; Mueller 2006: 3, 37–38.

(44) G.M. Cohen 1995: 28 はアルシノエイア–エフェソスを一例としている。

(45) Cheshire 1982: 109; Fantuzzi 2004a: 380. なお Thompson 1973: 75 は、彼女への崇拝場所とのつながりだけでなく、彼女のもろもろの力を他の神々のそれと結合させたいという願望を示唆している。

(46) 一例として Gill 2007: 98 を参照。

(47) Mueller 2006: 10–11 は、プトレマイオス朝の支配者にとってはアルシノエよりクレオパトラのほうがより一般的な名前だったが、入植地につけられる名前では、アルシノエ、ベレニケ、プトレマイスが最も一般的だったと指摘する。

(48) Marquaille 2008: 175–95. また第 5 章および G.M. Cohen 1995; Mueller 2006: 142–59 も参照。Le Rider 1968: 234, 239 は、クレタ、キプロスおよびエーゲ海中部におけるプトレマイオス朝の創設地につけられた名前は、アルシノエのみだったと指摘する。

(49) 議論は Gill 2007 を参照。

(50) Bagnall 1976: 238; Mueller 2006: 36–37.

(51) 彼女のギリシア様式の肖像については、Kyrieleis 1975: 78–94; Brunelle 1976: 10–29; Prange 1990 を参照。

(52) Kyrieleis 1975: 87; Prange 1990: 200–202 も同様の見解。

(53) Pollitt 1986: 250.

(54) Quaegebeur 1988: 47, 75; Stanwick 2002: 98–99, figs 4–5; Ashton 2004: 18–19.

(55) Sauneron 1966: 84–85; Stanwick 2002: 15–18; Ashton 2004: 19–20, 36, fig. 2.

(56) 関連文献は Stanwick 2002: 117, fig.116 を参照。また Kyrieleis 1975: 82 も参照。

(57) Quaegebeur 1978; Minas 2005: 127–34; Ashton 2001b: 148–52.

(58) 現存するエジプト美術で、アルシノエが碑文によって同定されると同時に頭部が残っている 47 例のうち、45 例で彼女はこの目立つ被り物を付けている（Dils 1998: 1299）。また Nilsson 2010: 58–222 も参照。

(59) Quaegebeur 1971; Dils 1998: 1300–304. 図 6.3 は、San el-Hagar のプトレマイオス二世礼拝室の神殿浮彫（現在は大英博物館像、AN602557001）。アルシノエは自身の冠を被り、プトレマイオス二世は上下エジプトの二重の冠を付けている。

(60) Dils 1998: 1303–4.

(61) Quaegebeur 1988: 45. Dils 1998: 1301.

(62) Dils 1998: 1301–3 を参照。彼は、明言するのは不可能と結論する。Quaegebeur の見解は変化した（Dils 1998; 1303, n.3 を参照）。Nilsson 2010 はこれが生前の持物であると確信している。

(63) Quaegebeur 1978: 257–58 は、メンフィスの石碑は、彼女の死後神化が彼女の称号ばかりか、おそらく彼女の特別な冠をも確立したことを示すだろうと考える。

(64) Dils 1998: 1309, 1311, 1326. Dils は、王族女性は女神官として活動する時に冠を被ったと主張し、冠を被る女性は皆「王権に参加した」と指摘する（1311）。ただしこれら同じ女性たちが時には伝統的な女王の冠を被り、時にはアルシノエの冠を被ったのはなぜか、その理由を説明するのは容易でないと認めている。

(65) 全般的な議論は Dils 1998: 1304–15 を参照。また Nilsson 2010 も参照。

(66) Quaegebeur 1978: 260 は、エジプト語の文書においてアルシノエに与えられた（彼女の冠を含む）描写と称号は、彼女に主権者の性格を与えていると主張する。しかし Quaegebeur 1998: 83 は、彼女の冠が王的なものか神的なものかを疑問としている。Dils 1998: 1326 はこれを王権の行使に結びつける。Nilsson 2010: 496 も同じ。

(67) Nilsson 2010. 以下を参照。

(68) Forgeau 2008: 20.

(69) Ashton 2001a: 40; 2003: 98. たとえばメトロポリタン美術館蔵で、銘文の刻まれたエジプト様式のアルシノエの小像は、二重の豊穣の角を持っている（Ashton 2001a: 47）。クレオパトラ七世も二重の豊穣の角を携えており、これはアルシノエ二世に結びつけられたいという彼女の願望を示唆する（Ashton 2001a: 48）。

(70) Plantzos 1991–92: 124–25. 反対説に Rice 1983: 202–8.

(71) Müller 2009: 374–79 を参照。Rice 1983: 42; Planztos 1991–92: 125 は、これを彼女の死後の祭祀に関連させる。Ager 2005: 24, n.144 はこれを truphe（扶養）および彼女の弟姉婚に結びつける。Thompson 1973: n.279; Ashton 2001a: 51 は、オイノコアイに表わされた女王たちが携える豊穣の角を、全エジプトの母、豊穣の提供者としての王族女性の役割に関連づける。

(72) Ashton 2001a: 40.

(73) Quaegebeur 1978: 259. たとえば Ahhotep, Ahmes Nefertari, Tetisheri.

(74) Ashton 2001b: 152.

(75) Troy 1986; Hölbl 2001: 85.

(76) Quaegebeur 1970: 204–6, 1978: 45, 47.

(77) Quaegebeur 1970: 295; 1978: 258–59 は、生前の彼女にこの称号の証拠はないと言う。しかし 1998: 83 ではこれを疑っている。Pomeroy 1984: 19 は、この称号をおそらく死後のものと考える。Hölbl 2001: 85 は死後であると確信。Nilsson 2010: 400 and *passim* は、この称号を含む浮彫りの図像学の分析に基づいて、生前のものと主張する。

(78) Quaegebeur 1970: 205 は、タオセレトとハトシェプストの名前はマネトの史書に保存されていたと主張する。

(79) Quaegebeur 1970: 207 は、彼女が帯びたさまざまな称号は、神の妻アンモンから着想されたことを示唆する。しかしこれだけでは十分な説明とは思えない。

(80) Pomeroy 1984: 19.

(81) 反対説に Pomeroy 1984: 19.

(82) Hazzard 2000: 98 は、エジプト人の神官たちが彼女に与えた称号は無意味であり、彼らは単に王が求めたことを行なったにすぎず、王もその意味を理解していなかったと主張するが、これは信じがたい。もし王がその意味を理解していなかったら、なぜそれを強要したのか？

(83) Quaegebeur 1970: 205–6, 208–9 は、彼女は弟と主権を共有し、それを海軍政策における自身の役割に結びつけたと結論する。

(84) Dillon 2010: 1.

(85) Smith 1988: 43–48 は、ギリシア様式による王族女性の肖像は、神性に関する図像学的な象徴の多くを用いていない、例外は貨幣に表わされたアルシノエの羊の角である（本文の以下の記述を参照）と指摘する。しかし彼の見解は、ギリシア様式による王族女性の肖像の同定を、彼自身のそれに続く議論が正当化する以上に確実なものと想定しているように思われる。

(86) Kyrieleis 1975: 82–84; Brunelle 1976: 10–29; Prange 1990: 197–211; Hölbl 2001: 120, n. 162.

(87) さらなる混乱の原因は、一部の肖像彫刻、特に女神官のそれが、女神の衣装によく似た衣装を身につけて表わされているらしいことである（Dillon 2010: 20）。

(88) たとえば Prange 1990: 202 を参照。

(89) ボストン美術館、収蔵番号 96.712. 電子カタログによると、この頭部像は女神とアルシノエ二世のどちらかに同定されてきた。

(90) 大英博物館 AN403182001、ハリカルナッソス出土の頭部像。大英博物館の別の頭部像 AN785680001 には、次のようなもっと控え目な記載がある。「この頭部像はプトレマイオス朝の女王アルシノエ二世、同三世、ベレニケ二世に同定される像に似ているが、ディアデーマが彫られていないので、女神あるいは私人を表わしているのかもしれない」。

(91) メトロポリタン美術館は現在、所蔵番号 2002.66 にこのラベルを付けているが、電子カタログには次の記述が加わる。「顔は、肖像に同定するのに十分な個性をもって彫られている。おそらくプトレマイオス王朝の一員を表わしている」。この記述は、頭部像が最近アルシノエ二世に同定されてきたことを指摘して、アルシノエの祭祀との関連を示唆している。

(92) 関連文献は Wallenstein and Pakkanen 2009: 155–56 を参照。

(93) Smith 1988: 91 は、大英博物館の、アルシノエとプトレマイオス二世に同定が可能な大きな青銅製のペアの小彫像（Pl 70.6）が、失われた大きなペアの肖像のモデルだとする。そこではアルシノエの像はより小さいばかりか、縮尺もいく分か小さい。他方でヴァチカン美術館所蔵のエジプト様式によるプトレマイオス二世とアルシエノは同じ縮尺である。

(94) Roy 1998: 119 は、ヘレニズム時代の王たちの男性性は、像や他の何らかの方法で女王に与えられた傑出した役割によって定義されたと主張する。これが普遍的だったかどうかはともかく、プトレマイオス朝には確かに当てはまる。

(95) Thompson 1973: 78 は、これらの像が貨幣の肖像に対して「驚くほどの忠実さ」を示していると見なす。彼女はまた、「写実的な」肖像はギリシア陶器における革新であり、おそらく発展しつつあったプトレマイオス朝の祭祀に結びつくと指摘する。

(96) Thompson 1973: 82, 104–5; Pollitt 1986: 273.

(97) 大英博物館 AN462132001. Higgs in Walker and Higgs 2001: 4 6 を参照。酒器に付いたアルシノエの頭部の格別見事な断片（現在はメトロポリタン美術館蔵。所蔵番号 26.7.1017）がまさしく比較可能と思われる。

(98) Kyrieleis 1975.

(99) Brunelle 1976: 11; Hölbl 2001: 21.

(100) Smith 1988: 90.

(101) Thompson 1973: 78–79 は、他のいかなる王朝の肖像も「プトレマイオス朝ほど見栄えを損なう」ものではなかったと言う。彼女はこの特徴の一部を、末期王朝時代エジプトの現実主義的な肖像に結びつけている。

(102) Kyrieleis 1975: 78 は、彼らの貨幣の型式も同様であると指摘する。

(103) Svoronos 1904: 252; Kahrstedt 1910: 270; Kyrieleis 1975: 78; Prange 1990: 208–11.

(104) Kyrieleis 1975: 155. この解釈に従うのは Troxell 1983: 58–59; Smith 1988: 28; Mørkholm 1991: 103.

(105) Smith 1988: 14. Müller 2009: 354 は、銀 1 ムナ相当の金貨はいわば記念貨幣として宮廷社会のみを対象にしていたが、もっと額面の小さい貨幣は、ドラクマ金貨も含めてより広い大衆に用いられたと主張する。

(106) Müller 2009: 335–80.

(107) Kahrstedt 1910: 261–63 は、コスの貨幣を 309 年頃に、ロドス出土の貨幣を 304 年頃に年代づける。Koch 1924: 71–72; Brunelle 1976: 12–13; Plantzos 1991–92: 128 も参照。さらに Müller 2009: 344, n.1192 も参照。

(108) アルシノエの貨幣の肖像については Koch 1924: 80–88; Kyrieleis 1975: 78–94; Parente 2002; Müller 2009: 365–80 を参照。

(109) Kyrieleis 1975: 78–80; Cheshire 1982. 反対説に Smith 1988: 14.

(110) 全般的な記述は Müller 2009: 366–70 を参照。

(111) Cheshire 1982.

(112) アルシノエの角は、アレクサンドロス大王のそれと同じく、通常アンモンの角と見なされている。しかし Brunelle 1976: 17 はこの角を、おそらくメンデスの祭祀に関係す

る耳飾りと解釈する。

(113) Müller 2009: 365–66 の議論を参照。Kyrieleis 1975: 79 は、プトレマイオス朝の鷲を描いた4ドラクマ貨幣は生前に発行されたが（反対説に Parente 2002: 260–62)、二重の豊穣の角を描いたものは死後に発行されたと考える。Müller 2009: 366 は、裏面にディオスクーロイを表わした貨幣は、彼女の死後神化との関連ゆえに、とりわけ死後のものである可能性が高いと、もっともらしく主張する。Mørlkolm 1991: 102, 294 も同意見。全般的な見解は、彼女の個性的な肖像を表わした貨幣を死後のものとして扱う傾向が強まっている。

(114) 全般的な議論と関連文献は Müller 2009: 353–64 を参照。

(115) Müller 2009: 354 がそう主張している。

(116) 生前の年代を支持する学者は Kahrstedt 1910: 267; Longega 1968; Brunelle 1976: 11–12; Burstein 1982: 21; Pollit 1986: 273. なお Pollit は、貨幣の両面の銘文を合わせると「神なる弟姉の貨幣」と読めると主張して、これらはプトレマイオス二世が「神なる弟姉」の祭祀を確立した後に彼が発行したと考える。

(117) Koch 1924: 83–85; Thompson 1973: 81–82; Smith 1988: 91; Mørkholm 1991: 103; Johnson 1999: 53; Parente 2002: 260–62. また Davis and Kraay 1973, figs. 15–19; and Troxell 1983 も参照。

(118) Thompson 1973: 82. なお Müller 2009: 359 は二重の肖像を、図像学的規則の一種と見なす。

(119) Smith 1988: 49–52 は、プトレマイオス朝の多くの王の形容辞が、家族名の繰り返しと同じく、理想的な家族関係を強調したことを指摘する。

(120) Stanwick 2002: 46. また Stanwick は、初期プトレマイオス朝の王のイメージと第十三王朝のイメージの類似性、さらには正統性を示す類似点を指摘する。彼はまた（Stanwick 2002: 66)、［第 30 王朝の］ネクタネボのオベリスクをアルシノエイオンの前面に移動させるため、プトレマイオス二世がどんな苦労もいとわなかったことを指摘している。

(121) Griffiths 1979: 77–78.

(122) 反対説に Kyrieleis 1975: 80 および Brunelle 1976: 3–14. Brunelle はベレニケの目が天を見上げているのに、アルシノエの目はそうでないと主張するが、これは信じがたい。

(123) Brunelle 1976: 14; Smith 1988: 91.

(124) 彼らの目は広く、まぶたと額の間の領域は膨らみ、肥満の傾向があり、女性でさえのど仏が目立つ（Brunelle 1976: 14)。鼻は細く、かぎ状の傾向があると付け加えたい。

(125) Brunelle 1976: 15 はこの違いを説明するのに、救済王は「行動の人」たるディアドコイ（後継者たち）の様式であるが、他の 3 人はもっと弱くそれほど劇的でないエピゴノイ（第二世代）の様式であると主張している。

(126) Bennett, s.v. "Ptolemy the Son"; Huss 1998; Ogden 1999: 79–80; Gygax 2000; Tunny 2000 を参照。また以下も参照のこと。Heckel 1989: 35. Holleaux 1904: 408–19; Tarn 1910: 221–22; Crampa 1969: 113–20; Mastrocinque 1979: 82ff; Burstein 1982: 205–8.

(127) Habicht 1992: 72–73.

(128) 最近のさまざまな議論については Bennett s.v. "Ptolemy the Son", Müller 2009: 105–11;

von Oppen 2010: 9–11 を参照。

（129） Marquaille 2008: 47.

（130） Bennett s.v. “Ptolemy III” は、*IG* XII 3,464 の碑文を根拠として、おそらく母親のこの陰謀のゆえに、プトレマイオス三世はテラ島で亡命生活を送っていたと主張する。この碑文が言及するのは、プトレマイオス王の子、プトレマイオス王の孫で、テラ人のもとで育てられたプトレマイオスなる人物。明らかに別のプトレマイオスであろう。

（131） Ogden 1999: 79.

（132） これは共通見解となっている。Holleaux 1942; Segré 1938: 181–208; Bagnall 1976: 106–9; Wörrle 1978: 218; Billows 1995b: 101 を参照。

（133） Segré 1938: 183; Wörrle 1978: 218; Kobes 1996: 147.

（134） Holleaux 1921: 183–97; Segré 1938: 181–208; Wörrle 1978: 218–25; Holleaux 1942: 365–404; Roos 1950: 60–63; Billows 1995b: 100–102. 彼の貨幣とリュシマコスの貨幣の図像学的類似についての Hill の議論（Hill 1933: 229–30. これに Billows 1995b: 102 が従う）を参照。また Bagnall 1976: 106–9; Billows 1995b: 100–104, 110 も参照。

（135） Billows 1995b: 101.

（136） Billows 1995b: 101. 反対説に Wörrle 1978: 225; Bagnall 1976: 234.

（137） Ogden 1999: 73, 278–79, and 2008.

（138） Ogden 2011a: 96–97.

（139） Ogden 2008: 382. 反対説に Kosmetatou 2004b: 35.

（140） Ogden 1999: 215–72 を参照。

（141） Fraser 1972: 1: 240 n. 401.

（142） 反対説に Kosmetatou 2004b: 32.

（143） Camron 1990; Hauben 1992: 162. オリンピックでの彼女の 2 度の優勝の年代については Ogden 2008: 366 を参照。Kosmetatou 2004b: 30 は、彼女の優勝のために資金を提供したのはプトレマイオス二世だったと推定する。

（144） Edgar 1920: 99; Criscuolo 2003: 319; Kosmetatou 2004b: 20, 33 らは、王の愛人が籠持ちであったことを疑うが、Pomeroy 1984: 57; Ogden 1999: 262; Hazzard 2000: 85; Ogden 2008: 268 らは、籠持ちと愛人とは同一だったと見なす。

（145） Cameron 1990: 295–304; Kosmetatou 2004b; Mori 2008: 101; Ogden 2008: 365–79.

（146） Kosmetatou 2004b はこの語句を彼女の表題に用いている。

（147） Müller 2009: 246.

（148） この物語は「アリステアスの手紙」として知られている。Johnson 2005: 13, n.17 は、アルシノエを含めることは、彼女とプトレマイオス二世の結婚期間が比較的短かったことを考慮してもなお、「歴史上の完璧な愛姉王の描写の一部である」と述べている。

（149） Ogden 1999: 262–63 は、これが遊女たちの女性保護者としてのアプロディテの役割に関係することを示唆し、兄弟姉妹婚に対する敵意が続いた証拠がないこと（第 4 章参照）を認めた上で、ビリスティケと他の遊女たちが目立つのは、兄弟姉妹婚が性的交渉を伴わないことを示したいとの願望とはほとんど関係ないとする。しかしこれらは説得力に欠ける。反対説に Ogden 2008: 381.

（150） Quaegebeur 1988: 42, 45.

(151) Thompson 1988: 132.
(152) Hölbl 2001: 109.
(153) ギリシア文学の伝統には、2人の姉妹を一緒に崇拝することへの言及が残っている（*FGrH* 613 F5）。フィロテラとアルシノエを共に表わした印章がある（Quaegebeur 1988: 45）。神官たちはしばしば王朝の成員の肖像がついた印章指輪を着用したし、それらは贈物として王の友人たちにも与えられた（Thompson1973: 80）。メトロポリタン美術館には、アルシノエとフィロテラの一神官を表わす印章押印がある（所蔵番号10.130.1563）。Quaegebeur 1971: 246, n.2; Thompson 1988: 131; Huss 1994: 99, n.115 を参照。Thompson 1988: 127,131 は、フィロテラの祭祀はアルシノエの祭祀より前に始まり、後に（二世代後に）消滅したか、アルシノエの祭祀と合体したと考える。
(154) Ager 2005: 4–8 に一覧がある。
(155) Stanwick 2002: 36.
(156) Hölbl 2001: 105, 85, とりわけ n.27. また Llewellyn-Jones and Winder 2011 も参照。
(157) Pomeroy 1984: 20–28.
(158) Hilke 1990: 43–56.
(159) Fraser 1972: 1: 25; Nilsson 2010: 54.
(160) 最も新しい言及は後 154 年に年代づけられる。Thompson 1973: 60, 73 を参照。
(161) Thompson 1973: 75.
(162) ヴァチカンのカタログ番号 22683、ローマ、サルスティウスの庭園出土、「ドゥルシラ - アルシノエ」の巨像、カリグラ帝の治世 37–41 年。
(163) Wood 2000, fig.3 はこの貨幣を彼らの結婚の初期、前 40〜35 年に年代づける。もちろんアントニウスはこれ以前にクレオパトラ七世との関係を打ち立てていたが。Wood 2000: 15 は、このような肖像は「関係を持たない人びとの間に類似を作り出すことができ」、ヘレニズムおよびローマの宮廷芸術において一般的な慣行であったと述べる。明らかに、二人が結婚した状況下でもともと生みだされたイメージが、このことにいく分か関連する。
(164) Wood 2000: fig. 132.
(165) Carney 2006a: 114–16; Kyrieleis 1975: 80–81; Brunelle 1976: 26–28. Plantzos 1997: 1123–26 を参照。
(166) Wood 2000: 306–8, fig.95 を参照。彼女によれば、これはクラウディウスと小アグリッピナが結婚した時の贈物で、反暴君的な（すなわち反ティベリウスの）年長カップルと自分たちとの関連を示そうとしたものである。
(167) 所蔵番号：Shelmark: Ms. Auct. F.2.29; ID 番号; Auct. F2.29-roll173K_frame5.
(168) オレステスの乳母（Pind. *Pyth*.11.16–20)、レウキッポスの娘であり、アポロンとの間にアスクレピオスを産んだとされる母（Paus.2.26.7)、プソフィスの王フェゲウスの娘でアルクメオンの妻、ミニュアダイの一人（Plut. *Mor*.299e)、ニュシアダイの一人（Hyg. *Fab*.182)。
(169) これはフランチェスキーニの 1677 年の作品に由来する（Nicoll 1922: 260)。
(170) Nicoll 1922: 280 and *passim*.
(171) 王朝内部の陰謀はプトレマイオス朝を思わせるが、本当のところ細部は合致しな

い。他方でアルシノエ二世は確かにキプロスと関係を持っていた。王女ドリスベは、父親の死の報復として、キプロスの女王アルシノエの殺害を差配した。しかしオルモンドがアルシノエを救い、その後二人は恋に陥る。ドリスベもオルモンドに夢中になっていたが、代わりに彼女はフェラスペ（アルシノエの軍の指揮官）に愛される。アルシノエの命を狙う二度目の試みがなされるが、彼女は生き延び、結局は投獄されるオルモンドが王家の出身であるのを知る。ドリスベは自殺を企てるが、後に許され、フェラスペと結ばれる。オペラはアルシノエとオルモンドが結婚の準備にかかるところで終わる。White 1983; Fiske 1986 を参照。

(172) Müller 2005: 41,43. なお Henderson（1752: 50）は近親相姦を別の種類の原罪に結びつける（アダムとエヴァは兄弟姉妹と見なされ、それゆえ「人類の母」は兄弟と結婚したことになる）。

(173) Zographou 2005.

補論　アルシノエ二世の経歴に関する史料とその評価

(1) Yardley 2003.

(2) Barbantani 2008: 105.

(3) Tarn 1913: 135. なお Heinen 1972: 75 は、ユスティヌスの叙述のこの箇所で、アルシノエが否定的な特徴を何ひとつ持たずに描かれていることに不満らしい。

(4) Müller 2009: 71–72.

(5) Mathisen 1979: 71–72.

(6) Longega 196: 55 は、これは彼女がいたるところで嫌われていたことを意味すると考える。

(7) Mathisen 1978: 72–74

(8) 関連文献は Carney 2006: 135 を参照。パウサニアスによるオリュンピアスの扱いもまた、独特だが敵対的な素材を含んでいる。

(9) Wheeler 2010 が、ポリュアイノスの作品と権威について全般的な評価を与えている。

(10) Ritter 1965: 117, n.3,172–3 はこの逸話を、変装しての逃亡というトポスの一例と考えて、その史実性を疑う。Heinen 1972: 37 は、ポリュアイノスの典拠は〔ギリシアの歴史家〕ドゥーリスであるとする。

(11) Wheeler 2010: 38 は、ポリュアイノスにおける諸事件の史実性は、事例ごとの根拠に基づいて判断されるべきだと主張する。

(12) Quack 2008: 275–83. Collombert 2008: 94 は、これらの石碑は地方における王の恩恵を記録し、そうすることでこれを永続的なものにすると指摘する。

(13) 石碑についての関連文献は Fraser 1972: 2: 298–99; Collombert 2008: 83, n.1,94. 英訳は Naville 1902–3. ドイツ語訳は Roeder 1959. また Sethe 1904–16: 2, 81–104 も参照。Rice 1983: 41 は、その年代を 273 年 6 月とし、Ager 2003: 39 は 273 年初めとする。年代をめぐる核心は Bennett s.v.“Arsinoë” を参照。石碑の記録では、ヘロオポリス訪問は第 12 年 Thoth 月の第 3 日。エジプト歴第 12 年が共同摂政への登位に基づくなら、これは 274 年 11 月 2 日となり、単独統治の開始に基づくなら 272 年 11 月 1 日となる。O’Neil

2008: 68 も参照。

（14）Sethe vol. 2: 28–54; Roeder 1959: 168–88; de Meulenaere and McKay 1976: 173–77.

（15）Gutzwiller 2005 を参照。

（16）研究史の概観は Carney 1987; Barbantani 2008: 104–110; Müller 2009: 7–14 を参照。

（17）Tarn 1913: 290–91.

（18）Müller 2005.

（19）Barbantani 2008: 106.

（20）たとえば Barbantani 2008: 106 がこの例を示唆する。Tarn 1913: 291 は、カリマコスがアルシノエの要求に応じてデロスへの賛歌を書いたことは確実だと主張する。同様に Longega1968: 92 は、ローマに対するプトレマイオス二世の友好関係はアルシノエのおかげだとする。

（21）Huzar 1966: 337; Bevan 1927: 57.

（22）Burstein 1982.

（23）Hazzard 2000.

（24）たとえば Hazzard 2000: 96–98 が言うには、Pomeroy 1984: 18–19 は、弟に比べてアルシノエは王国で支配的な役割を果たしたと主張するが、Pomeroy が示唆するのは、彼女は支配的でなく強力だったということだ。

（25）たとえば Lelli 2002.

（26）たとえば Hölbl 2001: 36 は次のような意見を述べている。「Paus.1.7.1 における諸事件の説明を信じるならば、治世初期の愛姉王による兄弟 2 人の処刑は、おそらくアルシノエ二世の影響力［が増大するのを］を食い止めたことだろう」。しかしパウサニアスは、これら 2 人の排除に彼女がひと役買ったとはまったく述べていない。プトレマイオス二世について語るのみである。

（27）Wikander 2002: 186 は、これらの女性たちを王族と王権の文脈で考察するという研究法に賛同している。

（28）Burstein 1982: 207.

（29）Tarn 1913: 190–93; Tarn 1926: 155–62.

（30）Holleaux 1942: 365–404; Segré 1938: 181–208; Roos 1950: 54–63; Wörrle 1978: 218–225.

（31）Huss 1998: 229–50.

（32）たとえば Bennett s.v. “Ptolemaios Nios.” なお Ogden 1999: 79–80 もニオスをアルシノエの息子に同定することを支持するが、Huss の議論を参照していない。

（33）第 6 章および Tunny 2000 を参照。

（34）Huss はリュシマコスの息子を、息子のほうのプトレマイオスおよびテルメッソスのプトレマイオスに同定するだけでなく、三世紀中頃の東地中海で活動した他の多くのプトレマイオスたちにも同定する。ミレトスにいたプトレマイオス二世のある息子は、現地の政治情勢をプトレマイオス二世に報告し、おそらく王の代理人を務めていた。262 年頃（I. *Milet* 3,139, ls.1–10 + Welles 1934: 71, no.14）、*P. Haun* 6 が「王の兄弟」たるプトレマイオスとして言及する人物は、246/45 年に年代づけられる手紙の中で触れられている。愛姉王の息子プトレマイオスなる者は、エフェソスで護衛部隊を指揮し、トラキア人傭兵たちによって殺害された（Athenaeus 13.593a-b）。

(35) Tunny 2001: 120–31 は、健康悪化が共治王の登用を説明できると指摘するが、見つけられたのは痛風と肥満の証拠だけで、甲状腺機能低下症の証拠ではない。甲状腺機能低下の問題が精神疾患を引き起こしたとの Hazzard（2000: 42–43）の想定には裏づけがない。王の怒りっぽさがこの診断を求めるとは到底言えないだろう。

(36) Heckel 1989: 35 はあまりに多くを認めている。

訳註

第 1 章　アルシノエの背景と少女時代

(1) ヘタイロイ

仲間を意味するギリシア語。フィリッポス二世は騎兵に、後には歩兵にもヘタイロイという美称を与え、王に対する親近感によって軍の統制を強化した。アレクサンドロス時代のヘタイロイは、広義では下位の者まで含むが、狭義では王に仕える少数のメンバーに該当する。前者を朋友、後者を側近と訳し分けることで、この違いが表現できる。ヘレニズム時代にはヘタイロイに代ってフィロイ（友人）の語が広く使われるようになった。

(2) カリアの総督ピクソダロスと婚姻同盟を結ぶにあたり

カリアは小アジア南西部に位置し、ペルシア帝国の属州であったが、前四世紀には総督ヘカトムノスとその息子たちが支配する事実上の独立王国になっていた。前 337 年、フィリッポスと総督ピクソダロスの間で同盟締結の交渉が行なわれ、アレクサンドロスの弟で知的障害のあるアリダイオスを総督の娘と結婚させる話が進められた。当時亡命中だったアレクサンドロス（訳註 10 参照）は、父王がアリダイオスを王位につけるつもりだと誤解し、独自に使節を派遣して自分が花婿になることを提案した。これを知ったフィリッポスは激怒して、プトレマイオスを含む息子の朋友五人を追放し、婚姻同盟は破談となった。

(3) 側近護衛官

原語はソーマトフュラケス（体を守る者）で、元来はマケドニア王の護衛兵。フィリッポス二世は優秀な七人を選抜し、その一人がリュシマコスだった。即位したアレクサンドロスは父王の護衛兵をそっくり引き継いだが、このうち四人を東方遠征中に自分に近しい者と交代させ、最終的に八人とした。アレクサンドロスは彼らに作戦行動の指揮を委ねたり、重要な政策決定にも関与させたので、彼らは事実上の側近、遠征軍の最高首脳部として機能した。側近護衛官という用語は、こうした大王治世下の実態を表わしたもの。

(4) 黒のクレイトスを、酩酊した大王が殺害する

クレイトスはアレクサンドロスの乳母の弟で、親衛騎兵隊の指揮官。歩兵指揮官だった「白の」クレイトスと区別するため、「黒」のあだ名で呼ばれた。東方遠征劈頭《へきとう》のグラニコスの会戦で、アレクサンドロスに斬りかかったペルシア人指揮官を倒し、間一髪で大王の命を救った。前 328 年、酒宴で酩酊したクレイトスは大王の神格化や東方政策を非難し、口論の末、大王に槍で刺殺された。アリアノスの大王伝では、いったんはプトレマイオスがクレイトスを宴会場の外に押し出したが、クレイトスは戻ってきて刺された。これは宴会場に戻ったクレイトスに非があるとして、大王の責任を軽減

するための創作と思われる。
(5)「近習たちの陰謀」
近習とは王に選抜された十代後半の貴族の子弟で、三年間王の身辺の奉仕をした。フィリッポス二世が整備した制度で、将来のエリート養成を目的としていたが、実態は召使いに等しかった。前327年、近習の一人ヘルモラオスが王から侮辱を受けたことに怒って暗殺を企て、仲間八人と共に王の夜間警護の当番日にアレクサンドロスを襲うことを計画した。しかし大王は夜通し宴会に出ていたため難を免れた。仲間の一人から話が漏れ、側近護衛官のプトレマイオスが通報を受けて大王に報告し、九人全員が逮捕・処刑された。
(6) 自分でもアレクサンドロスの遠征と治世に関する歴史を執筆した
プトレマイオスは晩年に大王の伝記を書き、それをローマ帝政期にアリアノスが重要な典拠とした。現存するアリアノスの大王伝が戦争・軍事に関して非常に詳細であることから、プトレマイオスは大王の宮廷に残されていた公文書を保持・活用し、戦争史中心の大王伝を執筆したと考えられている。ただし後継者戦争期のライバルを貶めたり、自身の活躍を過大に描くといった偏向も見られる。
(7) ファレロン出身のアテネ人デメトリオス
アテネの政治家にしてペリパトス派の哲学者（前350頃〜？）。ファレロンは彼が市民登録された区で、他の多くのデメトリオスと区別するため、この区名をつけて呼ばれる。大王の治世末期に政治活動を始め、将軍職も勤めた。大王の死後、マケドニアの実権を握ったカッサンドロスによってアテネの全権支配者に任命され、前318年から十年間統治した。前307年、攻城者デメトリオスがアテネを占領して民主政を復活させると、デメトリオスはボイオティアに亡命し、後にアレクサンドリアへ移る。図書館を建設し、研究に専念したが、プトレマイオス二世の寵を失って追放された。
(8) 自分より先にペルディッカスがした
大王の死後、摂政となったペルディッカスは、マケドニアの支配者アンティパトロスの娘ニカイアとの結婚を求めた。すでにアンティパトロスのもう一人の娘フィラが大王の側近だったクラテロスに嫁いでおり、この婚姻同盟はペルディッカスにとって最高の後ろ盾となるはずだった。ところが前322年、ニカイアが彼のもとにやって来た時、大王の実の妹クレオパトラも同時に到着した。クレオパトラは、最初の求婚者レオンナトスがギリシア反乱軍との戦争（ラミア戦争）で戦死したため、新たな保護者を求めていたのである。ペルディッカスはいったんはニカイアと結婚した。しかし王家との縁戚に惹かれ、いずれ彼女を離縁してクレオパトラと結婚するつもりで、クレオパトラにもそう告げた。この二心を知ったアンティパトロスは激怒し、これが後継者戦争勃発の一因となる。前321年、ペルディッカスはエジプトに侵攻したが、ナイル川渡河に失敗して多くの兵士を失い、側近によって殺害された。
(9) アン・ブーリン
英国王ヘンリー八世の二番目の妃（1500頃〜1536年）。王妃キャサリンの侍女となって王の目にとまり、寵愛を得る。キャサリンは男子後継者を生まなかったため、アンが妊娠すると王はキャサリンを離婚しようとして教皇庁と対立、これがイングランド宗教改革の発端となった。王と結婚したアンは女児（後のエリザベス一世）を出産した

が、その後は流産が続いて王の寵愛を失い、姦通罪の科で処刑された。

(10) 彼女の地位は突然…危機におちいった

前337年、フィリッポス二世はマケドニア貴族の女性クレオパトラを七番目の妻に迎えた。結婚披露宴で花嫁の後見人アッタロスが、「二人から正統の世継が生まれるように祈ろう」と言ったところ、19歳のアレクサンドロスは自分が庶子呼ばわりされたことに激怒し、騒動が起きた。フィリッポスがアッタロスに肩入れしたため、アレクサンドロスは母親を連れて国を出た。それまでアレクサンドロスは疑いなく王位継承者と見なされ、それゆえ母オリュンピアスは六人の妻たちの中で最も大きな威信を持っていた。しかしフィリッポスの新妻が男子を生めば、将来その子がライバルとなる。こうしてアレクサンドロスの継承権は脅かされ、オリュンピアスの卓越した地位も危機におちいった。

第2章　リュシマコスの妻アルシノエ

(11) 後妻ファイドラ

ファイドラはアテネの王テセウスの後妻で、テセウスには先妻から生まれた息子ヒッポリュトスがいた。義理の母子でありながら、ファイドラはヒッポリュトスに恋し、彼に言い寄ったが拒否される。逆恨みした彼女は、ヒッポリュトスが自分に不義の恋をしているとテセウスに訴え、夫は息子に呪いをかけて追放した。ヒッポリュトスは海神の送った怪物によって殺され、ファイドラは自責の念から縊死した。これを主題とした作品に、前五世紀の悲劇作家エウリピデスの『ヒッポリュトス』、十七世紀フランスの作家ラシーヌの『フェードル』がある。

(12) フィレタイロスの物語

フィレタイロスはリュシマコスの部下で、ペルガモンに保管された9000タラントン(金234トンに相当)という莫大な財宝の管理を委ねられた。父はマケドニア人アッタロス、母は小アジアのパフラゴニア人。アルシノエがリュシマコスを中傷するのに反発して離反し、セレウコスの側につく。前282年にリュシマコスが敗死すると、セレウコス朝の宗主権下にペルガモンの支配権を確立し、こうしてアッタロス朝ペルガモン王国の祖となった。前263年に死去し、甥のエウメネスが後を継いだ。ペルガモン(現ベルガマ)の都は、カイコス平野にそびえる標高333メートルの険しい丘に建設され、歴代の王は壮麗な建造物でこれを飾り、前133年にローマに遺贈されるまで繁栄を極めた。ヘレニズム時代におけるその文化的名声は、プトレマイオス朝の都アレクサンドリアに比肩する。

(13) ゲタイ人との戦争

ゲタイ人はトラキア人の一派で、前四世紀にはドナウ川下流域からカルパチア山脈の南部および東部の平原地帯に住んでいた。前339年、スキタイ勢力に対抗してマケドニアのフィリッポス二世と同盟。アレクサンドロスは前335年にドナウ川を渡り、彼らを服属させた。後継者戦争期にはトラキアを支配するリュシマコスと対立、前三世紀前半にドロミカイテス王のもとで最盛期を迎えた。前292年にリュシマコスの軍がドナウ川を超えて攻め込んだが連敗し、初陣のアガトクレス(一説ではリュシマコス自

身）が捕虜となり、ドナウ川以北の土地を譲渡するとの条件で解放された。

(14) 敵の遺体に対してアキレウスのような計画

ギリシアの英雄アキレウスは、トロイ戦争でトロイの総大将ヘクトルを一騎打ちで倒した後、ヘクトルの足を戦車に結びつけ、遺体を引きずって走った。

第3章 アルシノエとプトレマイオス・ケラウノス

(15) アンティゴノス・ゴナタス

アンティゴノス朝マケドニアの王（前320頃～239年）。攻城者デメトリオスの子で、大王の後継者アンティゴノスの孫。あだ名ゴナタスの意味は不明。283年父王の死後に即位、侵入したガリア人を撃退し、前277年に支配を確立した。セレウコス朝のアンティオコス一世の娘と結婚し、プトレマイオス朝に対抗しながら、後継者戦争とガリア人の侵入によって混乱したマケドニアを建て直した。プトレマイオス朝に支援されたアテネ・スパルタなどと戦い（クレモニデス戦争、訳註21参照）、アテネを降伏させて駐留軍を置き、ギリシア支配を強化した。

(16) 結果的には孫の命も失った

前319年、摂政のアンティパトロスは後継摂政にポリュペルコンを指名して死去した。アンティパトロスの息子カッサンドロスはこれに反発し、後継将軍の一人アンティゴノスから軍事支援を受けて、翌年アテネに上陸した。フィリッポス三世の王妃アデア＝エウリュディケはカッサンドロスを摂政に指名、こうしてマケドニア王権は分裂した。前317年、エペイロス滞在中のオリュンピアスはポリュペルコンの要請を受け、軍を率いて帰国し、フィリッポス三世夫妻を捕えて処刑した。しかし翌年カッサンドロスはオリュンピアスを殺害した上、アレクサンドロス四世と母ロクサネ（大王の妃）をアンフィポリスに幽閉した。前310年頃、カッサンドロスはこの二人を密かに殺害し、こうしてマケドニア王家は断絶した。

(17) ペラ

マケドニアの首都で、前五世紀末にアルケラオス王がアイガイから遷都して建設した。当時はテルメ湾のそばでエーゲ海に開かれ、アクシオス川の河口に位置する上、バルカン北部を東西に横断するルートの要衝でもあった。都市は碁盤目状の整然たる区画に作られ、アルケラオスはギリシアから多数の建築家や芸術家を招いて、ペラをギリシア風に飾った。悲劇作家エウリピデスも晩年に招待を受け、この地で没した。貴族の邸宅からは狩猟やディオニュソス神を描いた床モザイクが出土し、マケドニア美術の代表作となっている。

(18) ディオン

マケドニア王国の古くからの聖地で、ギリシアの最高峰オリュンポス山の北東麓に位置する。周辺のピエリア平野は、芸術を司る九人の女神ムーサイの生地。前五世紀末にアルケラオス王が、ここにオリンピックに倣った競技祭を創始した。アレクサンドロスも東方遠征に出発する前、九日間にわたる祝典を催した。また緒戦のグラニコスの会戦で戦死した先頭部隊の騎兵25人のために、青銅製の騎馬群像をゼウスの神域に建立した。

(19) アイガイ

前七世紀中頃に建てられたマケドニア王国の首都で、現在のヴェルギナ。ハリアクモン川の下流、ピエリア山脈の緑豊かな山裾にある。建国伝説によると、王国の祖ペルディッカス一世はアポロンの神託に従い、山羊の群れに導かれてこの地を首都に定め、山羊（複数形はアイゲス）にちなんでアイガイと名づけた。前五世紀末にペラに遷都されて以降も、宗教や祭儀の中心であり続けた。前336年にここでフィリッポスの娘の結婚式が行われ、劇場でフィリッポスが暗殺された。その劇場と王宮の跡が残っている。ここで発掘された王墓については訳註32参照。

(20) 『オイディプス王』の結末

『オイディプス王』はソフォクレスの悲劇作品。オイディプスはそれと知らずに実の父親を殺してテーベの王となり、母親を妻として四人の子をもうけた。かつて彼に下されたアポロンの予言はこうして成就する。真実が明らかになると、彼は自ら両目を潰し、国を出て放浪した。

(21) クレオン王がポリュネイケスの埋葬を禁じる場面

オイディプスの二人の息子が王位を争い、エテオクレスによって追放されたポリュネイケスはアルゴス軍を率いてテーベを攻める。兄弟は一騎打ちの末、共に倒れた。王となったクレオンは、国のために戦ったエテオクレスは埋葬したが、ポリュネイケスは反逆者であるとして彼の埋葬を禁じた。妹のアンティゴネは同じ兄弟であるとしてポリュネイケスを埋葬し、王令に背いた罪で死刑に処された。

(22) アレクサンドロスが英雄アキレウスを模倣した

前331年パレスチナの都市ガザを攻略した後、アレクサンドロスはアキレウスを模倣して、ペルシア人指揮官バティスの遺体を戦車に結びつけ、遺体を引きずって走った。

(23) カッサンドロスはオリュンピアスの埋葬を禁止した

前316年、カッサンドロスはオリュンピアスを殺害し、遺体を埋葬せず放置した。後にオリュンピアスの支持者たちが遺体をピュドナに埋葬した。

(24) アデア＝エウリュディケの死

前317年、マケドニアの内乱に巻き込まれて王族も二派に分かれ（訳註16参照）、オリュンピアスが率いる軍隊と、フィリッポス三世アリダイオスおよび妃アデア＝エウリュディケの軍隊が対峙した。後者の兵士は一斉にオリュンピアスに寝返り、彼女は戦わずして王夫妻を捕えた。オリュンピアスはまずフィリッポス三世を殺害し、アデアには短剣と縄と毒人参を送って、いずれかの手段で自殺することを強要した。アデアは従容として自分の帯で首を吊った。古代ギリシア人は縊死を高貴な女性にふさわしい死に方と見なしており、悲劇作品でもオイディプス王の妃イオカステや、その娘アンティゴネが縊死を選んだ。

(25) オリュンピアスの死

前317年末、カッサンドロスはピュドナに立てこもったオリュンピアスを包囲し、翌年春、彼女を降伏に追い込んだ。カッサンドロスは形ばかりの裁判を開き、オリュンピアス欠席のまま彼女に死刑を宣告した。彼は200人の兵士を送ったが、兵士は王妃の衣装をまとったオリュンピアスの威厳に打たれ、何もできずに引き返す。カッサンドロスは改めて、オリュンピアスに身内を殺された者たちを派遣した。彼女は逃げもせ

ず、叫び声も上げずに、毅然たる態度で死を迎えた。

(26) アンドロマケーが……新しい王国で新しい王家の母となって生涯を終えたこと

アンドロマケーはトロイの総大将ヘクトルの妻。ヘクトルが殺されトロイが陥落した後、彼女はアキレウスの息子ネオプトレモスの奴隷となり、ギリシアへ連行された。ネオプトレモスは帰国の途中モロッソイ人の地に立ち寄って王となり、アンドロマケーとの間に三人の息子が生まれた。末子のモロッソスが王位を継ぎ、モロッソイ王家の祖となった。大王の母オリュンピアスはこの王家の出身である。

(27) エウリピデス『ヒケティデス』の女性たち

アルゴスの軍勢は、オイディプス王の息子ポリュネイケスと共にテーベを攻めたが、敗北した。テーベの王クレオンは、戦死したアルゴス人将兵の遺体の埋葬を禁止した。戦死者の母親たちはアテネに赴き、息子たちの遺体の返還を叶えてくれるようテセウス王に嘆願する。テーベとの話し合いが不調に終わると、テセウスは軍を率いてテーベを攻め、遺体を引き取って帰国し、葬儀が行われた。

第5章　プトレマイオス二世の妻

(28) 寝椅子

古代ギリシア人・マケドニア人は食事や宴会で、椅子とテーブルではなく寝椅子を使用した。一台の寝椅子には通常二人が横になり、左腕をクッションに載せて上半身を支え、右手で飲食した。

(29) この王朝のマケドニア（およびアルゴス）起源

ヘロドトス（第8巻137～138章）が語るマケドニア建国伝説によると、アルゴスの支配者テメノスはヘラクレスの後裔であったが、このテメノスの子孫にあたる三人の兄弟が国を追われ、マケドニアの一地方に住みつき、末子ペルディッカスが王となってマケドニア全体を征服した。別伝では、兄弟によってアルゴスから追放されたアルケラオスがマケドニア王家の祖となった。いずれの伝承も、マケドニア王の出自はアルゴスという古いギリシア都市で、ゆえに王家は生粋のギリシア人であることを強調している。

(30) キュンナネという女性は実際の戦闘に参加した

フィリッポス二世と彼の二番目の妻であるイリュリア人アウダタの娘。キュンナとも呼ばれる。イリュリア人のもとでは女性も戦闘に参加し、アウダタは娘に軍事訓練を施した。ポリュアイノス『戦術書』(8・60) によると、キュンナネはイリュリア人との戦闘で軍の指揮をとり、敵の女王ののど元に一撃を与えて倒し、逃走する多数のイリュリア人を殺した。

(31) アデア＝エウリュディケは……マケドニア兵の身なりをしていた

訳註30のキュンナネとアレクサンドロス大王の従兄弟アミュンタスの娘。イリュリア出身の母から軍事訓練を受ける。もとの名前はアデア。前322年にフィリッポス三世の妃となり、アデア＝エウリュディケと名のった。前321年、マケドニア軍の指揮権を要求して全軍兵士に演説し、将軍アンティパトロスを弾劾した。前317年にオリュンピアスの軍勢と対峙した時、彼女はマケドニア風の鎧をまとっていた（アテナイオ

ス 560f)。この戦いに至る経過は訳註 16 参照。

(32) ヴェルギナ第二王墓に埋葬された王族女性

1977～78 年、ギリシアの考古学者アンズロニコスがヴェルギナ（旧アイガイ、訳註 19 参照）で三基の王墓を発見し、そのうち二基は未盗掘で、金や銀の豪華な副葬品が出土した。公式発表は第二王墓の被葬者をフィリッポス二世とするが、これをフィリッポス三世とアデア＝エウリュディケであるとする説も有力で、被葬者の同定をめぐる論争は延々と続いている。後者の説の根拠は、女性が埋葬された前室で、形と大きさが異なる一対の青銅製の脛当てが発見されたことにある。この女性が軍人王妃で、男性用の脛当ての一方が誤って前室に置かれたと考えれば、被葬者をアデア＝エウリュディケに同定することが可能である。

(33) クレモニデス戦争

クレモニデスは前三世紀半ばのアテネにおける民主派の中心的政治家。マケドニアに対抗してギリシア人の自由を掲げ、前 268／7 年スパルタ王アレウアス及びその同盟諸国と同盟を結び、プトレマイオス朝の支援を受けて戦端を開く。同盟締結決議の提案者が彼であることから、戦争は彼にちなんで名づけられ、七年に及んだ。マケドニア軍はアテネを包囲した上、コリントスでの戦闘でプトレマイオス朝とスパルタの陸軍を破り、アレウアス王は戦死。さらにコス島付近でプトレマイオス朝の海軍にも勝利して、前 262／1 年にアテネは降伏した。クレモニデスはエジプトに逃れ、プトレマイオス朝に仕えた。

(34) 母親エウリュディケは……援助を求め

前 370 年にマケドニア王アミュンタス三世が死に、後を継いだ長男アレクサンドロス二世も前 368 年に暗殺され、王族傍系のパウサニアスが王位を狙った。アミュンタス三世の未亡人エウリュディケは、折から遠征中のアテネの将軍イフィクラテスを招き、彼と亡き夫アミュンタスの友好関係に訴えて援助を求めた。イフィクラテスはパウサニアスを撃退し、王権を救った。フィリッポス二世はアミュンタス三世の三男。

(35) 彼の母親と妹が実際に後継将軍の何人かと同盟を結んだ

大王の実の妹クレオパトラは、前 336 年、母オリュンピアスの弟でエペイロス王のアレクサンドロス（彼女の叔父にあたる）と結婚したが、夫はイタリア遠征で戦死した。大王が死ぬと新たな保護者を求め、側近護衛官だったレオンナトスと婚約したが、翌年彼はギリシアで戦死する。そこで小アジアのサルディスに渡り、摂政のペルディッカスに求婚するが、彼もエジプトで命を落とす（訳註 8 参照）。その後はアジアの将軍アンティゴノスの下、サルディスで軟禁状態に置かれた。一方母のオリュンピアスはマケドニアの支配者ポリュペルコンと手を結び、幼いアレクサンドロス四世を守ろうとした。その後の経過は訳註 16・25 参照。クレオパトラは前 308 年にエジプトへの脱出を試みたが失敗し、アンティゴノスによって殺害された。

(36) ハルパロス

マケドニアの貴族で、フィリッポス二世の妻フィラの甥（前 360 年代～前 324 年)。体が軍事に向いていなかったので、遠征一年目に財政責任者に任命され、それからバビロンに移って帝国全体の財政を統括した。大王のインド遠征中には、公金を流用して遊女と共に歓楽に耽った。まずアテネ人の遊女ピュティオニケを買い、彼女が死ぬと

バビロンとアテネに豪華な神殿を建立し、合計で200タラントン費やした。次いでアテネからグリュケラを呼び寄せ、彼女がタルソスで女王として敬われるよう命じた。しかし大王が帰還すると処罰を恐れてアテネに逃亡、さらにクレタ島に逃れたが、部下に殺害された。

(37) アドニス

東方のとある王とその娘との不義の交わりから生まれた美少年。アプロディテに愛されたが、狩猟中に野猪に突かれて死に、その血からアネモネが、彼を悼むアプロディテの涙からバラが生まれた。本来は東方起源の農業神で、植物の芽生えと繁茂、冬の間の死を象徴する。毎年春に彼の蘇りを祝うアドニア祭が催され、とりわけ女性たちの支持を得て、彼の死を嘆く歌が歌われた。祭の存在はアテネ、アレクサンドリア、フェニキア地方のビブロスにおいて証明される。アテネでは、女性たちが屋根に置いた一種の植木鉢に草花の種を撒き、早生に育ててアドニア祭に供えた。

(38) メディア

黒海東岸の国コルキスの王女。太陽神ヘリオスの孫で、魔術に通じる。アルゴ号に乗って金毛の羊皮を取りに来たイアソンを助け、彼と結婚してギリシアへ行った。しかしイアソンがコリントス王の娘との結婚を望んだため、毒を塗った衣装を花嫁に送り、彼女と王を殺す。さらにイアソンとの間に生まれた二人の子も殺し、夫への復讐を果たした。それから有翼の戦車に乗ってアテネ王アイゲウスのもとへ逃れた。エウリピデスの悲劇『メディア』の主人公。

(39)「良きヘレネ」

ホメロスなどの叙事詩では、絶世の美女ヘレネがトロイの王子パリスに誘惑されてトロイへ行ったことから、十年に及ぶ戦争が起きた。よってヘレネには大戦争を引き起こした責任があることになる。これに対して前五世紀には、弁論家ゴルギアスが『ヘレネ賛』を発表してヘレネを弁護し、ヘレネの人物像は毀誉褒貶の的となった。そうした中、悲劇作家エウリピデスは『ヘレネ』において、トロイへ行ったのは雲から作られたヘレネの似姿で、本当のヘレネはその間エジプトに滞在していたという物語を作った。これは彼女の「戦争責任」を否定して、身の潔白を訴えるものだった。

第6章　死後のアルシノエ

(40) 家族の女性にちなんで諸都市を命名するようになった

たとえばマケドニアではカッサンドロス王にちなんでカッサンドリア、王妃テッサロニケにちなんでテッサロニカ、セレウコス朝ではセレウコス一世にちなんでセレウケイア、王妃アパメにちなんでアパメイア、息子アンティオコス（後の一世）にちなんでアンティオキア、アンティオコス一世の妃ストラトニケにちなんでストラトニケイア、アンティオコス二世の妃ラオディケアにちなんでラオディケイア等。

(41) 羊の角

大王の死後まもなく、前321年にプトレマイオスが発行した4ドラクマ銀貨に、羊の角をつけた大王の横顔が初めて現れる。羊の角はエジプトの最高神アモン（本文ではアンモンと表記）の象徴で、ギリシア人はアモンを彼らの最高神ゼウスと同一視してい

た。アレクサンドロスはエジプト滞在中の前330年にアモン神殿を訪問し、自分がアモン＝ゼウスの子であるとの神託を得たと公表した。これ以降、大王が神の子であるとの観念が広まっていく。よって羊の角をつけた大王像は彼の神格化を表わす。前300年以降にリュシマコスが発行した貨幣では、角がより大きく描かれ、広汎に流通した。こうして羊の角は大王の個人的な象徴となった。

参考文献

略号

ActaArchHung　*Acta archaeologica Academiae scientiarum Hungaricae*
AHB　*Ancient History Bulletin*
AJA　*American Journal of Archaeology*
AJAH　*American Journal of Ancient History*
AJP　*American Journal of Philology*
AJN　*American Journal of Numismatics*
AncW　*Ancient World*
AncSoc　*Ancient Society*
ANSMN　*American Numismatic Society Museum Notes*
ArchPF　*Archiv für Papyrusforschung und verwandte Gebiete*
ARF　*Appunti romani di filologia: studi e comunicazioni di filologia, linguisticae letteratura greca e latina*. Pisa: Istituti Editoriali e Poligrafici Internazionali.
BCH　*Bulletin de correspondance hellénique*
BICS　*Bulletin of the Institute of Classical Studies*, University of London
BIFAO　*Bulletin de l'Institut français d'archéologie orientale de Caire*
ChrÉg　*Chronique d'Égypte*
CJ　*Classical Journal*
ClAnt　*Classical Antiquity*
CP　*Classical Philology*
CQ　*Classical Quarterly*
CW　*Classical World*
FGrH　F. Jacoby et al.（eds.）1923–. *Die Fragmente der griechischen Historiker*. Multiple volumes and parts. Berlin and Leiden.
G&R　*Greece and Rome*
GRBS　*Greek, Roman, and Byzantine Studies*
HSCP　*Harvard Studies in Classical Philology*
JEA　*Journal of Egyptian Archaeology*
JHS　*Journal of Hellenic Studies*
JNES　*Journal of Near Eastern Studies*
JÖAI　*Jahreshefte des Österreichischen Archäologischen Institutes* in Wien
JRS　*Journal of Roman Studies*
MDAI(*A*)　*Mitteilungen des Deutschen Archäologischen Instituts, Athenische Abteilung*. Berlin:

von Zabern.

OGIS W. Dittenberger. 1903–05. *Orientis Graeci inscriptiones selectae*. 2 vols. Leipzig.

PP *La Parola del Passato*

RDAC *Report of the Department of Antiquities, Cyprus*

RE Pauly-Wissowa, *Real-Encyclopädie der klassischen Altertumswissenschaft* (*1893–*)

RendIstLomb *Rendiconti. Istituto lombardo*, Accademia di scienze e lettere

RhM *Rheinisches Museum für Philologie*

RivFil *Rivista di filologia e d'istruzione classica*

SyllClass *Syllecta Classica*

TAPA *Transactions of the American Philological Association*

ZfN *Zeitschrift für Numismatik*

ZPE *Zeitschrift für Papyrologie und Epigraphik*

Acosta-Hughes, B., E. Kosmetatou, and M. Baumbach (eds.). 2004. *Labored in Papyrus Leaves: Perspectives on an Epigram Collection Attributed to Posidippus* (*P. Mil. Vogl. VIII 309*). Washington, DC.

Adams, G. W. 2008. "The Unbalanced Relationship between Ptolemy II and Pyrrhus of Epirus." In McKechnie and Guillame, 91–102.

Adams, W. L. 2003. "Other People's Games: The Olympics, Macedonia and Greek Athletics." *Journal of Sport History* 30: 205–17.

Ager, S. L. 2003. "An Uneasy Balance: From the Death of Selukos to the Battle of Raphia." In A. Erskine 2003, 35–50.

———. 2005. "Familiarity Breeds: Incest and the Ptolemaic Dynasty." *JHS* 125: 1–34.

———. 2006. "The Power of Excess: Royal Incest and the Ptolemaic Dynasty." *Anthropologica* 48: 165–86.

———. 2007. "Response to Michael M. J. Fischer's 'Ptolemaic Jouissance and the Anthropology of Kinship: A commentary on Ager "The Power of Excess: Royal Incest and the Ptolemaic Dynasty."'" *Anthropologica* 49: 301–10.

Albersmeier, S., and M. Minas. 1998. "Ein Weihrelief Für die Vergöttlichte Arsinoe II." In W. Clarysse, A. Schoors, and H. Willems (eds.), *Egyptian Religion: The Last Thousand Years: Studies Dedicated to the Memory of Jan Quaegebeur*. Leuven, 1: 3–29.

Alonso Troncoso, Victor. 2005a. "La 'paideia' de los primeros Ptolomeos." *Habis* 36: 99–110.

———. 2005b. "La paideia del principe y la ideolgia helenistica de la realeza." In V. Alonso-Troncoso (ed.), *Didochos tes Basileias: La figura del successor en la realeza helenistica*. Madrid, 185–203.

Amundsen, D. W., and C. J. Diers. 1970. "The Age of Menopause in Classical Greece and Rome." *Human Biology* 42: 79–86.

Anastassiades, A. 1998. "ΑΡΣΙΝΟΗΣ ΦΙΛΑΔΕΛΦΟΥ: Aspects of a Specific Cult in Cyprus." *Report of the Department of Antiquities, Cyprus*: 129–40.

Arnold, D. 1996. *The Royal Women of Amarna*. New York.

Arslan, Melih, and Ayça Özen. 2000. "A Hoard of Unpublished Bronze Coins of Ptolemy Ceraunus." *AJN* Ser. 2 12: 59–66, pl. 9–11.

Ashton, Sally-Ann. 2001a. *Ptolemaic Royal Sculpture from Egypt: The Interaction between Greek and Egyptian Traditions*. British Archaeological Reports International Series 923.

———. 2001b. "Identifying the Egyptian Style Ptolemaic Queens." In Walker and Higgs, 148–55.

———. 2003. *The Last Queens of Egypt*. Harlow, UK.

———. 2004. "Ptolemaic Alexandria and the Egyptian tradition." In A. Hirst, and M. S. Silk (eds.), *Alexandria, Real and Imagined* (Publications for the Centre for Hellenic Studies, King's College, London). London, 15–40.

Austin, M. M. 1986. "Hellenistic Kings, War, and the Economy." *CQ* 36: 450–66.

———. 2006. *The Hellenistic World from Alexander to the Roman Conquest*. Cambridge.

Austin, C., G. Bastianini, G., and C. Gallazzi (eds.). 2002. *Posidippi Pellaei quae supersunt omnia*. Milan.

Bagnall, R. S. 1976. *The Administration of the Ptolemaic Possessions outside Egypt*. Leiden.

Bailey, D. M. 1999. "The Canephore of Arsinoe Philadelphos: What Did She Look Like?" *ChrÉg* 147: 156–60.

Barbantani, Silvia. 2004. "Osservazioni sull'inno ad Afrodite-Arsinoe dell'antologia 'Pgoodspeed' 101." In R. Pretagostini and E. Dettor (eds.), *La cultura ellenistica: l'opera letteraria e l'esegesi antica: atti del Convegno COFIN 2001*. Università di Roma "Tor Vergata," 22–24 settembre 2003. Rome, 137–53.

———. 2005. "Goddess of Love and Mistress of the Sea: Notes on a Hellenistic Hymn to Arsinoe-Aphrodite (P.Lit.Goodsp. 2, I-IV)." *AncSoc* 35: 135–65.

———. 2007. "The Glory of the Spear: A Powerful Symbol in Hellenistic Poetry and Art. The Case of Neoptolemus 'of Tlos' (And Other Ptolemaic Epigrams)." *Studi Classici e Orientali* 53: 67–138.

———. 2008. "Arsinoe II Filadelpfo nell'interpretazione storiografica moderna, nel culto e negli epigrammi del P. Mil. Vogl. VIII 309." In L. Luigi Castagna and C. Riboldi (eds.), *Amicitiae templa serena: studi in onore di Giuseppe Aricò*. Milan, 103–34.

———. 2010. "Idéologie Royale et Littérature de Cour Dans L'Égypte Lagide." In I. Savalli-Lestrade and I. Cogitore (eds.), *Des Rois Au Prince: Pratiques du Pouvoir Monarchique dans l'orient Hellénistique et Romain (IVe Siècle avant J.-C.-IIe Siècle Après J.-C.)*. Grenoble, 227–51.

Barringer, J. M. 2003. "Panathenaic Games and Panathenaic amphorae under Macedonian Rule." In O. Palagia and S. V. Tracey (eds.), *The Macedonians in Athens 322—229 bc*. Proceedings of an International Conference held at the University of Athens. May 24–26 2001. Oxford, 243–56.

Basta Donzelli, G. 1984. "Arsinoe simile ad Elena (Theocritus Id. 15,110)." *Hermes* 112: 306–16.

Baynham, E. 1994. "Antipater: Manager of Kings." In I. Worthington (ed.), *Ventures into Greek History*. Oxford, 331–56.

Beloch, K. J. 1928. *Griechische Geschichte*. Vol. 4, 2d ed. Leipzig.

Bengston, H. 1975. *Herrschergestalten des Hellenismus*. Munich.

Bennett, C. J. 2003. "Three Notes on Arsinoe I." In A. K. Eyma and C. J. Bennett (eds.), *A Delta Man in Yebu*. 64–70.

———. 2005. "Arsinoe and Berenice at the Olympics." *ZPE* 154: 91–96.

———. n.d. "Egyptian Royal Genealogy." Available at http://www.tyndalehouse.com/egypt.

Bertazzoli, V. 2002. "Arsinoe II e la protezione della poesia: una nuova testimonianza di Posidippo." *ARF* 4: 145–53.

Bertholet, F., A. Bielman Sánchez, and R. Frei-Stolba (eds.). 2008. *Egypte-Grèce- Rome: les différents visages des femmes antiques: travaux et colloques du séminaire d'épigraphie grecque et latine de l'IASA 2002–2006*. Bern.

Berve, H. 1926. *Das Alexanderreich auf prosopographischer Grundlage*. Vols. 1 and 2. Munich.

Bettarini, L. 2005. "Posidippo e l'epigramma epnicio: Aspetti linguistici." In M. Di Marco et al. (eds.), *Posidippo e gli altri: Il poeta, il genere, il contesto cultural et letterario*. Atti dell'incontro di studio, Roma, 14–15 maggio 2004. Pisa, 9–22.

Bevan, E. 1927. *The House of Ptolemy*. Chicago.

Bianchi, R. S. 1988. "The Pharaonic Art of Ptolemaic Egypt." In R. S. Bianchi (ed.), *Cleopatra's Egypt: Age of the Ptolemies*. New York, 55–80.

Bickerman, E. J. 1938. *Institutions des Séleucides*. Paris.

Bielman Sánchez, A. 2002. *Femmes en public dans le monde hellénistique IVe-Ier s. av. J.-C.* Paris.

———. 2003. "Régner au feminine. Réflexions sur les reines attalides et séleucides." In F. Prost (ed.), *L'Orient Mediterréen de la mort de la Alexandre aux compagnes de Pompée: cités et royaumes à la époque hellénistique*. Rennes, 1–64.

Bikerman, E. 1938. *Institutions des Séleucides*. Paris.

Bilde, P. (ed.). 1994. *Aspects of Hellenistic Kingship*. Studies in Hellenistic Civilization 7. Aarhus.

Billows, R. A. 1995a. "The Succession of the Epigonoi." *SyllClass* 6: 1–11.

———. 1995b. *Kings and Colonists. Aspects of Macedonian Imperialism*. Leiden.

Bing, P. 1988. *The Well-Read Muse: Present and Past in Callimachus and the Hellenistic Poets*. Göttingen.

———. 2002–3. "Posidippus and the Admiral: Kallikrates of Samos in the Milan Epigrams." *GRBS* 43: 243–66.

Bingen, J. 1988. "Ptolémée Ier Sôter ou La quête de la légitimité." *Bulletin de la Classe des lettres de l'Académie Royale de Belgique 5*, 74: 34–51.

———. 2002. "Posidippe: Le Poète et Les Princes." In J. Bingen (ed.), *Un poeta ritrovato: Posidippo di Pella*. Giornata di studio, Milano, 23 November 2001. Milan, 47–59.

Blundell, Sue. 1995. *Women in Ancient Greece*. Cambridge, MA.

Borza, E. 1992. *In the Shadow of Olympus: The Emergence of Macedon*. Princeton.

Bosworth, A. B. 2002. *The Legacy of Alexander: Politics, Warfare, and Propaganda under the Successors*. Oxford.

Bouché-Leclerq, A. 1903. *Histoire des Lagides*. Vol. 1. Paris.

Bousquet, J. 1949. "Callimaque, Hérodote et le Trône de l'Hermès de Samothrace." In *Mélanges*

d'archéologie et d'histoire offerts à Charles Picard à l'occasion de son 65e anniversiare. Vol. 1. Paris, 105–31.

Bringmann, K. 1993. "The King as Benefactor: Some Remarks on Ideal Kingship in the Age of Hellenism." In A. Bulloch, E. S. Gruen, A. A. Long and A. Stewart (eds.), *Images and Ideologies: Self-definition in the Hellenistic World*. Berkeley, 7–24.

———. 1997. "Die Rolle der Königinnen, Prinzen under Vermittler." *Actes du Xe Congrès International d'Epigraphie grecque et latine*. Nîmes, 4–9 October 1992. Paris, 169–73.

———. 2000. *Geben und Nehmen. Monarchische Wohltätigkeit und Selbstdarstellungin Zeitalter des Hellenismus*. Berlin.

Brosius, M. 1996. *Women in Ancient Persia (559–331 B.C.)*. Oxford.

Brown, B. 1981. "Novelty, Ingenuity, Self-aggrandizement, Ostentation, Extravagance, Gigantism, and Kitsch in the Art of Alexander the Great and His Successors." In M. Barasch and L. Sandler Freeman (eds.), *Art, the Ape of Nature: Studies in Honor of H.W. Janson*. New York, 1–13.

Brown B. R. 1984. "Art History in Coins: Portrait Issues of Ptolemy I, II." *Studi Adriani Alessandria e il mondo ellenistico-romano. Studi in onore di Achille Adriani*. Rome, 405–17.

Brunell, Edelgard. 1976. *Die Bildnisse der Ptolemaërinnen*. Frankfurt.

Bücheler, F. 1875. "De bucolicorum graecorum aliquot carminibus." *RhM* 30: 33–61.

Buraselis, K. 2005. "Kronprinzentum und Realpolitik. Bemerkungen zur Thronanwartschaft, Mitregentschaft und Th ronfole unter den ersten vier Ptolemäern." In V. Alonso-Troncoso (ed.), *Didochos tes Basileias: La figura del successor en la realeza helenistica*. Madrid, 91–102.

———. 2008. "The Problem of the Ptolemaic Sibling Marriage: A Case of Dynastic Acculturation?" In McKechnie and Guillame, 291–302.

Burkert, W. 1993. "Concordia Discors: The Literary and Archaeological Evidence on the Sanctuary at Samothrace." In N. Marinatos and R. Hägg (eds.), *Greek Sanctuaries: New Approaches*. London, 178–91.

Burstein, S. M. 1976. *Outpost of Hellenism: The Emergence of Heraclea on the Black Sea*. University of California Classical Studies. Vol. 14. Berkeley.

———. 1980. "Lysimachus and the Greek Cities of Asia Minor: The Case of Miletus." *AncW* 3: 73–79.

———. 1982. "Arsinoe II Philadelphos: A Revisionist View." In W. L. Adams and E. N.

Borza (eds.), *Philip II, Alexander the Great, and the Macedonian Heritage*. Washington, DC, 197–212.

———. 1986. "Lysimachus and the Cities: The Early Years." *AncW* 14: 19–24.

Burton, J. B. 1995. *Theocritus's Urban Mimes: Mobility, Gender, and Patronage*. Berkeley.

Cadell, H. 1998. "A quelle date Arsinoé II Philadelphe est-elle décédée?" In H. Malaerts (ed.), *Le Culte du souverain dans l'Êgypte ptolémaïque au IIIe siècle avant notre ère*. Leuven, 1–3.

Cameron Alan. 1990. "Two Mistresses of Ptolemy Philadelphus." *GRBS* 31: 287–311.

———. 1995. *Callimachus and His Critics*. Princeton.

Carney, E. D. 1987. "The Reappearance of Royal Sibling Marriage in Ptolemaic Egypt." *PP* 237: 420–39.

———. 1988a. "Eponymous Women: Royal Women and City Names." *AHB* 2.6: 134–42.

———. 1988b. "The Sisters of Alexander the Great: Royal Relicts." *Historia* 37: 385–404.

———. 1991. "'What's In a Name?' The Emergence of a Title for Royal Women in the Hellenistic Period." In S. B. Pomeroy（ed.）, *Women's History and Ancient History*. Chapel Hill, 154–72.

———. 1992. "The Politics of Polygamy: Olympias, Alexander and the Death of Philip II." *Historia* 41: 169–89.

———. 1993. "Foreign Influence and the Changing Role of Royal Women in Macedonia." *Ancient Macedonia* 5,1: 313–23.

———. 1994. "Arsinoë before She Was Philadelphus." *AHB* 8.4: 123–31.

———. 1995. "Women and *Basileia*: Legitimacy and Female Political Action in Macedonia." *CJ* 90,4: 367–91.

———. 1999. "The Curious Death of the Antipatrid Dynasty." *Ancient Macedonia* 6,1: 209–16.

———. 2000a. *Women and Monarchy in Macedonia*. Norman, OK.

———. 2000b. "The Initiation of Cult for Royal Macedonian Women." *CP* 95: 21–43.

———. 2001. "Women and Military Leadership in Pharaonic Egypt." *GRBS 42:* 25–40.

———. 2004. "Women and Military Leadership in Macedonia." *AncW* 35: 184–95.

———. 2005. "Women and *Dunasteia* in Caria." *AJP* 126.1: 65–91.

———. 2006. *Olympias, Mother of Alexander the Great*. New York.

———. 2007. "The Philippeum, Women, and the Formation of a Dynastic Image." In W. Heckel, L. Tritle and P. Wheatley（eds.）, *Alexander's Empire: Formulation to Decay*. Claremont, CA, 27–60.

———. 2008. "The Role of the *Basilikoi Paides* at the Argead Court." In Howe, T. and J. Reammes（eds.）, *Macedonian Legacies: Studies in Ancient Macedonian History and Culture in Honor of Eugene N. Borza*. Claremont CA, 145–64.

———. 2010. "Putting Women in Their Place: Women in Public under Philip II and Alexander III and the Last Argeads." In E. D. Carney and D. Ogden（eds.）, *Philip II and Alexander the Great, Father and Son, Lives and Afterlives*. Oxford, 43–53.

———. 2011. "Being Royal and Female in the Early Hellenistic Period." In A. Erskine and L. Llewellyn-Jones 2011, 195–220.

Casson, L. 2001. *Libraries of the Ancient World*. New Haven.

Cérny, J. 1954. "Consanguineous Marriages in Pharaonic Egypt." *JEA* 40: 23–29.

Chaniotis, A. 1997. "Theatricality beyond the Theater: Staging Public Life in the Hellenistic World." In B. le Guen（ed.）, *De la scène aux gradins*, Palas 47. Toulouse: 219–59.

Cheshire, W. 1982. "Zur Deutung eines Szepters der Arsinoe II. Philadelphos." *ZPE* 48: 105–11.

Chugg, A. 2005, "The Journal of Alexander the Great." *AHB* 19.3–5: 155–75.

Clarysse, W. 2000. "The Ptolemies Visiting the Egyptian Chora." In L. Mooren（ed.）, *Politics, Administration and Society in the Hellenistic and Roman World: Proceedings of the International Colloquium*. Bertinoro 19–24 July 1997. Leuven, 29–53.

Clarysse, W., and K. Vandorpe. 1998. "The Ptolemaic Apomoira." In H. Melaerts,（ed.）, *Le culte du souverain dans l'Égypte ptolémaïque*. Leuven, 5–42.

Cohen, A. 1995. "Alexander and Achilles-Macedonians and 'Myceneans." In J. B. Carter and S. P. Morris (eds.), *The Age of Homer: A Tribute to Emily Townsend Vermeule*. Austin, 483–505.

Cohen, G. M. 1973. "The Marriage of Lysimachus and Nicaea." *Historia* 22: 354–56.

———. 1974. "The Diadochoi and the New Monarchies." *Athenaeum* 52: 177–79.

———. 1995. *The Hellenistic Settlements in Europe, the Islands, and Asia Minor*. Hellenistic Culture and Society, 17. Berkeley.

Cole, S. G. 1981. "Could Greek Women Read and Write?" In H. P. Foley (ed.), *Reflections of Women in Antiquity*. New York, 219–46.

———. 1984. *Theoi Megaloi: The Cult of the Great Gods at Samothrace*. Leiden.

Collins, N. L. 1997. "The Various Fathers of Ptolemy I." *Mnemosyne* 50: 436–76.

Collombert, P. 2008. "La 'stèle de Saïs' et l'instauration du culte d'Arsinoé II dans la chôra." *AncSoc* 38: 83–101.

Crampa, J. 1969. *Labraunda*. Vol. 3.1. Lund.

Criscuolo, L. 1990. "*Philadelphos* nella dinastia lagide." *Aegyptus* 70: 89–96.

———. 1991. "Review of Grzybek 1990." *Aegyptus* 71: 282–89.

———. 1998. "Il dieceta Apollonios e Arsinoe." In H. Melaerts (ed.), *Le culte du souverain dans l'Egypte ptolémaïque*. Leuven, 61–72.

———. 2003. "Agoni politica all corte di Alessandria: Riflessioni su alcuni epigrammi di Posidipo." *Chiron* 33: 311–33.

Davesne, A. 1991. "Les monnaies ptolémaiques d'Ephèse." In H. Malay (ed.), *Erol Atalay Memorial*. Izmir, 21–31.

Davies, M. 1995. "Theocritus' *Adoniazusae*." *G&R* 42: 152–58.

Davis, N., and C. M. Kraay. 1973. *The Hellenistic Kingdoms: Portrait Coins and History*. London.

Delev, Petar. 2000. "Lysimachus, the Getae, and Archaeology." *CQ* 50,2: 384–401.

Delia, D. 1993. "Response to Samuels' The Ptolemies and the Ideology of Kingship." In P. Green (ed.), *Hellenistic History and Culture*. Berkeley, 196–210.

Derchain, P. 1985. "Une mention méconnue de Ptolémée 'le Fils.'" *ZPE* 61: 35–36.

Devine, A. M. 1989. "The Generalship of Ptolemy I and Demetrius Poliorcetes at the Battle of Gaza (312 B.C.)." *AncW* 20: 29–38.

Dillery, J. 1999. "The First Egyptian Narrative History: Manetho and Greek Historiography." *ZPE* 127: 93–116.

Dillon, Matthew. 2000. "Did Parthenoi Attend the Olympic Games? Girls and Women Competing, Spectating, and Carrying Out Cult Roles at Greek Religious Festivals." *Hermes* 128: 457–80.

Dillon, S. 2007. "Portraits of Women in the Early Hellenistic Period." In P. Schultz and R. von den Hoff (eds.), *Early Hellenistic Portraiture: Image, Style, Context*. Cambridge, 63–83.

———. 2010. *The Female Portrait Statue in the Greek World*. Cambridge.

Dils, P. 1998. "La Couronne d'Arsinoé II Philadelphe." In W. Clarysse, A. Schoors, and H. Willems (eds.), *Egyptian Religion: The Last Thousand Years: Studies Dedicated to the Memory of Jan Quaegebeur*. Vol. 2. Leuven, 1309–30.

Dmitriev, S. 2007. "The Last Marriage and the Death of Lysimachus." *GRBS* 47: 135–49.
Dodson, Aidan, and Dyan Hilton. 2004. *The Complete Royal Families of Ancient Egypt*. London.
Donzelli, G. B. 1984. "Arsinoe simile ad Elena." *Hermes* 112: 306–16.
Dreyer, B. 1999. *Untersuchungen zur Geschichte Athens in Spätklassischer Zeit（322- ca. 230 v. Chr.）*. Historia Einzelschriften 137. Stuttgart.
Droysen, J. G. 1878. *Geschichte des Hellenismus*. Gotha.
Dunand, F. 1973. *Le culte d'Isis dans le basin oriental de la Méditerranée* 1: *Le culte d'Isis et les Ptolémées*. Leiden.
Dunland, F. 1981. "Fête Et Propagande À Alexandria Sous Les Lagides." In F. Dunand（ed.）*La Fête, Pratique et Discours*. Paris, 13–40.
Edson, C. F. 1934. "The Antigonids, Heracles, and Beroea." *HSCP* 45: 213–35.
Ellis, W. M. 1993. *Ptolemy of Egypt*. London.
Empereur, J-Y. 1998. *Alexandria Rediscovered*. New York.
Errington, R. M. 1969. "Bias in Ptolemy's History of Alexander." *CQ* 19: 233–42.
———. 1990. *History of Macedonia*. Berkeley.
———. 2008. *A History of the Hellenistic World 323–30 BC*. Malden MA.
Erskine, A. 1995. "Culture and Power in Ptolemaic Egypt: The Museum and Library of Alexandria." *G&R* 42: 38–48.
———. （ed.）. 2003. *A Companion to the Hellenistic World*. Oxford.
Erskine, A., and L. Llewellyn-Jones（eds.）. 2011. *Creating the Hellenistic World*. Swansea.
Fantuzzi, Marco. 2004a. "Posidippus and the Ideology of Kingship." In M. Fantuzzi and R. Hunter（eds.）, *Tradition and Innovation in Hellenistic Poetry*. Cambridge, 377–403.
———. 2004b. "Sugli epp. 37 e 74 Austin-Bastianini del P. Mil. Vogl. VIII 309." *ZPE* 146: 31–35.
———. 2005. "Posidippus at Court: The Contribution of the *Hippika* of P. Mil. Vogl. VIII 309 to the Ideology of Ptolemaic Kingship." In Gutzwiller 2005: 249–68.
Ferguson, W.S. 1911. *Hellenistic Athens*. London.
Ferrario, F. 1962. "Arsinoe-Stratonice. A proposito di una iscrizione ellenistica." *RendIstLomb* 96: 78–82.
Feucht, E. 1998. "Ein Bildnis der Neith als Schlangengöttin." In W. Clarysse, A. Schoors, and H. Willems（eds.）, *Egyptian Religion: The Last Thousand Years: Studies Dedicated to the Memory of Jan Quaegebeur*. Vol. 1. Leuven, 105–15.
Fischer, M. J. 2007. "Ptolemaic Jouissance and the Anthropology of Kinship: A Commentary on Ager 'The Power of Excess: Royal Incest and the Ptolemaic Dynasty.'" *Anthropologica* 49, 2: 295–99.
Fiske, Roger. 1986. *English Theatre Music in the Eighteenth Century*. Oxford.
Foertmeyer, Victoria. 1988. "The Dating of the Pompe of Ptolemy II Philadelphus." *Historia* 37: 90–104.
Foraboschi, D. 1987. "Arsinoe seconda, Filadelfo e la monetazione romana." *Numismatica e antichità classiche. Quaderni ticinesi* 16: 149–59.
Forgeau, A. 2008. "Les reines dans l'Égypte pharaonique: statut et représentations." In Bertholet et

al. 2008, 3–24.

Foster, J. A. 2006. "Arsinoe II as Epic Queen: Encomiastic Allusion in Theocritus, Idyll 15." *TAPA* 136: 133–48.

Frandsen, P. J. 2009. *Incestuous and Close-Kin Marriage in Ancient Egypt and Persia: An Examination of the Evidence*. Copenhagen.

Fraser, P. M. 1960. *Samothrace, The Inscriptions on Stone*. Vol. 2, pt. 1. New York.

———. 1967. "Current Problems Concerning the Early History of the Cult of Sarapis." *Opuscula Atheniesia* 7: 23–45.

———. 1972. *Ptolemaic Alexandria*. Vols. 1–3. Oxford.

Frazer, A. 1969. "The Propylon of Ptolemy II at the Sanctuary of the Great Gods at Samothrace." *AJA* 73: 235.

———. 1982. "Macedonia and Samothrace: Two Architectural Late Bloomers." In B. Barr-Sharrar and E. N. Borza (eds.), *Macedonia and Greece*. Studies in the History of Art 10. Washington DC, 191–203.

———. 1990. "The Propylon of Ptolemy II." In K. Lehmann and P. W. Lehmann (eds.), *Samothrace, Excavations Conducted by the Institute of Fine Arts of New York University*. Vol. 10. Princeton.

Fredricksmeyer, E. A. 1990. "Alexander and Philip: Emulation and Resentment." *CJ* 85: 300–315.

Gabbert, J. J. 1987. "The anarchic Dating of the Chremonidean War." *CJ* 82, 3: 230–35.

———. 1997. *Antigonos II Gonatas. A Political Biography*. London.

Gauthier, P. 1985. *Les cités greques et leur bienfaiteurs*. Paris.

Geyer, F. 1930. *Makedonien bis zur Thronbesteigung Philipps II*. Munich.

Ghisellini, E. 1998. "Ipotesi di localizzazione dell'Arsinoeion di Alessandria." *Numismatica e antichità classiche: quaderni ticines* 27: 209–19.

Gigante Lanzara, V. 2003. "Per Arsinoe." *PP* 58, 332: 337–46.

Gill, D. W. J. 2007. "Arsinoe in the Peloponnese: The Ptolemaic Base on the Methana Peninsula." In T. Schneider & K. Szpakowska (eds.), *Egyptian Stories: a British Egyptological Tribute to Alan B. Lloyd*. Alter Orient und Altes Testament 347. Munster, 87–110.

Goceva, Z. 2002. "Le culte des grands Dieux de Samothrace à la période hellénistique." *Kernos* 15: 309–15.

Golden, Mark. 1981. "Demography and the Exposure of Girls at Athens." *Phoenix* 35: 316–31.

———. 2008. *Greek Sport and Social Status*. Austin.

Goldhill, S. 1991. *The Poet's Voice*. Cambridge.

Goukowsky, Paul. 1995. "Sur La 'Grande Procession' de Ptolémée Philadelphe." In C. Brixhe (ed.), *Hellenika symmikta: histoire linguistique, epigraphie*. Vol. 2. Paris, 79–81.

Gow, A. S. F. 1952. *The Greek Anthology: Theocritus*. Vols. 1 and 2. Cambridge.

Graf, F. 1984. "Women, War, and Warlike Divinities." *ZPE* 55: 245–54.

Granier, F. 1931. *Die makedonische Heeresversammelung*. Munich.

Green, P. 1990. *Alexander to Actium: The Hellenistic Age*. London.

Greenwalt, W. S. 1988. "The Age of Marriageability at the Argead Court." *CW* 82: 93–97.

———. 1989. "Polygamy and Succession in Argead Macedonia." *Arethusa* 22: 19–45.

Griffiths, F. T. 1979. *Theocritus at Court*. Leiden.

———. 1981. "Home before Lunch: the Emancipated Woman in Theocritus." In H. P. Foley (ed.), *Reflections of Women in Antiquity*. Philadelphia, 247–74.

Grimm, G. 1998. *Alexandria. Die erste Königsstadt der hellenistischen Welt. Bilder aus der Nilmetropole von Alexander dem Grossen bis Kleopatra VII*. Mainz.

Gruen, E. S. 1985. "The Coronation of the Diadochoi." In J. W. Eadie and J. Ober (eds.), *Craft of the Ancient Historian: Essays in Honor of Chester G. Starr*. Lanham, MD, 253–71.

Grzybek, E. 1990. *Du calendrier macédonien au calendrier ptolémaïque. Problémes de chronologie hellénistique*. Basel.

———. 2008. "Le pouvoir des reines lagides: son origine et sa justification." In Bertholet et al. 2008, 25–38.

Gutzwiller, K. 1992a. "Callimachus' *Lock of Berenice*: Fantasy, Romance and Propaganda." *AJP* 113: 359–85.

———. 1992b. "The Nautilus, the Halcyon, and Selenaia: Callimachus's Epigram 5 Pf. =14 G.-P." *ClAnt* 11: 194–209.

——— (ed.). 2005. *The New Posidippus: A Hellenistic Poetry Book*. Oxford.

Gygax, M. D. 2000. "Ptolemaios, Bruder des Königs Ptolemaios III. Euergetes, und Mylasa: Bemerkungen zu I. Labraunda Nr. 3." *Chiron* 30: 353–66.

———. 2002. "Zum Mitregenten des Ptolemaios II. Philadelphos." *Historia* 51.1: 49–56.

Habicht, C. 1992. "Athens and the Ptolemies." *ClAnt* 11: 68–90.

———. 1997. *Athens from Alexander to Antony*. Cambridge, MA.

Hadley, R. A. 1974. "Royal Propaganda of Seleucus I and Lysimachus." *JHS* 94: 50–65.

Hainsworth, J. B. 1991. *The Idea of Epic*. Berkeley.

Hallett, C. H. 2005. *The Roman Nude: Heroic Portrait Statuary, 200 BC - AD 300*. Oxford.

Hammond, N. G. L. 1988a. "From the Death of Philip to the Battle of Ipsus." In Hammond and Walbank 1988, Oxford, 1–196.

———. 1988b. "Which Ptolemy Gave Troops and Stood as Protector of Pyrrhus' Kingdom?" *Historia* 37: 405–13.

———. 2000. "The Continuity of Macedonian Institutions and the Macedonian Kingdoms of the Hellenistic Era." *Historia* 49, 141–60.

Hammond, N. G. L., and G. T. Griffith. 1979. *A History of Macedonia*. Vol. 2. Oxford.

Hammond, N. G. L., and F. W. Walbank. 1988. *A History of Macedonia*. Vol. 3. Oxford.

Harrison, A. R. W. 1968–71. *The Law of Athens*. Vols. 1 and 2. Oxford.

Hauben, H. 1970. *Callicrates of Samos: A Contribution to the Study of the Ptolemaic Admiralty*. Studia Hellenistica 18. Leuven.

———. 1983. "Arsinoè II et la politique extérieure lagide." In E. Van 't Dack, P. Van Dessen, and W. Van Gucht (eds.), *Egypt and the Hellenistic World*. Louvain, 97–127.

———. 1989. "Aspects Du Culte Des Souverains À L'Epoque Des Lagides." In L. Criscuolo and G. Giovanni (eds.), *Egitto e storia antica dall'ellenismo all'età araba. Bilancio di un confronto*.

Atti del colloquio internazionale, Bologna, 31 August-2 September 1987. Bologna, 441–67.

———. 1992. "La chronologie macédonienne et ptolémaïque mise a l'épreuve: à propos d'un livre d'Erhard Grzybek." *ChrÉg* 67: 143–71.

Hawass, Z., et al. 2010. "Ancestry and Pathology in King Tutankhamun's Family." *Journal of the American Medical Association* 303,7: 638–47.

Hazzard R. A. 1987. "The Regnal Years of Ptolemy II Philadelphos." *Phoenix* 41: 140–58.

———. 1992. "Did Ptolemy I Get His Surname from the Rhodians in 304?" *ZPE* 93: 52–56.

———. 2000. *Imagination of a Monarchy: Studies in Ptolemaic Propaganda*. Toronto.

Heckel, W. 1978. "The *Somatophylakes* of Alexander the Great: Some Thoughts." *Historia* 27: 224 –28.

———. 1982. "The Early Career of Lysimachos." *Klio* 64: 373–81.

———. 1989. "The Granddaughters of Iolaus." *Classicum*: 32–39.

———. 1992. *The Marshals of Alexander's Empire*. London.

———. 2006. *Who's Who in the Age of Alexander the Great*. Malden, MA.

Heinen, H. 1972. *Untersuchungen zur Hellenistischen Geschichte des 3. Jahrhunderts v. Chr. Zur Geschichte der Zeit des Ptolemaios Keraunus und zum Chremonideischen Kriege*. Historia Einzelschrift 20. Wiesbaden.

———. 1978. "Aspects et problèmes de la monarchie ptolémaïque." *Ktema* 3: 177–99.

Henderson, A. 1752. *Arsinoe; or, the Incestuous Marriage. A Tragedy*. London.

Herman, G. 1980–81. "The 'Friends' of the Early Hellenistic Rulers: Servants or Officials?" *Talanta* 12–13: 103–49.

———. 1997. "The Court Society of the Hellenistic Age." In P. Cartledge, P. Garnsey, and E. Gruen (eds.), *Hellenistic Constructs: Essays in Culture, History, and Historiography*. Berkeley, 199–224.

Herz, P. 1992. "Die Frühen Ptolemaier Bis 180 V. Chr." In R. Gundlach and H. Weber (eds.), *Legitimation und Funktion des Herrschers: vom ägyptischen Pharao zum neuzeitlichen Diktator*. Stuttgart, 51–97.

Hesberg, H. von. 1996. "Privatheit und Öffentlichkeit der frühhellenistischen Hofarchitektur." In Hoepfner and Brands 1996, 84–96.

Hilke, T. 1990. "Arsinoe IV, eine Schwester Kleopatras VII, Grabinhaberin des Oktogons von Ephesos? Ein Vorschlag. (Arsinoe IV, a Sister of Cleopatra VII, Grave Owner of the Octagon in Ephesus? Ein Vorschlag)." *JÖAI* 60: 43–56.

Hill, G. F. 1933. "Ptolemaios, Son of Lysimachos." *Klio* 26: 229–30.

Hodkinson, S. 2000. *Property and Wealth in Classical Sparta*. Swansea.

Hodkinson, S. 2004. "Female Property Ownership and Empowerment in Classical and Hellenistic Sparta." In T. J. Figueira (ed.), *Spartan Society*. Swansea, 103–36.

Hoepfner, W. 1971. *Zwei Ptolemaierbauten. Das Ptolemaierweighgeschenk in Olympia und ein Bauvorhaben in Alexandria*. Berlin.

———. 1990. "Von Alexandria Über Pergamon Nach Nikopolis. Städtebah und Stadtbilder Hellenistischer Zeit." *Akten des XIII. Internationalen Kongresses für Klassicische Archaiologie*. 13:

275–85.
———. 1996. "Zum typus der Baseileia und der königlichen Andrones." In Hoepfner and Brands 1996, 1–43.
Hoepfner, W., and G. Brands (eds.). 1996. *Basileia: Die Paläste Der Hellenistischen Könige*. Mainz.
Hölbl, G. 2001. *A History of the Ptolemaic Empire*. London.
Holleaux, M. 1904. "Ptolemaios Lysimachou." *BCH* 28: 408–19.
———. 1921. "Ptolemaios Epigonos." *JHS* 41: 183–98.
———. 1942. "Ptolémée de Telmessos." *Etudes d'epigraphie et d'histoire greques* 3: 365–404.
Homolle, T. 1896. "Inscriptions de Delos." *BCH* 20: 508–9.
Hopkins, K. 1980. "Brother-Sister Marriage in Roman Egypt." *Comparative Studies in Society and History* 22: 303–54.
Huebner, S. 2007. "'Brother-Sister Marriage' in Roman Egypt: A Curiosity of Humankind or a Widespread Family Strategy." *JRS* 97: 21–49.
Hunter, R. L. 1993. *The Argonautica of Apollonius: Literary Studies*. Cambridge.
———. 1995. "The Divine and Human Map of the *Argonautica*." *SyllClass* 6: 13–27.
———. 1996a. "Mime and Mimesis: Theocritus, *Idyll* 15." In M. A. Harder, R. F. Reguit and G. C. Wakker (eds.), *Theocritus*. Hellenistica Groningana, Vol. 2. Groningengive, 149–69.
———. 1996b. *Theocritus and the Archaeology of Greek Poetry*. Cambridge.
———. 2003. *Theocritus: Encomium of Ptolemy Philadelphus*. Berkeley.
———. 2004. "Poems for a Princess." In M. Fantuzzi and R. Hunter (eds.), *Tradition and Innovation in Hellenistic Poetry*. Cambridge, 83–88.
———. 2011. "The Letter of Aristeas." In A. Erskine and L. Llewellyn-Jones 2011, 47–60.
Huss, W. 1994. *Der makedonische König und die ägyptischen Priester: Studien zur Geschichte des ptolemaiischen Ägypten*, Historia Einzelschriften 85. Wiesbaden.
———. 1998. "Ptolemaios der Sohn." *ZPE* 121: 229–50.
———. 2001. *Ägypten in hellenistischer Zeit 332–30 V. Chr*. Munich.
Huxley, G. L. 1980. "Arsinoe Lokris." *GRBS* 21: 239–44.
Huzar, E. 1966. "Egyptian Influences on Roman Coinage in the Third Century BC." *CJ* 61: 337–46.
Iossif, P. 2005. "La dimension publique des dédicaces "privées" du culte royal ptolémaique." In V. Dasen and M. Piérart (eds.), *Idia kai demosia. Les cadres "privés" et "publiques" de la religion grecque antique*. Kernos suppl. 15. Liège, 235–57.
Iwas, W. 1981. "Aphrodite Arsinoe Philadelphos." *ActaArchHung* 29: 385–91.
Johnson, C. G. 1999. "The Divinization of the Ptolemies and the Gold Octradrachms Honoring Ptolemy III." *Phoenix* 53: 50–56.
———. 2000. "Ptolemy I's *Epiklesis Soter*: Origin and Definition." *AHB* 14, 3: 102–6.
———. 2002. "*OGIS* 98 and the Divinization of the Ptolemies." *Historia* 51: 112–16.
Johnson, Sara Raup. 2005. *Historical Fictions and Hellenistic Jewish Identity: Third Maccabees in Its Cultural Context*. Berkeley.

Kahrstedt, U. 1910. "Frauen auf antiken Münzen." *Klio* 10: 261–314.

Karabélias, E. 1989 "Inceste, marriage et strategies matriomoniales dans l'Athènes Classique." In T. Gerhard (ed.), *Symposion 1985. Vorträge zur griechischen and Hellenistischen Rechtsgeschichte*. Ringberg, 24–26 July 1985. Cologne, 233–51.

Kertész, I. 1999. "New Aspects in the Connections between Macedonia and the Ancient Olympic Games." *Ancient Macedonia* 6: 579–84.

———. 2003. "Studies on Ancient Sport History." *Acta Antiqua Academiae Scientarium Hungariae* 43: 47–58.

———. 2005. "When Did Alexander I Visit Olympias?" *Nikephoros* 18: 115–26.

King, Carol J. 2010. "Macedonian Kingship and other Political Institutions." In J. Roisman and I. Worthington (eds.), *A Companion to Ancient Macedonia*. Oxford, 373–91.

Klapisch-Zuber, C. 2002. "'Kin, Friends, and Neighbors': The Urban Territory of a Merchant Family in 1400." In P. Findlen (ed.), *The Italian Renaissance: The Essential Readings*, Oxford, 97–123.

Knight, V. 1995. *The Renewal of Epic: Responses to Homer in the "Argonautica" of Apollonius*. Leiden.

Koch, W. 1924. "Die ersten Ptolemäerinnen nach ihren Münzen." *ZfN* 54: 67–106.

Koenen, L. 1983. "Die Adaptation Ägyptischer Königsideologie am Ptolemäerhof." In E. van't Dack, P. van Dessel, and W. van Gucht (eds.), *Egypt and the Hellenistic World*. Leuven, 143–90.

———. 1994. "The Ptolemaic King as a Religious Figure." In A. Bulloch, E. S. Gruen, A. A. Long, and A. Stewart (eds.), *Images and Ideologies: Self-definition in the Hellenistic World*. Berkeley, 25–115.

Kornemann, E. 1923. "Die Geschwisterehe im Altertum." *Mitteilungen der Schlesischen Gesellschaft für Volkskunde* 24: 17–45.

Kosmetatou, Elizabeth. 2002. "Remarks on a Delphic Ptolemaic Dynastic Group Monument." *Tyche* 17: 103–11.

———. 2004a. "Constructing Legitimacy: The Ptolemaic Familiengruppe as a Means of Self-Defi nition in Posidippus' *Hippika*." In Acosta-Hughes et al. 2004, 225–46.

———. 2004b. "Billistiche and the Quasi-Institutional Status of Ptolemaic Royal Mistress." *Archive für Papyrusforschung und verwandte Gebiete* 50: 18–36.

Kron, U. 1996. "Priesthoods, Dedications and Euergetism. What Part Did Religion Play in the Political and Social Status of Greek Women?" In P. Hellstrom and B. Alroth (eds.), *Religion and Power in the Ancient Greek World*. Proceedings of the Uppsala Symposium. Uppsala, 139–82.

Krug, A. 1984. "Ein Bildnis der Arsinoe II. Philadelphos." *Alessandria e il mondo ellenistico-romano. Studi in onore di Achille Adriani*. Vol. 1. Rome, 192–200.

Kuttner, A. 1999. "Hellenistic Images of Spectacle, from Alexander to Augustus." In B. Bergmann and C. Kondoleon (eds.), *The Art of Ancient Spectacle*. New Haven, 97–124.

Kyle, D. G. 2003. "The 'Only Woman in all Greece': Kyniska, Agesilaus, Alcibiades, and Olympia." *Journal of Sport History* 30: 183–203.

———. 2007a. “Fabulous Females and Ancient Olympias.” In G. P. Schaus and S. R. Wenn (eds.), *Onward to the Olympics: Historical Perspective on the Olympic Games*. Waterloo, Ontario. 131–52.

———. 2007b. *Sport and Spectacle in the Ancient World*. Malden, MA.

Kyrieleis, H. 1975. *Bildnisse der Ptolemäer*. Archäologische Forschungen 2. Berlin.

Landucci Gattinoni, F. 1990. “La morte di Antigono e di Lisimaco” In M. Sordi (ed.), *Dulce et decorum pro patria mori: la morte in combattimento nell'antichità*. Milan, 111–26.

———. 1991. “Lisimaco e l'omicidio del figlio Agatocle.” In M. Sordi (ed.), *L'immagine dell'uomo politico: vita pubblica e morale nell'antichità*. Pubbl. della Univ. Cattolica del Sacro Cuore Scienze storiche 17. Milan, 109–21.

———. 1992. *Lisimaco di Tracia: Un sovrano nella prospettiva delprimo ellenismo*. Milan.

Lasserre, F. 1959. “Aux origines de l'Anthologie: I: Le Papyrus P. Brit. Mus. Inv. 589 (Pack 1121).” *RhM* 102: 222–47.

Launey, M. 1945. “Études d'histoire hellénistique: L'Exécution de Sotadès et l'expédition de Patroklos dans la mer Égée (266 av. J.-C.).” *REA* 2: 33–45.

Lelli, E. 2002. “Arsinoe II in Callimaco E Nelle Tetimonianze Letterarie Alessandrine (Teocrito, Posidippo, Sotade e Altro).” *Appunti romani di filologia* 4: 5–29.

Le Rider, G. 1968. “Les Arsinoéens de Crète.” In C. M. Kraay and G. K. Jenkins (eds.), *Essays in Greek Coinage, Presented to Stanley Robinson*. Oxford, 229–40.

Leschorn, W. 1998. “Griechicische Agone in Makedonien und Thrakien: Ihre Verbreitung und politisch-religiöse Bedeutung in der römischen Kaiserzeit.” In U. Peter (ed.), *Stephanos Nomismatikos: Edith Schönert-Geiss zum 65. Beburtstag*. Berlin, 399–415.

Lévêque, P. 1978–79. “Idéologie et pouvoir sous les dux premiers Lagides.” *AttiCAntCl* 10: 99–122.

Linfert, A. 1987. “Neue Ptolemäer. Ptolemaios II. und Arsinoe II.” *MDAI* (*A*) 102: 279–82.

Llewellyn-Jones, L., and S. Winder. 2011. “A Key to Berenike's Lock? The Hathoic Model of Queenship in Early Ptolemaic Egypt.” In Erskine and Llewellyn-Jones 2011, 247–69.

Lloyd, A. B. 2002. “The Egyptian Elite in the Early Ptolemaic Period: Some Hieroglyphic Evidence.” In D. Ogden (ed.), *The Hellenistic World: New Perspectives*. London, 117–36.

Loman, P. 2004. “No Woman No War: Women's Participation in Ancient Greek Warfare.” *G&R* 51: 34–54.

Longega, G. 1968. *Arsinoe II*. Rome.

Loraux, N. 1992. “What Is a Goddess?” In P. Schmitt Pantel (ed.), *A History of Women*. Vol. 1. Cambridge, MA, 11–44.

Lorton, D. 1971. “The Supposed Expedition of Ptolemy II to Persia.” *JEA* 57: 160–64.

Lund, H. 1992. *Lysimachus, A Study in Early Hellenistic Kingship*. London.

Luppe, W. 2003. “Ein Weih-Epigramm Poseidipps auf Arsinoe.” *ArchPF* 49, 1: 21–24.

Ma, John. 2003. “Kings.” In Erskine 2003, 177–95.

Maas, P. 1927. “Antigonas Thugater.” *RivFil* 5: 68–70.

Macurdy, G. H. 1932. *Hellenistic Queens*. Baltimore.

Maehler, H. 2004. "Alexandria, the Museion, and Cultural Identity." In A. Hirst and M. Silk (eds.), *Alexandria, Real and Imagined.* Aldershot, UK, 1–14.

Mantas, K. 1995. "Women and Athletics in the Roman East." *Nikephoros* 8: 125–44.

Mari, M. 1996. "Le Olimpie macedoni di Dion tra Archelao e l'etàromana." *RivFil* 126: 137–69.

Marquaille, C. 2008. "The Foreign Policy of Ptolemy II." In McKechnie and Guillaume, 39–64.

Mastrocinque, A. 1979. *La Caria e la Ionia meridionale in epoca ellenistica (323–188 a.c.* Rome.

Mathisen, R. W. 1978. "The Activities of Antigonos Gonatas 280–277 BC and Memnon of Herakleia." *AncW* 1: 71–74.

Matthews, V. J. 2000. "Sex and the Single Racehorse: A Response to Cameron on Equestrian Double Entendres in Posidippus." *Eranos* 98: 32–38.

McKechnie, P., and P. Guillame (eds.). 2008. *Ptolemy II Philadelphus and His World.* History and Archaeology of Classical Antiquity. Leiden.

McKenzie, J. 2008. *Architecture of Alexandria and Egypt*, 300–7000. New Haven.

Meeus, A. 2008. "The Power Struggle of the Diadochoi in Babylon 323 BC." *AncSoc* 38: 39–82.

Meritt, B. D. 1981. "Mid-Third Century Athenian Archons" *Hesperia* 50: 78–99.

Merker, I. L. 1979. "Lysimachus—Macedonian or Thessalian." *Chiron* 9: 31–36.

Meulenaere, H. de, and P. McKay. 1976. *Mendes II.* Warminster.

Meyer, M. 1992–93. "Mutter, Ehefrau und Herrscherin. Darstellungen der Königin auf Seleukidischen Münzen." *Hephaistos* 11–12: 107–32.

Minas, Martina. 1998. "Die κανηφόρος: Aspekte des ptolemäischen Dynastiekults." In Melaerts, H. (ed.), 1998. *Le culte du souverain dans l'Égypte ptolémaïque.* Leuven, 43–60.

———. 2005. "Macht und Ohnmacht. Die Repräsentation ptolemäischer Königinnen in ägyptischen Tempeln." *ArchPF* 51: 127–54.

Mirón-Pérez, M. D. 1998a, "Cómo convertirse en diosa: Mujeres y divinidad en la Antigüedad Clásica." *Arenal* 5, 1: 23–46.

———. 1998b. "Olimpia, Euridice y el origen del culto en la Grecia helenistica." *Florentia Iliberritana* 9, 215–35.

———. 2000. "Transmitters and Representatives of Power: Royal Women in Ancient Macedonia." *AncSoc* 30, 35–52.

Mitchell, L. 2007. "Born to Rule? Succession in the Argead Royal House." In W. Heckel, L. Tritle, P. Wheatley (eds.), *Alexander's Empire: Formulation to Decay.* Claremont, CA, 61–74.

Mitford, T. B. 1938. "Contributions to the Epigraphy of Cyprus: Some Hellenistic Inscriptions" *Archiv für Papyrusforschung und verwandte Gebiete* 13: 28–37.

Modrzejewski, J. 1964. "Die Geschwisterehe in der hellenistischen Praxis und nach römischem Recht." *Zeitschrift der Savigny-Stiftung für Rechtsgeschichte* 81: 52–82.

Mooren, L. 1975. *The aulic titulature in Ptolemaic Egypt. Introduction and Prosopography.* Brussels.

———. 1977. *La hiérarchie de la court Ptolémaïque: Contribution à l'étude des institutions et des classes dirigeantes à l'époque hellénistique.* Leuven.

———. 1983. "The Nature of the Hellenistic Monarchy." In E. van t'Dack, P. Van Dessen, and W.

Van Gucht (eds.), *Egypt and the Hellenistic World*. Studia Hellenistica 27. Leuven, 205–40.

———. 1985. "The Ptolemaic Court System." *ChrÉg* 60: 214–22.

Moran, W. L. 1992. *The Amarna Letters*. Baltimore.

Mori, A. 2001. "Personal Favor and Public Influence: Arete, Arsinoë II, and the *Argonautica*." *Oral Tradition* 16,1: 85–106.

———. 2008. *The Politics of Apollonius' Rhodiius' Argonatuica*. Cambridge.

Mørkholm, O. 1991. *Early Hellenistic Coinage from the Accession of Alexander to the Peace of Apamea (336–188 BC)*. P. Grierson and U. Westermark (eds.). Cambridge.

Muccioli, F. 1994. "Considerazioni generali sull'epiteto PHILADELPHOS nelle dinastie ellenistiche e sulla sua applicazione nella titolatura degli ultimi Seleucidi." *Historia* 43: 402–22.

Mueller, K. 2006. *Settlements of the Ptolemies: City Foundations and New Settlement in the Hellenistic World*. Studia Hellenistica 43. Leuven.

Müller, S. 2005. "Die Geschwisterehe Arsinoës II. Und Ptolemaios II. Im Spiegel der Forschung von 1895 bis 1932: Ein Verstoss gegen das normative Paarmodell." *Ariadne* 48: 41–49.

———. 2006. 'Alexander, Harpalos und die Ehren für Pythionike und Glykera: Überlegungen zu den Repräsentationsformen des Schatzmeisters in Babylon und Tarsos,' In V. Lica (ed.), *Philia, Festschrift für G. Wirth*, Vol. 48. Galati, 41–49.

———. 2007a. *Das Königspaar in der monarchischen Repräsentation des Hellenismus—Arsinoë II and Ptolemaios II*. Habilitation Hannover.

———. 2007b. "Im Interesse des oikos: Handlungsräume der antiken makedonischen Königgen." *Feministiche Studien* 2: 258–70.

———. 2007c. "Festliche Götterassimilation im Hellenismus: Ein Zwang zur kollektiven Kostümierung der Hofgesellschaft?" In G. Mentges, D. Neuland-Kitzerow, and B. Richard (eds.), *Uniformierung in Bewegung: Vestimentäre Praktiken Zwischen Vreinheitlichung, Kostümierung und Maskerade*. Munster, 143–57.

———. 2007d. "Luxus, Sittenverfall, Verweichlichung und Kriegsuntüchtigkeit: Dies Codes der Dekadenz in den antiken Quellen." In C. F. Hoffstadt, F. Peschke, A. Schulz-Buchta, M. Nagenborg (eds.), *Dekadenzen*. Bochum/Freiburg, 13–52.

———. 2009. *Das Hellenistische Königspaar in der medialen Repräsentation—Ptolemaios II und Arsinoe II*. Beiträge zur Altertumskunde 263. Berlin.

———. 2010. "Demetrios Poliorketes, Aphrodite und Athen." *Gymnasium* 117: 559–73.

———. 2011. "Herrschftslegitimation in den frühhellenistischenen Dynastien." In Lambach, D. (ed.), *Politische Herrschaft jenseits des Staates: Zur Transformation von Legitimität in Geschichte und Gegenwart*. Wiesbaden, 151–76.

Munn, M. 2006. *The Mother of the Gods, Athens, and the Tyranny of Asia: A Study of Sovereignty in Ancient Religion*. Berkeley.

Murray, O. 1970. "Hecataeus of Abdera and Pharaonic Kingship." *JEA* 56: 141–71.

———. 2008. "Ptolemaic Royal Patronage." In McKechnie and Guillaume 200, 9–24.

Naville, E. 1902–3. "La Stèle de Pithom." *ZAS* 40: 66–75.

———. 1903. *The Store-City of Pithom and the Route of the Exodus*. London.

Neumer-Pflau, W. 1982. *Studien zur Ikonographie and gesellschaftlichen Funktion hellenistischer Aprhodite-Statuen*. Bonn.

Nicholson, N. J. 2005. *Aristocracy and Athletics in Archaic and Classical Greece*. Cambridge.

Nicoll, A. 1922. "Italian Opera in England: The First Five Years." *Anglia—Zeitschrift für englische Philologie* 46: 257–81.

Nielsen, I. 1994. *Hellenistic Palaces: Tradition and Renewal*. Aarhus.

———. 1997. "Royal Palaces and Type of Monarchy: Do the Hellenistic Palaces reflect the Status of the King?" *Hephaistos* 15: 137–61.

———. 2001. "The Gardens of Hellenistic Palaces." In I. Nielsen (ed.), *The Royal Palace Institution in the First Millennnium BC: Regional Development and Cultural Interchange between East and West*. Aarhus, 165–88.

Nilsson, M. 2010. *The Crown of Arsinoë II. The Creation and Development of an Imagery of Authority*. Ph.D. diss., University of Gothenburg.

Nisetich, F. 2001. *The Poems of Callimachus*. Oxford.

———. 2005. "The Poems of Posidippus." In Gutzwiller 2005, 17–64.

Nourse, Kyra. 2002. *Women and the Early Development of Royal Power in the Hellenistic East*. Ph.D. diss., University of Pennsylvania.

O'Connor, D., and D. P. Silverman (eds.). 1994. *Ancient Egyptian Kingship*. Leiden.

Ogden, D. 1999. *Polygamy, Prostitutes and Death*. London.

———. 2008. "Bilistiche and the Prominence of Courtesans in the Ptolemaic Tradition." In McKechnie and Guillaume, 353–85.

———. 2011a. "The Royal Families of Argead Macedon and the Hellenistic World." In B. Rawson (ed.), *A Companion to Families in the Greek and Roman Worlds*. Chichester, UK, 92–107.

———. 2011b. "How to Marry a Courtesan in the Macedonian Courts." In A. Erskine and L. Llewellyn-Jones 2011, 221–46.

Oikonomides, A. N. 1984. "The Death of Ptolemy 'the Son' at Ephesos and P. Bouriant 6." *ZPE* 56: 148–50.

O'Neil, J. L. 2000. "The Creation of the New Dynasties after the Death of Alexander the Great." *Prudentia* 32.2, 118–37.

———. 2008. "A Re-Examination of the Chemonidean War." In McKechnie and Guillaume, 65–89.

Oppen de Ruiter, B. van. 2010. "The Death of Arsinoe II Philadelphus: The Evidence Reconsidered." *ZPE* 174: 139–50.

Palagia, O. 2009. "Spartan Self-Presentation in the Panhellenic Sanctuaries of Delphi and Olympia in the Classical Period." In N. Kaltsas (ed.), *Athens—Sparta. Contributions to the Research on the History and Archaeology of the Two City-States*. New York, 32–40.

Papakonstantinou, Z. 2003. "Alcibiades in Olympia: Olympic Ideology, Sport, and Social Conflict in Classical Athens." *Journal of Sport History* 30: 173–82.

Parente, A. R. 2002. "Ritrattistica e simbologia sulle monete di Arsinoe II." *Numismatica e antichità classiche: quaderni ticinesi* 31: 259–78.

Peremans, W. 1987. Les Lagides, les éites indigènes et la monarchie bicèphale." In E. Levy (ed.), *Le système palatial en Orient en Grece et à Rome*. Actes du Colloque de Strasbourg, 19–22 June 1985. Leiden, 327–43.

Petrie, W.M.F. 1896. *Koptos*. London.

Pfeiffer, R. 1922. *Kalimachosstudien*. Munich.

———. 1926. "Arsinoe Philadelphos in der Dichtung." *Die Antike* 2: 161–74.

Pfeiffer, S. 2008. "The God Serapis, His Cult, and the Beginnings of the Ruler Cult in Ptolemaic Egypt." In McKechnie and Guillaume 200, 387–408.

Pfrommer, M. 1996. "Fassade und Heiligtum; Betrachtungen Zur Architektonischen Repräsentation Des Vierten Ptolemäers." In Hoepfner and Brands 1996, 97–108.

———. 2002. *Königinnen Vom Nil*. Mainz.

Pillonel, C. 2008. "Les reines hellénistiques sur les champs de bataille." In Bertholet et al. 2008, 117–45.

Plantzos, D. 1991–92. "Ektheosis Arsinoes: On the Cult of Arsinoe Philadelphos." *Archaiognosia* 7: 119–34.

———. 1997. "Hellenistic Cameos: Problems of Classification and Chronology." *BICS* 41: 115–31, Pls. 22A–27A.

Pleket, H. W. 1975. "Games, Prizes, Athletes and Ideology." *Arena* (= *Stadion*) 1: 49–89.

Pollitt, J. J. 1986. *Art in the Hellenistic Age*. Cambridge.

Pomeroy, S. B. 1977. "Technikai kai Mousikai: The Education of Women in the Fourth Century and in the Hellenistic Period." *AJAH* 2: 51–68.

———. 1984. *Women in Hellenistic Egypt from Alexander to Cleopatra*. New York.

———. 2002. *Spartan Women*. Oxford and New York.

Prange, M. 1990. "Das Bildnis Arsinoes II. Philadelphos (278–270 V. Chr.)." *MDAI(A)* 105: 197–211.

Price, S.R.F. 1984a. "Gods and Emperors: The Greek Language of the Roman Imperial Cult." *JHS* 104: 79–95.

———. 1984b. *Rituals and Power: The Roman Imperial Cult in Asia Minor*. Cambridge.

Quack, J. F. 2008. "Innovations in Ancient Garb? Hieroglyphic Texts from the time of Ptolemy Philadelphus." In McKechnie and Guillaume 2008, 275–89.

Quaegebeur, J. 1970. "Ptolémée II en adoration devant Arsinoé II divinisée." *BIFAO* 69: 191–217.

———. 1971. "Documents Concerning a Cult of Arsinoe Philadelphos at Memphis." *JNES* 3: 239–70.

———. 1978. "Reines Ptolémaïques et Traditions Égyptiennes." In H. von Maehler and V. M. Strocka (eds.), *Das ptolemäische Ägypten*. Mainz, 245–62.

———. 1988. "Cleopatra VII and the Cults of the Ptolemaic Queens." In R. S. Bianchi (ed.), *Cleopatra's Egypt: Age of the Ptolemies*. New York, 41–54.

———. 1998. "Documents Égyptiens Anciens et Nouveaux Relatifs À Arsinoé Philadelphe." In H. Melaerts (ed.), *Le Culte du souverains dans l'Egypte Ptolemaique au IIIe siecle avant notre ere, actes au colloque international*. Brussels, 73–108.

Rankin, H. D. 1987. *Celts in the Classical World.* London.

Reames, J. 2008. "Crisis and Opportunity: The Philotas Affair. . . Again." In T. Howe and J. Reammes (eds.), *Macedonian Legacies: Studies in Ancient Macedonian History and Culture in Honor of Eugene N. Borza.* Claremont, CA, 165–81.

Reed, Joseph D. 2000. "Arsinoe's Adonis and the Poetics of Ptolemaic Imperialism." *TAPA* 130: 319–51.

Regner, J. 1941. "Philotera." *RE* 20, 1: 1285–94.

Remijsen, S., and W. Clarysse. 2008. "Incest or Adoption? Brother-Sister Marriage in Roman Egypt Revisited." *JRS* 98: 53–61.

Reymond, E. A. E. 1981. *From the Records of a Priestly Family from Memphis*, Ägyptologische Abhandlungen 38. Wiesbaden.

Rice, E. E. 1983. *The Grand Procession of Ptolemy Philadelphus.* Oxford.

Rigsby, K. J. 2005. "Agathopolis and Doulopolis." *Epigraphica Anatolica. Zeitschrift für Epigraphik und historische Geographie Anatoliens* 38: 109–15.

Ritter, H. W. 1965. *Diadem und Königsherrschaft.* Vestigia 7. Munich.

Robert, L. 1933. "XL.—Inscription de Ptolémée, Fils de Lysimaque." *BCH* 57: 485–91.

———. 1966. "Sur un décret d'Ilion et sur un papyrus concernant des cultes royaux." In A. E. Samulel (ed.), *Essays in Honor of C. Bradford Welles.* American Studies in Papyrology 1. New Haven, 175–211.

Robins, G. 1993a. "The God's Wife of Amun in the 18th Dynasty in Egypt." In A. Cameron and A. Kuhrt (eds.), *Images of Women in Antiquity.* London, 65–78.

———. 1993b. *Women in Ancient Egypt*, Cambridge, MA.

Roeder, G. 1959. *Die Ägyptische Götterwelt.* Zurich.

Romm, J. S. 2011. *Ghost on the Throne: The Death of Alexander the Great and the War for Crown and Empire.* New York.

Ronchi, G. 1968. "Il papiro Cairense 65445 (vv. 140–154) e l'obelisco di Arsinoe II." *Studi classici e orientali. Pisa: Istituti Editoriali e Poligrafici Internazionali.* 17: 56–75.

Roos, A.G. 1950. "Remarques sur un édit d'Antiochos III, roi de Syrie." *Mnemosyne* 3: 54–63.

Roux, G. 1981. "The History of the Rotunda." In J. R. McCredie, G. Roux, G. Shaw, S.M. and J. Kurtisch (eds.), *Samothrace.* Vol. 7. Princeton, 231–39.

Rowlandson, J and Takahashi, R. 2009. "Brother-Sister Marriage and Inheritance Strategies in Greco-Roman Egypt." *JRS* 99: 104–39.

Roy, J. 1998. "The Masculinity of the Hellenistic King." In L. Foxhall and J. Salmon (eds.), *When Men Were Men: Masculinity, Power and Identity in Classical Antiquity.* London, 11–35.

Saitta, G. 1955. "Lisimaco di Tracia." *Kokalos* 1: 62–153.

Samuel, A. E. 1962. *Ptolemaic Chronology.* Munich.

———. 1993. "The Ptolemies and the Ideology of Kingship." In P. Green (ed.), *Hellenistic History and Culture.* Berkeley, 168–210.

Sauneron, S. 1966. "Un document égyptien relatif à la divinization de la reine Arsinoé II." *BIFAO* 60: 83–109.

Savalli-Lestrade, I. 1997. "Il Ruolo Pubblico Delle Regine Ellenistiche." In S. Allessandri (ed.), *Historie. Studie Offerti Dagli Allievi a Giuseppe Nenci in Occasione del Suo Settantesimo Compleanno*. Galatina, Italy, 415–32.

———. 2003. "La Place Des Reines À La Cour Et Dans Le Royaume À L'Époque Hellénistique." *Les femmes antiques entre sphere privée et sphere publiques: actes du diplome d'études avancées*. Universités de Lausanne et Neuchatel. Bern, 59–76.

Scanlon, T. F. 1997. *Olympia and Macedonia: Games, Gymnasia and Politics*. Dimitria Annual Lecture. Toronto.

Schaps, D. M. 1982. "The Women of Greece in Wartime." *CP* 77: 193–213.

Schmitt, H. H. 1991. "Zur Inszenierung des Privatslebens des Hellenistischen Herrschers." In J. Seibert (ed.), *Hellenistische Studien. Gedenkschrift für H. Bengston*. Münchener Arbeiten zur Alten Geschichte 5. Munich, 77–86.

Segre, M. 1938. "Iscrizioni di Licia." *Clara Rhodos* 9: 179–208.

Seibert, J. 1967. *Historische Beiträge zu den Dynastischen Vergingungen in Hellenistischer Zeit*. Historia Einzelschriften 10. Wiesbaden.

———. 1969. *Untersuchungen zur Ptolemaios I*. Munich.

Selden, D. L. 1998. "Alibis." *ClAnt* 17, 2: 289–412.

Sethe, K. 1904–16. *Hieroglyphische Urkunden der griechische-römischen Zeit*. 3 vols. Leipzig.

Shaw, B. D. 1992. "Explaining Incest: Brother-Sister Marriage in Graeco-Roman Egypt." *Man* 27: 267–99.

Sherwin-White, S., and A. Kuhrt. 1993. *From Samarkhand to Sardis: A New Approach to the Seleucid Empire*. Berkeley.

Skinner, M. B. 2001. "Ladies' Day at the Art Institute: Theocritus, Herodas, and the Gendered Gaze." In A. Lardinois and L. McClure (eds.), *Making Silence Speak: Women's Voices in Greek Literature and Society*. Princeton, 201–22.

Slowikoski, S. 1989. "Alexander the Great and Sport History: A Commentary on Scholarship." *Journal of Sport History* 18: 70–78.

Smith, R. R. R. 1988. *Hellenistic Royal Portraits*. Oxford.

Sonne, W. 1996. "Hellenistische Herrschaftsgärten." In Hoepfner and Brands 1996, 136–43.

Spawforth, A. J. S. "The Court of Alexander the Great between Europe and Asia." In A. J. S. Spawforth (ed.) *The Court and Court Society in Ancient Monarchies*, Cambridge, 82–120.

Stanwick, P. E. 2002. *Portraits of the Ptolemies: Greek Kings as Egyptian Pharaohs*. Austin.

Stephens, S. A. 1998. "Callimachus at Court." In M. A. Harder, R. F. Regtuit, G. C. Wakker (eds.), *Genre in Hellenistic Poetry*. Groningen, 167–85.

———. 2003. *Seeing Double: Intercultural Poetics in Ptolemaic Alexandria*. Berkeley.

———. 2004. "For you, Arsinoe." In Acosta-Hughes et al. 2004, 161–76.

———. 2005. "The Battle of the Books." In Gutzwiller 2005, 229–48.

Strootman, Rolf. 2005. "Kings against Celts: Deliverance from Barbarians as a Theme in Hellenistic Royal Propaganda." In K. A. E. Enenkel and I. L. Pfeiffer (eds.), *The Manipulative Mode: Political Propaganda in Antiquity: A Collection of Case Studies*. Leiden, 101–41.

Svoronos, I. N. 1904. *Ta Nomismata tou kratous ton Ptolemaion*. Athens.

Swinnen, W. 1973. "Sur La Politique Religieuse de Ptolémée I er." In F. Dunand and P. Lévêque (eds.) *Les Syncretismes dans les religions grecque et romaine*. Coloque de Strasbourg (9–11 June 1971). Paris, 115–33.

Tarn, W. W. 1910. "The Dedicated Ship of Antigonus Gonatas." *JHS* 30: 209–22.

———. 1913. *Antigonos Gonatas*. Oxford.

———. 1926. "The First Syrian War." *JHS* 46, 2: 155–62.

———. 1929. "Queen Ptolemais and Apama." *CQ* 23: 138–41.

———. 1934. "The New Dating of the Chremonidean War." *JHS* 54: 26–39.

Thiers, C. 2007. "Le marriage divin des dieux Adelphes dans la stele de mendès (CCiare CG 22183)." *Zeitschrift für Agyptische Sprache und Altertumskunde* 134: 68–69.

Thompson, D. B. 1955. "A Portrait of Arsinoe Philadelphos." *AJA* 59: 199–206.

———. 1973. *Ptolemaic Oinochoai and Portraits in Faience: Aspects of the Ruler Cult*. Oxford.

Thompson, D. J. 1988. *Memphis under the Ptolemies*. Princeton.

———. 2000. "Philadelphus' Procession: Dynastic Power in a Mediterranean Context." In L. Mooren (ed.), *Politics, Administration and Society in the Hellenistic and Roman World*. Leuven, 365–88.

———. 2005. "Posidippus, Poet of the Ptolemies." In Gutzwiller 2005, 269–86.

Tondriau, J. L. 1948a. "Les souveraines lagides en déesses, au IIIe siècle avant J.-C." *Études de Papyrologie* 7: 1–15.

———. 1948b. "Princesses ptolémaïques comparées ou identifies à des déesses (IIIe-Ier siècle avant J.C.)." *Bulletin de la Société de Archéologie d'Alexandria* 37: 12–33.

———. 1953. "Quelques problèmes religieux ptolémaïques." *Aegyptus* 33: 125–30.

Traunecker, C. 1992. *Coptos: Hommes et dieux sur la parvis de Geb*. Orientalia Lovaniensia Analecta 43. Leuven.

Troxell, H. A. 1983. "Arsinoe's Non-Era." *ANSMN* 28: 35–70.

Troy, L. 1986. *Patterns of Queenship in Ancient Egyptian Myth and History*. Uppsala.

Tunny, J. A. 2000. "Ptolemy 'the Son' Reconsidered: Are There Too Many Ptolemies?" *ZPE* 131: 83–92.

———. 2001. "The Health of Ptolemy II Philadelphus." BASP 38, 1–4: 119–34.

Tyldesley, J. 2012. "Foremost Women: The Female Pharaohs of Ancient Egypt." In R. H. Wilkinson (ed.), *Tausret: Forgotten Queen and Pharaoh of Egypt*. New York, 5–24.

Vatin, C. 1970. *Recherches sur le marriage et la condition de la femme marriée à l'époque hellénistique*. Paris.

Vérilhac, A.-M., and C. Vial. 1998. *Le marriage grec: du VIe siècle av. J.-C. a l'époque d'Auguste*. Paris.

Walbank F. W. 1984. "Monarchies and Monarchic Ideas." *Cambridge Ancient History* Vol. 7.1, 62–100.

———. 1988. "From the Battle of Ipsus to the Death of Antigonus Doson." In Hammond and Walbank 1988, 199–366.

———. 1996. "Two Hellenistic Processions: A Matter of Self-Definition." *Scripta Classica Israelica* 15: 119–30.

Walker, Susan, and Peter Higgs (eds.). 2001. *Cleopatra of Egypt*. Princeton.

Wallenstein, J., and J. Pakkanen. 2009. "A New Inscribed Statue Base from the Sanctuary of Poseidon at Kalaureia." *Opuscula* 2: 155–65.

Waterfield, Robin. 2011. *Dividing the Spoils: The War for Alexander the Great's Empire*. New York.

Weber, G. 1993. *Dichtung Und Höfische Gesellschaft: Die Rezeption von Zeitgeschichte am Hof Der Ersten Drei Ptolemäer*. Hermes Einzelschriften 62. Stuttgart.

———. 1997. "Interaktion, Repräsentation und Herrschaft. Der Königshof im Hellenismus." In A. Winterling (ed.), *Zwischen "Haus" und "Staat." Antike Höfe im Vergleich*. Historische Zeitschrift 23. Munich, 27–71.

———. 1998–99 "Hellenistic Rulers and Their Poets: Silencing Dangerous Critics?" *AncSoc* 29: 147–74.

Wendel, C. 1914. *Scholia in Theocritum veteran*. Leipzig.

Wheatley, P. V. 1995. "Ptolemy Soter's Annexation of Syria 320 b.c." *CQ* 45(2): 433–440.

———. 2003. "Lamia the Besieger: An Athenian Hetaera and a Macedonian King." In O. Palagia and S. V. Tracy (eds.), *The Macedonians in Athens 322–229 BC*. Oxford, 30–36.

Wheeler, E. L. 2010. "Polyaenus: *Scriptor Militaris*." In K. Brodersen (ed.), *Polyaenus. New Studies*. Berlin, 7–54.

White, Eric Walter. 1983. *A History of English Opera*. London.

Whitehorne, J. 1995. "Women's Work in Theocritus, *Idyll* 15." *Hermes* 123: 63–75.

Wikander, C. 1992. "Pomp and Circumstance: The Procession of Ptolemaios II." *Opuscula atheniensia* 19: 143–50.

———. 2002. "Dynasty: The Environment of Hellenistic Monarchs." In K. Ascani et al. (eds.), *Studies Presented to J. E. Skydsgaard*. Rome, 185–91.

Wilcken, U. 1896. "Arsinoe 26." *RE* 2,1: 1283.

Will, E. 1979. *Histoire politique du monde hellénistique*. Vol. 1. 2d ed. Nancy.

Winnicki, J. K. 1994. "Carrying Off and Bringing Home the Statues of the Gods: On an Aspect of the Religious Policy of the Ptolemies towards the Egyptians." *Journal of Juristic Papyrology* 24: 149–90.

Wood, Susan. 2000. *Imperial Women: A Study in Public Images, 40 BC - AD 68*. Leiden.

Wörrle, M. 1978. "Epigraphische Forschungen zur Geschichte Lykiens II: Ptolemaios II und Telmessos." *Chiron* 8: 201–48.

Yardley, J. C. (trans.). 1994. *Justin. Epitome of the Philippic History of Pompeius Trogus*. Atlanta.

———. 2003. *Justin and Pompeius Trogus: A Study of the Language of Justin's Epitome of Trogus*. Toronto.

Zographou, Maire. 2005. *Arsinoe E Philadelphos Ethea Aphrodite tes Ptolemaikes Aigyptou*. Athens.